LE REGARD ET LE SIGNE

Poétique du roman réaliste
et naturaliste

COLLECTION DIRIGÉE PAR
BÉATRICE DIDIER

LE REGARD
ET LE SIGNE

Poétique du roman
réaliste et naturaliste

Henri Mitterand

puf
ÉCRITURE

Pour Hélène

ISBN 2 13 039763 8
ISSN 0222-1179

Dépôt légal — 1re édition : 1987, juin
© Presses Universitaires de France, 1987
108, boulevard Saint-Germain, 75006 Paris

Avant-propos

On trouvera peut-être quelque paradoxe à associer ces deux mots : poétique et naturalisme. *Les études qui suivent s'efforcent de montrer que la « littérature exposante » chère à Flaubert et à ses admirateurs immédiats — Zola, Maupassant, les « petits naturalistes » — ne fut pas seulement une* mimesis, *mais aussi une* poiesis, *c'est-à-dire un faire transformateur et créateur.*

Il faut à tout prix éviter de rester prisonniers des termes dans lesquels Zola, et même parfois Flaubert, posaient le problème de la vérité dans l'art. Contre la tradition critique et scolaire, il faut dire et redire que le naturalisme, ce n'est pas seulement le discours sur le réel, sur la science, sur les rapports entre l'art et la vérité; ce sont avant tout de grandes œuvres romanesques, c'est-à-dire des récits où l'imaginaire des écrivains et les modèles imposés de la structure narrative jouent un rôle au moins aussi important que les conceptions théoriques.

Il est vrai que L'Éducation Sentimentale *ou* Germinal *répondent à un objectif didactique, à la volonté d'exposer un savoir sur le monde et sur l'histoire. Guidé par le narrateur, et avec les yeux du personnage, le lecteur s'informe sur les journées de février 1848, ou explore une mine de charbon. Qui nierait l'efficience du plaisir d'apprendre dans l'acte de lecture? Du strict point de vue de la genèse, d'autre part, quelques-uns des premiers chapitres montrent la part documentariste et constructiviste du génie zolien. Les notes d'enquête pour* Les Rougon-Macquart *forment à elles seules une sorte d'ethnographie de la France, où passent non seulement toutes les catégories qui forment la société française de l'époque, mais tous les systèmes de relations qui les unissent, les « ordres » qui organisent leurs conduites, les règles, les manières et les rites qui gouvernent leur vie quotidienne, privée et publique. De ces « choses vues » de Zola, enfouies dans ses archives romanesques, on voit surgir le plus extraordinaire témoignage que la France du XIXe siècle nous ait laissé sur ses modes de vie. Quant à ses langages, quant aux jeux et aux enjeux de la parole, c'est sans aucun doute Flaubert qui les a le plus attentivement et le plus exactement scrutés, enregistrés et restitués.*

Mais il n'est pas moins vrai que dans la pratique du romancier réaliste et naturaliste, le regard et le signe *sont organiquement associés. Sous la narration d'une histoire prétendument survenue à des êtres supposés — et donnés comme authentiques —, circule plus ou moins explicite, plus ou moins latent, un propos du romancier sur le monde, et ce propos nous intéresse dans la mesure où, au-delà d'une parole individuelle, il fait entendre le discours collectif, conscient et inconscient, d'une époque.*

Restent, enfin, les contraintes propres à la forme romanesque : système de signification spécifique qui, inévitablement, filtre et transforme le regard ethnographique. Le problème est en effet de savoir si, dans les configurations que prend la mimesis psychologique et sociale, certaines des structures constitu-

tives de l'effet de sens ne sont pas attribuables à des archétypes du genre plutôt qu'à un reflet des référents réels. Les relations d'hostilité qui se nouent entre Étienne Lantier et Chaval, dans Germinal, doivent tout autant aux archéo-structures dramatiques qui, de toute éternité, ont opposé le héros et le traître, qu'à un savoir ou à une hypothèse de l'auteur sur les clivages syndicaux et politiques du monde ouvrier. Où est la vérité du roman ? Dans son fonctionnement mimétique ou dans son fonctionnement narratif ? La vérité du roman est autre chose que la vérité dans le roman.

Le discours sur « le document humain » peut donc induire en erreur. Il omet ou censure la part du rhétorique dans la fiction romanesque, l'héritage des formes et des techniques imposées par le genre. Le personnage est un « type », mais c'est aussi « un rôle », venu des origines, figure millénaire sur l'échiquier narratif. Cela dit, le discours inverse, qui dénonce sans nuances « l'illusion réaliste », et ne s'attache qu'au cahier des charges d'un choix de composition et d'écriture, avec ses modèles préconstruits et ses stéréotypes, peut aussi manquer son affaire. Car si la structure travaille l'histoire, elle en reçoit un choc en retour. Mimesis et semiosis s'interpénètrent − et se synthétisent dans l'ironie cruelle qui caractérise l'écriture romanesque de toute la descendance flaubertienne.

C'est particulièrement net pour des œuvres comme L'Assommoir ou Germinal, sur lesquelles je reviens plusieurs fois dans ce livre. Leur univers mimétique, narratif et symbolique ne souffre aucun déchiffrement univoque. Réalistes et oniriques, tragiques et carnavalesques, optimistes et désespérés, ces romans proposent à leurs lecteurs de superbes condensés d'histoire sociale et deux des plus fabuleuses fictions de notre littérature − d'où la longévité de leur succès populaire. Au surplus, ils interpellent notre propre conception du savoir critique, en nous contraignant à admettre que leur texte a de multiples fonds, de multiples chiffres. Le code documentaire s'y brise, pour laisser la place au code dramaturgique, lequel éclate pour laisser percevoir le code mythique, qui se dissocie à son tour pour laisser surgir un soliloque idéologique lui-même tissé de contradictions et d'hésitations à conclure.

Ainsi s'ouvre au lecteur d'aujourd'hui une source, non de certitudes, mais d'interrogations, qui sont fécondes pourvu qu'il se défasse des problématiques où l'enfermeraient les catégories scolaires et l'héritage de la vulgate critique. Face à Flaubert, Zola, Maupassant... et les autres, la recherche doit aussi savoir se nourrir d'imaginaire.

PREMIÈRE PARTIE

Une nouvelle esthétique romanesque

I

L'acceptation ironique
de l'existence : Flaubert

Au moment où Flaubert parvient à la maturité, le romantisme est bien malade. Il a mal supporté les secousses sociales et psychologiques des années 1848-1852. Il a littéralement éclaté, s'écartelant comme un tronc fendu par l'orage. Une de ses branches, déjà à demi vermoulue a rejoint le néo-classicisme, et pratique l'art sain et honnête, l'art du « bon sens », exaltant les vertus bourgeoises, l'ascension, la respectabilité, le mariage de raison et d'intérêt, etc. Elle est soutenue par la sévère *Revue des Deux Mondes,* qui exclut de l'art tout excès de pittoresque, proscrit tout élément politique, affirme le Beau idéal ainsi que la mission morale de l'art.

Une autre branche, plus solide, est demeurée nourrie de la sève saint-simonienne et tente d'entretenir les utopies humanitaires de Lamartine, de Pierre Leroux, de George Sand. Elle recrute ses lecteurs et ses thuriféraires tant parmi les démocrates et les républicains, que parmi les partisans de l'Empire.

Un troisième courant est constitué par les littérateurs et les artistes qui, refusant les conventions et les restrictions académiques, déçus par l'échec de l'idéalisme politique et social, tiennent pour l'autonomie de l'art et pour la primauté du langage. Il y a, de ce côté, un capital d'aspirations communes à la génération née après 1820 : Baudelaire, Flaubert, les Goncourt, puis Mallarmé, Zola, Manet, et bien d'autres. Des ambiguïtés et des dissensions de toutes sortes marquent cette génération sur le plan de la vie quotidienne et de la vie politique. Mais « l'art pour l'art », le « réalisme », le « naturalisme », le « symbolisme » naissant, l'« impressionnisme » en peinture, participent d'une même et nouvelle attitude devant la nature et devant l'art et se heurtent à la même incompréhension d'un public façonné par une esthétique plus vieille que le siècle, et toute-puissante.

Flaubert est sans conteste le chercheur le plus représentatif de cette « nouvelle vague », bien qu'il n'en soit pourtant pas le plus jeune. Et il suffit d'ouvrir les volumes de sa *Correspondance,* pour constater, plus aisément à coup sûr que ne pouvaient le faire les contemporains, que le stupide Second Empire était tout bonnement en train d'accoucher d'une crise des valeurs esthétiques dont nous subissons encore les contrecoups. Qu'au moins, pour cela, grâces lui soient rendues...

« A bas les tabous ! »

On en a assez de l'enseignement de la rhétorique post-classique, qui survit, vaillante, à l'Académie, à l'École Normale, et dans tous les collèges de l'Empire. On lui reproche d'avoir stérilisé les talents et d'avoir éliminé des lettres le naturel. Flaubert, dans une lettre à Louise Colet, s'écrie : « L'idéal n'est fécond que lorsqu'on y fait tout rentrer. C'est un travail d'amour et non d'exclusion. Voilà deux siècles que la France marche suffisamment dans cette voie de négation ascendante. On a de plus en plus éliminé des lettres la nature, la franchise, le caprice, la personnalité, et même l'érudition comme étant grossière, immorale, bizarre, pédantesque. Et dans les mœurs, on a pourchassé, honni et presque anéanti la gaillardise et l'aménité, les grandes manières et les genres de vie libre, lesquelles sont les fécondes. On s'est guindé vers la décence! Pour cacher ses écrouelles on a haussé sa cravate! L'idéal jacobin et l'idéal marmontellien peuvent se donner la main. Notre délicieuse époque est encore encombrée par cette double poussière. Robespierre et M. de La Harpe nous régentent du fond de leur tombe »[1].

On en a assez, également, du sentimentalisme. Le romantisme avait mis à la mode la littérature d'épanchement, qui conduit, pour Flaubert, comme pour Baudelaire, à une véritable prostitution. La littérature dont se régale la jeune Emma Bovary, dans sa pension, et avec elle toutes les filles, les femmes et les maîtresses des notaires et des pharmaciens de nos provinces, est inondée de pacotille lyrique. Baudelaire en 1866, s'exclamera : « Tous les élégiaques sont des canailles ». Déclaration vigoureuse que Flaubert, douze années plus tôt, avait paraphrasée par avance : « La personnalité sentimentale sera ce qui, plus tard, fera passer pour puérile et un peu niaise une bonne partie de la littérature contemporaine. Que de sentiment, que de sentiment, que de tendresse, que de larmes!... Tout se dissout maintenant par le relâchement, par l'élément humide, par les larmes, par le bavardage, par le laitage. La littérature contemporaine est noyée dans les règles de femme. Il nous faut à tous prendre du fer pour faire passer les chloroses gothiques que Rousseau, Chateaubriand et Lamartine nous ont transmises »[2].

Tout cela est banal, facile, vulgaire, caduc, et il faut

1. Lettre à Louise Colet, 23 janvier 1854.
2. Lettre à Louise Colet, 15 janvier 1854.

s'en détourner absolument. Comme il faut se détourner aussi d'un autre mythe romantique, celui-là issu de Rousseau : la prétention à régénérer les mœurs de la société. Alexandre Dumas en est, vers 1860, le plus illustre défenseur : « Toute littérature, écrit-il dans la préface du *Fils Naturel,* qui n'a pas en vue la perfectabilité, la moralisation, l'idéal, l'utile en un mot, est une littérature rachitique et malsaine ». A quoi Baudelaire a répondu : « Je dis que, si le poète a poursuivi un but moral, il a diminué sa force poétique, et il n'est pas impudent de parier que son œuvre est mauvaise ». Flaubert a usé du sarcasme ironique : « A bas les rêveurs ! A l'œuvre ! Fabriquons la régénération sociale ! L'écrivain a charge d'âmes, etc. Il y a là-dedans un calcul habile. Quand on ne peut pas entraîner la société derrière soi, on se met à sa remorque, comme les chevaux du roulier, lorsqu'il s'agit de descendre une côte ; alors la machine en mouvement vous emporte, c'est un moyen d'avancer »[3].

C'est là l'expression absolue, provocatrice même — et l'on s'explique mieux la méfiance des cercles bien pensants devant ces anarchistes de l'art — de la volonté de rendre l'art autonome, d'en faire une activité spécifique. Dans la perspective de l'époque, face aux corsets de toutes sortes que la société officielle impose à l'art, c'est une réaction féconde. Mais elle n'est pas plus comprise par les milieux progressistes que par les conservateurs ; on verra des critiques républicains, comme Louis Ulbach ou Paul Meurice, par exemple, dénoncer l'immoralité de Flaubert ou de Zola ; Louis Ulbach donnera pour titre à son compte rendu de Thérèse Raquin : « La littérature putride ».

Il est enfin un dernier thème romantique qui subit les coups de la nouvelle critique. C'est celui de l'inspiration, qui a pour une part remplacé, en 1830, l'idée classique du goût, mais qui a autorisé, et conti-

---

3. Lettre à Louise Colet, 30 septembre 1855.

nue d'autoriser toutes sortes de faiblesses de facture, et diminue chez l'artiste la part de la discipline formelle, du contrôle de soi-même, de l'écriture concertée. « Il faut écrire plus froidement, proclame Flaubert. Méfions-nous de cette espèce d'échauffement, qu'on appelle l'inspiration, et où il entre souvent plus d'émotion nerveuse que de force musculaire... Je connais ces bals masqués de l'imagination d'où l'on revient avec la mort au cœur, épuisé, n'ayant vu que du faux et débité des sottises. Tout doit se faire à froid, posément ». On n'écrit pas avec son cœur mais avec sa tête. Il faut toujours, dit encore Flaubert, « cette vieille concentration qui donne vigueur à la pensée et relief au mot ».

La littérature a donc « besoin d'une étrille pour faire tomber les gales qui la dévorent » : les tabous de l'honnêteté classique, de la littérature pour jeunes personnes, qui triomphent chez Jules Sandeau, Octave Feuillet — le « Musset des familles » — Émile Augier et autres ; la sentimentalité bavarde, les désespoirs factices et les confessions abusives ; le mythe proud'honien de la littérature utilitaire. Et Flaubert, cherchant un maître, s'est tourné vers Balzac, certes, mais aussi vers Rabelais : « Je relis Rabelais avec acharnement et il me semble que c'est pour la première fois que je le lis. Voilà la grande fontaine des lettres françaises ; les plus forts y ont puisé à pleine tasse. Il faut en revenir à cette veine-là, aux robustes outrances. Au milieu de toutes les faiblesses de la morale et de l'esprit, aimons le vrai avec l'enthousiasme qu'on a pour le fantastique » (lettre à Louise Colet, 16 novembre 1852).

Le vrai dans l'art

Voilà le grand mot proféré : « Aimons le vrai ».

Mais le problème du vrai dans l'art n'est pas non plus un de ceux que Flaubert traite à la légère. D'autant moins que pendant ces années où il écrit et publie *Madame Bovary*, une nouvelle école, aussi sévère que lui pour les travers des romantiques, prétend s'édifier au nom de la vérité. Ceux-là, qui se donnent eux aussi pour des disciples de Balzac, se sont baptisés eux-mêmes les Réalistes. Ils se tournent vers les sujets modernes et populaires; ils prétendent ne représenter que ce qu'ils ont vu, sans altération, sincèrement, avec l'exactitude de la daguerréotypie. Point d'effort vers la plastique et l'harmonie des descriptions. Point de style! car le style travestit le réel. Peu leur importe que l'on dise leur prose plate ou grise. Ils sont Réalistes, et reproduisent la réalité, voilà tout.

Or, Flaubert les déteste et les méprise, et précisément au nom du style. Il faisait beau voir qu'on le rapprochât des Réalistes! Là aussi, ses emportements, ses colères, libres et toutes crues, telles que nous les livre sa correspondance, sont autant de précieuses mises au point, aujourd'hui encore trop négligées, ou mal comprises : « On me croit épris du réel, tandis que je l'exècre; car c'est en haine du réalisme que j'ai entrepris ce roman. Mais je n'en déteste pas moins la fausse idéalité dont nous sommes bernés par le temps qui court! Fi des Auvergnats et des coiffeurs! » (Lettre à Mme Roger des Genettes, 30 octobre 1856). C'est que, pour lui, le réel est laid. Et c'est pourquoi il récuse, fondamentalement, l'esthétique du Réalisme au sens historique et étriqué du terme. Il écrit à Laurent Pichat, le 2 octobre 1856 : « Croyez-vous donc que cette ignoble réalité, dont la reproduction vous dégoûte, ne me fasse tout autant qu'à vous, sauter le cœur? Si vous me connaissiez davantage, vous sauriez que j'ai la vie ordinaire en exécration ». Et à Louis Bonenfant, en décembre de la même année : « La morale de l'Art consiste dans sa beauté même,

et j'estime par-dessus tout le style, et ensuite le Vrai ».
La négation du style, que professent Champfleury et
Duranty, théoriciens du Réalisme, est la négation de
l'art.

Le vrai, dans l'Art, est d'une nature particulière. Par
un paradoxe qui n'est qu'apparent, les Réalistes, en
excluant le style de la reproduction vraie du réel, ont
perdu l'art et n'ont pas pour autant trouvé la vérité.
Et par le même paradoxe, plus grand est chez l'artiste
le souci de représenter la réalité commune, plus ardue
doit être sa tâche. La contrainte des recherches formelles est accrue par la médiocrité du thème. Les
tourments du style doivent croître avec la volonté de
tout dire et de tout peindre. Flaubert est le premier
des écrivains modernes à avoir éprouvé ce conflit
dans toute son acuité, à en avoir exprimé clairement
les données, et à en avoir défini les solutions esthétiques et techniques, dans sa théorie du type. Lettre
à Ernest Feydeau, en février 1861 : « Il faut toujours
monter ses personnages à la hauteur d'un type, peindre ce qui ne passe pas, tâcher d'écrire pour l'éternité ».

Le style

Il y a deux hommes en Flaubert. D'un côté, un
robuste amoureux de la vie, de la nature, de la « couleur en mouvement ». Un païen. Un fils de Rabelais,
exaltant Physis contre Antiphysis. « La vie ! la vie !
tout est là ! C'est pour cela que j'aime tant le lyris-
me »[4].

D'un autre côté, un incurable pessimiste. Un sombre, un solitaire, qui a pris en horreur sa propre classe,
qui tient la vie pour un naufrage absolu, et la bêtise
universelle pour le levier du monde.

4. Lettre à Louise Colet, 15 juillet 1853.

De là les deux tendances contradictoires de son credo esthétique : le réel est exécrable, et pourtant il faut le peindre. Et dans toute sa laideur. A cette contradiction intensément ressentie, tout autre que lui ne trouverait d'autre issue que l'abstention et le silence. Pour Flaubert, elle peut être surmontée si l'artiste réussit à transposer les laideurs du contenu en beautés de la forme. L'amour de l'art fournit au sceptique la compensation dont il a besoin pour croire en la beauté et en l'efficacité de l'effort humain. On voit par là que chez Flaubert le style n'est pas un ornement accessoire de l'œuvre. Ce n'est point affaire de recettes, ni même de talent. Le style est pour lui l'expression même d'une raison et d'une éthique.

Raison d'abord, et connaissance. Car la littérature doit devenir désormais, selon la définition qu'en propose l'auteur de Mme Bovary, une « littérature exposante ». « L'histoire, l'histoire et l'histoire naturelle ! voilà les deux muses de l'âge moderne. Observons, tout est là » (lettre à Mlle Leroyer de Chantepie, 23 octobre 1863). Et encore, à Louise Colet, le 6 avril 1853 : « La littérature prendra de plus en plus les allures de la science ; elle sera surtout exposante, ce qui ne veut pas dire didactique. Il faut faire des tableaux, montrer la nature telle qu'elle est, mais des tableaux complets, peindre le dessous et le dessus ». Il ne s'agit donc point de photographier la surface, les apparences des êtres et des choses, mais de comprendre en profondeur les mécanismes physiologiques, psychologiques, sociaux, auxquels ils obéissent : « le dessous et le dessus ». La méthode doit être, selon son mot, « impitoyable ». C'est à cette condition que l'art sera libéré du vague à l'âme, des chaleurs factices, et de la romance. Il faut qu'il acquière « la précision des sciences ». Le phénomène le plus frappant du mouvement des idées littéraires, il y a un siècle, est peut être cette convergence de la réflexion scientifique − notamment dans le domaine médical — et de la réflexion esthétique — notamment dans le roman. Tous les romanciers de l'époque dont le nom nous est resté familier, Gustave Flaubert, les Goncourt, Émile Zola, ont voulu saisir en profondeur les mécanismes de l'homme. Tous ont fait du roman une recherche, et ce n'est pas l'aspect le moins moderne, ni le moins durable, de leur entreprise.

Une éthique, ensuite ; une règle de vie. Car il ne s'agit rien de moins que de donner une très haute idée du langage, et de lui vouer sa vie. « La difficulté capitale, pour moi, n'en reste pas moins le style, la forme, le Beau indéfinissable résultant de la conception même et qui est la splendeur du vrai comme disait Platon »[5]. « Poètes, sculpteurs, peintres et musiciens, nous respirons l'existence à travers la phrase, le contour ou l'harmonie, et nous trouvons tout cela le plus beau du monde ! »[6].

Littérature exposante, certes, et fort exigeante, à la manière de la science. Mais Flaubert a parfaitement mesuré la distinction ineffaçable qui subsiste entre eux deux, quoi que l'artiste puisse gagner à s'inspirer des méthodes du savant. Si le romancier, comme le savant, prend pour point de départ la réalité telle quelle, il s'en forme une image qui porte les marques de sa propre sensibilité, et qui épouse les formes, les lignes de force de son imagination. Il traduit cette image dans une œuvre qui n'est point le réel, mais sa fiction, tout entière faite de mots. Il monte l'objet et le transforme, l'accommode à sa vision intérieure, ou encore à celle de ses personnages, et le fait pénétrer dans un espace nouveau qui est celui même de l'œuvre. Le langage romanesque découpe une réalité re-vue, imaginée, rêvée, et la restitue, porteuse des apparences de la réalité, mais en fait recréée par le langage du roman-

5 et 6. Lettres à Mlle Leroyer de Chantepie (18 mars 1857 et 29 janvier 1854).

cier. Aussi Flaubert se donne-t-il pour règle « l'acceptation ironique de l'existence, et sa refonte plastique et complète par l'Art ». Refondre, animer, traduire, transposer — on n'en finirait pas d'énumérer les termes par lesquels le vocabulaire critique de Flaubert exprime cette idée fondamentale de son art. On n'en finirait pas non plus de le citer ; car il suffit, bien sûr, de lui laisser la parole, et tout commentaire est bien vain. Tenons-nous en sur ce point à une seule page, tirée d'une lettre à Louise Colet, du 2 juillet 1853 : « Condenser et réaliser, sous une forme aristocratique, une histoire commune dont le fond est à tout le monde. C'est là, pour moi, la vraie marque de la force en littérature. Le lieu commun n'est manié que par les imbéciles ou par les très grands. Les natures médiocres l'évitent, elles recherchent l'ingénieux, l'accidenté... Ce n'est pas une bonne méthode que de voir tout de suite, pour écrire immédiatement après. On se préoccupe trop des détails, de la couleur, et pas assez de son esprit, car la couleur dans la nature a un esprit, une sorte de vapeur subtile qui se dégage d'elle, et c'est cela qui doit animer en-dessous le style ».

Parmi les conditions que Flaubert juge indispensables à la capture de ce qu'il appelle sa « chimère de style », les unes sont psychologiques : l'instinct d'abord, « l'innéité ». « Le secret des chefs-d'œuvre est là, dans la concordance du sujet et du tempérament de l'auteur ». Le calcul, d'autre part, la rigueur qui naît d'une distance critique soigneusement prise et conservée, tant à l'égard de son sujet, qu'à l'égard des modèles réels dont s'inspire l'artiste, et aussi de son propre cœur. Les autres sont des conditions techniques : et sur ce point, la correspondance de Flaubert contient une véritable poétique du roman.

Questions de composition : « J'ai peur, note Flaubert à propos de *Madame Bovary,* qu'il n'y ait pas grande proportion, car pour le corps même du roman, pour l'action, pour la passion agissante, il ne me restera guère que 120 à 140 pages, tandis que les préliminaires en auront plus du double... J'ai suivi, j'en suis sûr, l'ordre vrai, l'ordre naturel. On porte vingt ans une passion sommeillante qui n'agit qu'un seul jour et meurt... Ce qui me rassure, c'est que ce livre est une biographie plutôt qu'une péripétie développée » (lettres à Louise Colet, mai-juin 1853).

Problèmes du dialogue : Flaubert observe que dans le roman les personnages ne parlent pas, ne peuvent pas parler comme dans la vie — sinon ils parleraient faux. « Un dialogue, dans un livre, ne représente pas plus la vérité vraie (absolue) que tout le reste ; il faut choisir et y mettre des plans successifs, des gradations, et des demi-teintes, comme dans une description » (lettre à Ernest Feydeau, décembre 1858). « Peindre par le dialogue et qu'il n'en soit pas moins vif, précis et toujours distingué en restant même banal, cela est monstrueux, et je ne sache personne qui l'ait fait dans un livre » (lettre à Louise Colet, septembre 1853). Et à propos de *Madame Bovary* encore : « Dieu que ma Bovary m'embête ! J'en arrive à la conviction qu'il est impossible d'écrire. J'ai à faire un dialogue de ma petite femme avec un curé, dialogue canaille et épais, et, parce que le fonds est commun, il faut que le langage soit d'autant plus propre » (lettre à Louise Colet, avril 1853).

On atteint ici au problème du mot et de la phrase, et à cette recherche du mot tout à la fois exact et écrit, banal et stylisé, vrai et inédit, qui, ainsi que l'écrivit Albert Thibaudet, « transpose la nature des choses en natures de phrases ». On surprend ce travail harassant de polissage dans lequel Flaubert a usé ses forces et sa vie, jusqu'à s'arracher ces plaintes inouïes : « La tête me tourne et la gorge me brûle d'avoir cherché, bêché, creusé, retourné, farfouillé et hurlé, de cent mille façons différentes, une phrase qui vient enfin de se finir. Elle est bonne, j'en réponds, mais ça n'a pas été sans mal ! »[7].

Une question d'oreille

Le paradoxe de ce réalisme bien compris est que le comble de l'illusion y est en même temps le comble de l'exactitude. Car Flaubert n'est pas seulement un théoricien et un critique prodigieusement intelligent. Cela ne suffit point à faire un romancier, pas plus d'ailleurs que l'acharnement à écrire ; et la qualité d'un style ne tient ni aux principes, ni à la durée, ni aux efforts de son élaboration. « Il y a une chose triste, écrit Flaubert, c'est de voir combien les grands hommes arrivent aisément à l'effet en dehors de l'Art même ». C'est-à-dire en dehors du métier, et de l'effort. Cette réflexion s'applique fort bien au roman flaubertien. Car les vraies sources de l'effet doivent y être cherchées bien en deçà d'une esthétique, et d'une technique : dans la finesse et la lucidité du regard, dans la justesse de l'oreille et dans l'intuition de la langue — trois dons qui sont de nature, et d'où naissent, selon le moment, le burlesque ou la poésie. Rappelons, par exemple, le discours du conseiller du gouvernement, au milieu du tableau des comices :

M. Lieuvain venait de s'essuyer la bouche avec son mouchoir de poche . Il reprit :
Et qu'aurais-je à faire, messieurs, de vous démontrer ici l'utilité de l'agriculture ? Qui donc pourvoit à nos besoins ? Qui donc fournit à notre subsistance ? N'est-ce pas l'agriculteur ? L'agriculteur, messieurs, qui ensemençant d'une main laborieuse les sillons féconds des campagnes, fait naître le blé, lequel broyé est mis en poudre au moyen d'ingénieux appareils, en sort sous le nom de farine, et, de là, transporté dans les cités, est bientôt rendu chez le boulanger, qui en confectionne un aliment pour le pauvre comme pour le riche. N'est-ce pas l'agriculteur encore qui engraisse, pour nos vêtements, ses abondants troupeaux dans les paturages ? Car comment nous vêtirions-nous, car comment nous nourririons-

7. Lettre à Louise Colet, 26 mars 1854.

nous sans l'agriculteur ? Et même, messieurs, est-il besoin d'aller si loin chercher des exemples ? Qui n'a souvent réfléchi à toute l'importance que l'on retire de ce modeste animal, ornement de nos basses-cours, qui fournit à la fois un oreiller moelleux pour nos couches, sa chair succulente pour nos tables, et des œufs ?...

Personne ne peut lire ce texte sans se trouver paralysé à l'idée de parler en public, car personne n'est à l'abri de ces clichés, de ces platitudes, de ces cadences boîteuses que Flaubert entend mieux que personne, et qui transforment l'éloquence en bouffonnerie. Rappelons également, dans le même ordre d'observations, les personnages de l'*Éducation sentimentale* : Sénécal, l'extrémiste doctrinaire et fanatiquement ambitieux, qui finira commissaire de police de Napoléon III ; de Cisy, l'aristocrate paternaliste et fat ; Frédéric, le petit bourgeois apeuré ; Hussonnet et Pellerin, les fantaisistes, les amateurs de folklore, qui eux aussi, sous l'Empire, feront une fin honorable. Chacun a son langage, qui révèle, mieux que de longs récits, son caractère, et laisse prévoir sa fin. Chacun parle selon les mythes que lui a transmis le groupe social auquel, organiquement, il appartient. Chacun récite, à sa manière, le *Dictionnaire des idées reçues,* Le pessimisme, chez Flaubert, c'est, d'abord, une question d'oreille.

Un dernier prélèvement permettrait de mieux saisir l'étendue, la finesse et la poésie singulière du regard de Flaubert, ainsi que la virtuosité étourdissante de ses techniques. Il s'agit, dans l'*Éducation sentimentale,* à la fin du tableau des courses, de la rentrée des équipages vers les Champs-Élysées. C'est un thème familier aux artistes du XIXe siècle : Balzac l'a traité dans *le Père Goriot,* lui-même l'a esquissé au début de l'*Éducation sentimentale,* Zola le développera à son tour dans *la Curée.* Devéria et Constantin Guys, et d'autres peintres, l'ont aimé, pour les jeux de couleurs et de formes auxquels il se prêtait, et pour

23

son pittoresque mondain. Flaubert y voit tout cela, et puis aussi autre chose, qui appartient en propre à l'écrivain : il y voit la matière de cette expérience, prodigieuse si l'on y réfléchit bien, qui consiste à rendre sensible, par le moyen indirect des mots les multiples aspects d'un espace et d'une durée étrangers au lecteur, et, qui plus est, en perpétuelle modification :

La berline se lança vers les Champs-Elysées au milieu des autres voitures, calèches, briskas, wurts, tandems, tilburys, dog-carts, tapissières à rideaux de cuir où chantaient des ouvriers en goguette, demi-fortune que dirigeaient avec prudence des pères de famille eux-mêmes. Dans des victorias bourrées de monde, quelque garçon, assis sur les pieds des autres, laissait pendre en dehors ses deux jambes. De grands coupés à siège de drap promenaient des douairières qui sommeillaient : ou bien un stopper magnifique passait, emportant une chaise, simple et coquette comme l'habit noir d'un dandy. L'averse cependant redoublait. On tirait les parapluies, les parasols, les mackintosh, on se criait de loin : « Bonjour ! – Ça va bien ? – Oui ! – Non ! – A tantôt ! » et les figures se succédaient avec une vitesse d'ombres chinoises. Frédéric et Rosanette ne se parlaient pas, éprouvant une sorte d'hébétude à voir auprès d'eux continuellement toutes ces roues tourner.
Par moments, les files de voitures, trop pressées, s'arrêtaient toutes à la fois sur plusieurs lignes. Alors, on restait les uns près des autres, et l'on s'examinait. Du bord des panneaux armoriés, des regards indifférents tombaient sur la foule ; des yeux pleins d'envie brillaient au fond des fiacres ; des sourires de dénigrement répondaient aux ports de tête orgueilleux ; des bouches grandes ouvertes exprimaient des admirations imbéciles ; et, de ça et là, quelque flâneur, au milieu de la voie, se rejetait en arrière d'un bond, pour éviter un cavalier qui galopait entre les voitures et parvenait à en sortir. Puis tout se remettait en mouvement ; les cochers lâchaient les rênes, abaissaient leurs longs fouets ; les chevaux, animés, secouant leur gourmette, jetaient de l'écume autour d'eux ; et les croupes et les harnais humides fumaient dans la vapeur d'eau que le soleil couchant traversait.

C'est là un de ces textes qui rendent Flaubert tout proche des recherches de l'art contemporain. Les images se multiplient ou se raréfient, ralentissent ou accélèrent ou s'arrêtent même, selon un rythme qui varie selon la nature et l'intensité des impressions ressenties par un observateur lui-même toujours en mouvement, tantôt confondu avec Frédéric et Rosanette perdus et alanguis au milieu de la foule, tantôt fictivement extérieur au tableau et comme le survolant. Les plans rapprochés contrastent avec les reculs soudains et vertigineux de la perspective. L'écrivain juxtapose selon un ordre de description absolument inédit les détails de physionomie violemment expressifs, à la Daumier, et les vues panoramiques d'un coucher de soleil sur Paris. La phrase elle-même s'amincit ou s'amplifie selon que diminue ou grandit la profondeur du champ. Et le miracle est que chaque notation, inscrite dans ce découpage rigoureux du temps et de l'espace, ne sacrifie pas pour autant aux séductions de la pure géométrie, et conserve la richesse suggestive du détail vu. Le défilement des attitudes entrevues, des visions fugitives, s'il se modèle, dans sa forme, sur les données élémentaires de la perception, reflète dans son contenu toute la diversité psychologique et sociale d'une époque.

Voilà ce qui fait que, parmi les dizaines de romanciers de l'autre siècle, celui-là a survécu. Il sacrifiait les succès faciles et l'approbation tant des pontifes que du grand public, à la lente mise au point de ses expériences littéraires. De ces années de travail, de ce long itinéraire en quête d'une représentation à la fois vraie et inouïe du monde, naissait une œuvre dont la densité humaine et la maîtrise du langage sont inépuisables.

2

Zola :

ses *Haines*, ses modèles

Mes Haines, au titre éclatant et provocateur, est le premier recueil d'études critiques publié par Zola. Il parut en juin 1866 chez l'éditeur Achille Faure, avec pour sous-titre : *Causeries littéraires et artistiques*. Les manuscrits ont disparu. L'édition originale contenait les articles publiés par Zola dans *Le Salut Public* de Lyon entre le 23 janvier et le 14 décembre 1865 sous le titre collectif *Revue littéraire*, un article sur *Les Chansons des rues et des bois*, de Victor Hugo, qui n'a pas été retrouvé dans la presse, une étude sur Taine publiée dans *La Revue contemporaine* du 15 février 1866, et un article sur l'*Histoire de Jules César*, de Napoléon III, qui n'avait pas paru en prépublication. En 1879, Zola réédita *Mes Haines*, auquel il joignit *Mon Salon*, chez l'éditeur Georges Charpentier. Mais il en retrancha un chapitre, qui, dans l'édition originale, avait pour titre « Un livre de vers et trois livres de prose », et qui regroupait trois articles publiés dans *Le Salut Public* des 6 février, 25 mai et 7 septembre 1865, sur des œuvres d'André Lefèvre, Alexandre de Lavergne, Edmond About, Adolphe Belot et Ernest Daudet.

Le Salut Public de Lyon, fondé en 1848, était un

journal de grande information, sans nuance politique affirmée, sinon un libéralisme prudent. Il demandait la liberté industrielle et commerciale, la limitation des empiètements du clergé sur le pouvoir civil, la décentralisation administrative, le développement de l'instruction publique : idéologie assez voisine de celle qui s'exprimait à la librairie Hachette, dont Zola était un des collaborateurs permanents. Celui-ci publia dans le *Salut Public* cinquante-cinq articles, du 23 janvier 1865 au 1er janvier 1867.

Les chapitres de *Mes Haines,* se suivent dans un ordre capricieux. Zola passe d'un roman de troisième ordre, *Le Moine,* à un livre d'esthétique générale, *Du principe de l'art et de sa destination sociale,* de Proudhon, puis à un autre roman, *Un prêtre marié,* de Barbey d'Aurevilly ; d'un ouvrage sur la gymnastique, d'Eugène Paz, à *Germinie Lacerteux,* des frères Goncourt, puis aux illustrations de Gustave Doré sur la Bible ; d'un livre de poèmes, *Les Chansons des rues et des bois,* de Hugo, à une étude de sociologie historique, *La Mère,* d'Eugène Pelletan. Il revient au roman, avec Erckmann-Chatrian, par le détour d'une étude critique dramatique sur deux pièces d'Émile de Girardin, avant de terminer par un grand chapitre sur l'esthétique de Taine et un compte rendu de l'*Histoire de Jules César,* attribuée à Napoléon III. Il y a là des études de complaisance, et d'autres qui reflètent de réelles prédilections.

Les « naturalistes » du monde moral

A travers ce désordre apparent, qui suit le flux de la production littéraire de l'année 1865, s'exprime une pensée cohérente et ferme, qui ne craint pas de déborder la critique littéraire pour pénétrer sur le terrain de la philosophie de l'art. Certains chapitres tournent au manifeste, et à cet égard *Mes Haines* marque bien le point de départ du Naturalisme, au sens complexe dans lequel Zola entendra ce mot. Il ne le prononce pas encore, mais il en développe les principes essentiels. Il ne reviendra plus sur cette prise de position en faveur des « fortifiantes brutalités de la vérité », ni sur sa confiance dans le proche triomphe de l'art d'analyse, ni non plus sur l'affirmation du rôle indispensable d'un « tempérament » personnel. *Mes Haines* apparaît bien comme le pivot autour duquel s'est organisée la formation du créateur et du critique, entre la période d'entraînement à la réflexion et à l'écriture qui couvre les années 1862 à 1864 et celle où Zola acquiert un véritable métier romanesque, de 1866 à 1868 — avec la publication de *Thérèse Raquin* et de *Madeleine Férat,* et la préparation du cycle des *Rougon-Macquart.* S'il fallait résumer les sources et les maîtres de cette formation, il suffirait de citer quelques noms : Stendhal pour le goût de l'analyse, Balzac pour la matière sociale, Flaubert pour la distance ironique, les Goncourt pour la sensibilité d'époque — le « nervosisme » — Taine pour la justification théorique de l'ensemble.

Par delà l'ouverture polémique du recueil, où Zola accable de sa « haine » — toute littéraire et rhétorique —, pêle-mêle, et sans nommer personne, les critiques influents, les membres des coteries littéraires, le pompiérisme académique, les échotiers de la « petite presse », les représentants de la critique sceptique, « sots qui font les dédaigneux », il faut aller droit à deux grands textes : le compte rendu de *Germinie Lacerteux,* et *M. Taine, artiste.* Ce sont les deux clés de voûte du livre, et aussi deux textes fondamentaux pour qui veut comprendre d'où vient Zola et quelles sont les bases de son esthétique.

Il analyse longuement l'histoire de Germinie, la servante à la double existence, vivant « ses nuits dans les transports de voluptés terribles », et vivant « ses jours dans le calme d'une affection prévenante et inépuisable ». Il se livre tout entier dans l'élan nerveux et vibrant de ses éloges. « Eh oui ! Bonnes gens, l'artiste a le droit de fouiller en pleine nature humaine. Par grâce, laissez-le créer comme bon lui semble ; il ne vous donnera jamais la création telle qu'elle est ; il vous la donnera toujours vue à travers son tempérament... Il ne saurait y avoir de limite dans l'étude de la vérité ». Il exprime son goût pour une littérature nouvelle, débarrassée de tous modèles et de tous poncifs, et qui s'attacherait à décrire fortement les réalités de « l'homme moderne » : un homme « malade de progrès, d'industrie et de science », un homme fiévreux et excessif, comme l'époque.

S'il se laisse enivrer par « les délices étranges » de cette œuvre « maladive » au « charme provocant », Zola, devant Taine, exprime une admiration plus cérébrale − mais non moins chaleureuse. Il reconnaît sa dette envers le critique qui lui a révélé Stendhal et Balzac, lui a enseigné la relativité de l'art et lui a fourni des principes d'analyse applicables au roman comme à la critique : loin d'appliquer de manière déductive des règles édictées par la rhétorique académique, le romancier et le critique se tiennent à l'écoute, l'un de la société, l'autre de l'œuvre d'art, pour les expliquer patiemment et méthodiquement. Ils transposent dans l'art l'esprit de recherche sans entraves et les méthodes qui ont fait progresser les sciences. Ils osent, à l'écart de tout dogme et de toute révérence, dégager la genèse de toutes choses dans l'ordre de la vie sociale comme dans celui de l'écriture romanesque. Ils sont, comme l'enseigne Taine, les « naturalistes » du monde moral.

La liberté de l'artiste

Zola manifeste cependant sa réserve sur la théorie

tainienne des milieux, la jugeant trop simple, et appli-
cable aux époques plus qu'aux individus : « Je supplie
M. Taine de faire une place plus large à la personnalité... Le beau est dans la vie, dans la libre personnalité ; une œuvre belle est une œuvre vivante, originale, qu'un homme a su tirer de sa chair et de son
cœur ». Comment associer l'objectivité de la science
et la personnalité de l'art ? Par l'ardeur que mettra
l'artiste à décaper « le mensonge et la sottise » et à
saisir « le vrai », et par la puissance de ses tableaux.

Qui interprète le naturalisme comme une doctrine
de soumission absolue à l'objet, de copie laborieuse,
de reproduction impersonnelle des choses et des êtres,
commet donc un contresens, tant sur les théories de
Zola que sur son œuvre romanesque. Zola réclame,
dans la foulée du romantisme, que liberté pleine et
entière soit laissée à l'artiste. Et il se bat avec une
égale férocité contre l'esthétique académique, qui
prétend enseigner les lois d'une beauté idéale, et contre
l'esthétique utilitaire d'un Proudhon, qui prescrirait
volontiers à l'artiste d'enseigner la morale, ou de
conduire les hommes au progrès, ou de chanter la
gloire de la nation. Proudhon est « un brave homme
qui juge l'art comme on juge la gymnastique et
l'étude des racines grecques ». Or l'art ne saurait être
confondu avec la pédagogie ou l'instruction civique.
L'art est l'affaire des « faiseurs de chair », et peu
importe qu'ils soient ou non hommes de progrès.
Zola se retrouve avec Courbet pour flageller le césa-
risme et ériger en suprême valeur la liberté du peuple. Mais ce ne sont pas les convictions démocratiques
ou socialistes du peintre d'Ornans qui font de lui un
frère de Véronèse, de Rembrandt ou du Titien ce ne
sont pas non plus les sujets de ses toiles, dont Proudhon loue la fonction édifiante, satirique ou polémique : « Quant à moi, ce n'est pas l'arbre, le visage,
la scène qu'on me représente qui me touchent : c'est

l'homme que je trouve dans l'œuvre, c'est l'individualité puissante qui a su créer, à côté du monde de Dieu, un monde personnel que mes yeux ne pourront plus oublier et qu'ils reconnaîtront partout ».

Même lorsqu'il s'intéresse à un ouvrage mineur, voire totalement étranger à la littérature, comme le livre d'Eugène Paz, *La Santé de l'esprit et du corps par la gymnastique,* Zola trouve le moyen d'aborder l'un des thèmes généraux de sa campagne : la littérature moderne est le fruit d'une génération névrosée, d'une société détraquée, d'une époque de transition anxieuse. Il faut aimer ce trouble, car il en naîtra un art « barbare », mais « tout personnel et tout libre », « des œuvres de belles brutes florissantes ou de fous de génie ». Sommes-nous si loin de Lautréamont, dont *Les Chants de Maldoror* sont à peu près contemporains de ces déclarations de foi? Sommes-nous si loin, aussi, de la démesure qui orchestre les meilleures pages des *Rougon-Macquart?* Lorsque Zola revendique pour l'artiste une indépendance absolue, hors des interdits et des consignes, des écoles et des églises — y compris des églises de la démocratie politique — c'est avant tout pour lui-même qu'il parle, comme s'il devinait que l'œuvre qu'il porte va mettre à mal tous les codes.

On pourrait penser, dans ces conditions, qu'il se reconnaît en quelque manière dans Victor Hugo. Et pourtant ce n'est pas le cas. Fils des Romantiques, possédé comme eux par l'exaltation poétique, par besoin du conte et du mythe, par la révolte contre les censures, il ne s'en retourne pas moins contre le Père. Au fond, tout se passe comme si, devant Taine, il revendiquait le droit romantique d'être pleinement soi-même, et comme si, devant Hugo, face aux hallucinations et aux prophéties du vieil exilé, il se raidissait dans la posture du critique tainien, absorbé par sa « besogne d'anatomiste ».

32

Le maître-mot de toutes ces pages est bien le mot *nature*. Reprochant au dessinateur, peintre et graveur Gustave Doré de se tenir exclusivement dans une gamme simple, ne jouant que sur deux séries de notes opposées, le tendre et le sinistre, le merveilleux et le fantastique, il reprend le thème qu'il a déjà développé à propos de Courbet, et propose à Doré « l'étude de la nature vraie et puissante, autrement grande que tous ses songes ». Lorsque « la personnalité s'enfle à crever », comme chez Barbey d'Aurevilly, « le catholique hystérique », auteur d'*Un prêtre marié,* lorsque « les épisodes galopent eux-mêmes en pleine démence » et que « le livre entier est une sorte de cauchemar fiévreux, un rêve mystique et violent », la nature et la vérité sont trahies. « L'effort n'est pas la force, l'étrangeté n'est pas l'originalité. Ce ne peut être là la libre expression d'une personnalité d'artiste ». A l'inverse, chez Erckmann-Chatrian, ce sont la naïveté, une vision idéalisée des caractères populaires, le parti-pris régionaliste, la candeur « des créatures peuplant ces histoires adoucies », qui affaiblissent l'analyse et la description des mœurs, malgré beaucoup de pages « justes et vraies ».

L'aune balzacienne

L'article sur Erckmann-Chatrian commence de manière significative par un éloge de Balzac — le premier en date, sous la plume de Zola —, et s'achève, de manière non moins significative, par une réflexion qui pourra s'interpréter, après coup, comme un projet : « La société moderne est là qui attend ses historiens ». Tous les écrivains auxquels l'auteur s'intéresse dans *Mes Haines* sont en fait mesurés à l'aune balzacienne. C'est elle qui permet de concilier nature et tempérament, vérité et force, analyse et passion.

Dans la *Comédie Humaine*, « nous avons toute une société, un peuple ondoyant et divers, une famille humaine complète dont chaque membre a des allures particulières, un cœur qui lui appartient. Cette famille habite la France entière, Paris et la province, elle vit la vie de notre siècle, souffre et jouit comme nous, est, en un mot, l'image de notre société. L'œuvre a la sécheresse de l'analyse exacte, elle ne prêche ni n'encourage ; elle est uniquement le compte rendu brutal de ce que l'écrivain a observé. Balzac regarde et raconte, le choix de l'objet sur lequel tombent les regards lui importe peu, il n'a que le souci de tout regarder et de tout dire ». On comprend aisément la pensée implicite qui sous-tend ces réflexions : ce que Balzac a su faire pour la société de la Restauration, quelqu'un doit le faire pour la société du Second Empire. Ce ne seront ni Taine, trop exclusivement théoricien de l'art, ni les Goncourt, trop artistes, ni Erckmann-Chatrian, trop idéaliste, et encore moins Barbey. De quelque côté qu'il se tourne en cette année 1865, et même du côté des écrivains dont il peut parler sans mépris — ce qui est le cas de presque tous ceux auxquels il s'intéresse dans *Mes Haines* — Zola ne trouve aucune incarnation du modèle de romancier qui s'est peu à peu dessiné d'une chronique à l'autre. Il ne lui reste qu'à tenter de construire lui-même l'œuvre qu'il appelle de ses vœux, et qui n'est rien d'autre qu'une histoire naturelle et sociale de la société contemporaine.

Mes Haines est donc un titre trompeur. L'épigraphe de l'édition originale est plus exacte : « Si vous me demandez ce que je viens faire en ce monde, moi artiste, je vous répondrai : je viens vivre tout haut ». Lecteur de Taine ou de Barbey, des Goncourt ou de Proudhon, d'Erckmann-Chatrian ou de Prévost-Paradol, Zola ne se trompe guère dans ses choix, ni pour ceux qu'il admire sans réserve, ni pour ceux qu'il discute : ce sont tous des hommes marquants et marqués, des personnalités fortes et indépendantes, éloignées, d'une manière ou de l'autre, du conformisme politique et esthétique. Et s'il les choisit, ce n'est pas seulement pour rendre compte de l'actualité littéraire, mais aussi pour se mesurer à eux, c'est-à-dire pour affirmer sa différence. Chacun d'eux lui sert à la fois de repoussoir, d'étai et de tremplin. Tous apportent, bon gré, mal gré, leur contribution à sa recherche d'un nouveau langage romanesque. Il les a lus avec une attention gourmande. Il essaie sur eux une méthode désormais arrivée à maturité, et qui tient l'œuvre d'art pour un organisme complexe dont il convient de dégager et d'expliquer tous les traits, avant de la juger au nom du double critère de la vérité et de la singularité. Il éprouve enfin les ressources et les effets d'une écriture polémique qui brûle de se donner libre cours. « L'heure est haletante, pleine d'anxiété : on attend ceux qui frapperont le plus fort et le plus juste, dont les poings seront assez puissants pour fermer la bouche des autres, et il y a au fond de chaque nouveau lutteur une vague espérance d'être ce dictateur, ce tyran de demain ». Lignes prémonitoires, et qui invitent à lire *Mes Haines* non pas comme un recueil de circonstance, mais bien plutôt comme un laboratoire d'idées, où Zola a opéré sa propre transformation, sinon même son propre accouchement, sa venue au monde du roman moderne.

3

La genèse du roman zolien

Rappelons rapidement ce qu'on trouve dans le dossier préparatoire d'un roman d'Émile Zola, tel que la plupart des dossiers des *Rougon-Macquart,* conservés à la Bibliothèque nationale. Laissons de côté le manuscrit proprement dit, qui comporte des corrections non négligeables, mais peu nombreuses et superficielles. Le dossier préparatoire répond à un dispositif à peu près immuable, dont chaque section est plus ou moins étendue selon les romans. Il comprend une *Ébauche,* soliloque programmatique où le romancier définit, assez rapidement, un sujet, une thématique, une histoire, des rôles, un ton, des notes documentaires de diverses sortes, résumés d'ouvrages, informations et réflexions de reportage, notes bibliographiques, dessins ; des documents de fiction, tels que des listes de noms de personnages ou de titres possibles pour l'œuvre en cours ; un plan sommaire ; deux plans détaillés, l'un construit à un stade ancien de la préparation, souvent immédiatement après l'*Ébauche* ou même avant la fin de l'*Ébauche,* et qui peut s'enrichir ou se corriger au fur et à mesure du travail de documentation et de construction, l'autre intervenant à la fin de la genèse, juste avant la rédaction, et parfois progressant parallèlement à la rédaction, chapitre après chapitre.

Il est malaisé de reconstituer l'ordre chronologique de ces sections, d'autant plus qu'à partir d'un certain moment, elles progressent en éventail, et simultanément. La correspondance de Zola permet de dater plus ou moins précisément certains documents, de situer le *terminus a quo* et le *terminus ad quem.* J'ai discuté et essayé de résoudre ces problèmes en d'autres circonstances[1]. Mais je me suis limité à établir un ordre — hypothétique — des événements, tout en dégageant et en classant les principales sources de chacun des *Rougon-Macquart,* conformément aux objectifs des études traditionnelles de genèse. Les dossiers préparatoires des *Rougon-Macquart* appelleraient maintenant un autre type de travail, moins historique qu'« archéologique », selon le mot de Jean Bellemin-Noël, qui définit l'archéologie d'un texte comme « la remontée vers le lieu où s'est mise en branle la chaîne des procédures ».

Procédures et processus. « La fabrication du livre, en l'ensemble qui s'épanouira, écrivait Mallarmé, commence dès une phrase. » Mallarmé, qui pourtant n'avait lu ni Saussure ni Chomsky, fondait là, sans en avoir l'air, les principes d'une génétique textuelle qui aurait pu s'articuler à la fois sur une orientation structurale (avec la notion d'ensemble) et sur une orientation générative (avec la notion de phrase-noyau, et avec celle de dérivation-transformation, inscrite dans la figure de l'épanouissement). L'histoire littéraire s'est construite sur de tout autres bases, préférant le plus souvent l'exploration du détail à la vision synthétique, et le repérage statique des sources, événementielles ou livresques, à l'analyse de leurs transformations dans le travail du scénario et de l'écriture. Mais

1. Voir : Émile Zola, *Les Rougon-Macquart,* Bibliothèque de la Pléiade, éd. Gallimard, 5 vol.

on peut essayer de revenir à Mallarmé, en gardant un œil sur les concepts instrumentaux de la linguistique.

A la différence de ses contemporains ou de ses maîtres immédiats, Zola a longuement argumenté sur les objectifs qu'il s'assignait dans son travail de romancier, et sur la méthode qu'il entendait suivre :

> Le romancier est fait d'un observateur et d'un expérimentateur. L'observateur chez lui donne les faits tels qu'il les a observés, pose le point de départ, établit le terrain solide sur lequel vont marcher les personnages et se développer les phénomènes. Puis l'expérimentateur paraît et institue l'expérience, je veux dire fait mouvoir les personnages dans une histoire particulière, pour y montrer que la succession des faits y sera telle que l'exige le déterminisme des phénomènes mis à l'étude[2].

On s'est moqué de lui, en soulignant lourdement les contresens d'une théorie qui entendait calquer la démarche d'un auteur de fictions sur celle du savant expérimentateur. On n'a pas bien compris que le véritable problème, si l'on veut saisir les traits génétiques propres d'un roman de Zola, est justement d'évaluer la part respective et les corrélations mutuelles d'une *stratégie* délibérée, calculée, elle-même calquée sur d'autres modèles épistémologiques, et d'une *pratique* non objectivée par le discours du romancier, moins explicite, mais sans doute plus importante, lestant plus profondément l'œuvre, car c'est elle qui lui fournit l'essentiel de ses supports thématiques et structuraux. Encore le mot de « pratique » n'est-il pas très bien choisi, car en fait le métier romanesque de Zola combine les règles explicites nées de sa définition positiviste et déterministe du roman, et les règles implicites, sous-jacentes, qui manifestent son univers de discours et sa technique de la narration.

L'ébauche

Ce qui frappe d'abord, à la lecture d'une *Ébauche*,

---

2. *Le Roman expérimental* (Oeuvres complètes, Cercle du livre précieux, t. X, p. 1178).

c'est la prééminence d'un langage du projet explicite, du calcul de la programmation et de la prospective. C'est, par voie de conséquence, l'insistance d'un *je* qui met en scène, dans ce texte prévisionnel, la personne de l'auteur. C'est enfin l'emploi de multiples tournures modalisatrices, qui diminuent au maximum la distance entre l'énonciateur et son énoncé, et enserrent la matière du roman dans un enchaînement de volontés, de nécessités et d'implications logiques. De ce point de vue, le discours du projet concret, *hic et nunc,* n'est pas sensiblement différent de la théorie générale du roman expérimental.

Qu'on lise les premières lignes de l'*Ébauche* de l'*Assommoir :*

> Le roman doit être ceci : montrer le milieu peuple et expliquer par ce milieu les mœurs peuple ; comme quoi, à Paris, la soûlerie, la débandade de la famille, les coups, l'acceptation de toutes les hontes et de toutes les misères viennent des conditions mêmes de l'existence ouvrière, des travaux durs, des promiscuités, des laisser-aller, etc. En un mot, un tableau très exact de la vie du peuple avec ses ordures, sa vie lâchée, son langage grossier, et ce tableau ayant comme dessous − sans thèse cependant − le sol particulier dans lequel poussent toutes ces choses. Ne pas flatter l'ouvrier et ne pas le noircir. Une réalité absolument exacte. Au bout, la morale, se dégageant elle-même. Un bon ouvrier fera l'opposition ; ou plutôt non, ne pas tomber dans le Manuel. Un effroyable tableau qui portera sa morale en soi.
>
> Ma Gervaise Macquart doit être l'héroïne. Je fais donc la femme du peuple. La femme de l'ouvrier. C'est son histoire que je conte.

Le texte, ici, s'écrit bien comme un projet de manœuvre, voire comme un plan de bataille. La personne de l'organisateur est souveraine ; il dispose en toute responsabilité de l'action et des personnages. Quelques lignes plus loin :

> Je la débarrasse de Claude, dès que celui-ci a dix ou douze ans. Je ne lui laisse qu'Étienne et Anna.

De tels exemples foisonnent dans l'*Ébauche* de l'*Asommoir* et dans toutes les autres. Zola s'approprie le « drame », avec cette confiance qui caractérisait les ingénieurs et les brasseurs d'affaires de son temps ;

le possessif relaie le personnel, toujours à la première personne :

Mon drame aura donc lieu vers 1865. Je raconterai auparavant la vie de Gervaise... Je prends Gervaise à Paris, à vingt-deux ans (en 1850), et je la conduis jusqu'en 1869, à quarante et un ans. Je la fais passer par toutes les crises et par toutes les hontes imaginables. Enfin, je la tue dans un drame.

Quoi de plus opposées l'une à l'autre, apparemment, que la liberté avec laquelle le romancier arrange son jeu, et la soumission aux déterminismes naturels prônée par *Le Roman expérimental?* Et pourtant, au moins deux traits leur sont communs : l'assomption du discours − du discours calculateur comme du discours commentateur − et le recours à une stratégie causative, sinon même performative. L'acte qui crée le personnage et l'action se confond avec la phrase qui l'énonce.

Beaucoup de ces phrases à la première personne et au présent d'immédiateté se modalisent avec l'auxiliaire *vouloir,* ou ses équivalents, ou sa négation : « *Je veux surtout rester dans la simplicité des faits... Je veux faire d'elle un personnage sympathique...* ». L'infinitif à valeur injonctive est un substitut du « *je veux* » ou du « *je ne veux pas* » : « *Montrer un ménage où les enfants poussent comme des champignons... Ne pas flatter l'ouvrier et ne pas le noircir... Ne pas oublier que je veux faire sympathique.* » Les consignes se succèdent. Il ne s'agit pas de caprices, car ces volitions et ces injonctions présupposent des nécessités, des obligations, dont la manifestation corsète littéralement toute l'*Ébauche,* rythmée par l'expression du *falloir* et du *devoir:*

Il lui faut un caractère net... Le roman doit être ceci... Ma Gervaise Macquart doit être l'héroïne... Gervaise doit être une figure sympathique... Il me faudra ajouter une fruitière, une charbonnière, enfin quelques petits détaillants.

Même la phrase sans verbe, fréquente dans ces *Ébau-*

ches rédigées très vite, dans la spontanétité, postule en profondeur un « *il faut* » : « *Des faits les uns au bout des autres, mais me donnant la vie entière du peuple.* »

A vrai dire, entre le « *je veux* » initial — il a bien fallu choisir un sujet ; ce geste de choix est souvent très ancien — et les « *il faut* » de la suite, s'inscrivent des implications logiques qui s'énoncent à plusieurs reprises selon leur modèle canonique, *si... alors*. « *Si je prends le titre : la simple vie de Gervaise Macquart, il faudra que le caractère du livre soit précisément la simplicité.* » Un choix en conditionne un autre, ou en exige d'autres :

> Je ne puis me sauver de cette platitude de l'intrigue que par la grandeur et la vérité de mes tableaux populaires... Le drame banal chez le peuple, c'est quelque jalousie brutale qui finit par jouer du couteau. Ainsi, il pourrait y avoir une bataille entre Lantier, Coupeau et Goujet.

D'implication en déduction, s'édifient la logique et la grammaire d'une *Ébauche* qui semble bien sacrifier, de fait, à la vision déterministe d'une génération marquée par Taine et Claude Bernard. Reste tout de même une place pour la modalisation de possibilité, d'hypothèse :

> Je pourrai prendre sans doute pour cadre la vie d'une femme du peuple... Voici comment les hypothèses pourraient s'organiser... Enfin pour rendre le drame plus terrible, je peux encore la faire enceinte.

Mais l'auxiliaire *pouvoir,* on le voit, demeure asservi à la chaîne des causes et des conséquences : il introduit des segments de diégèse dont l'éventualité ne doit pas contredire le programme général.

Je ne cite que quelques exemples. Ils sont assez nombreux et divers pour qu'on mesure la prégnance, dans l'*Ébauche,* d'un discours volontariste, planificateur, et la présence massive, opaque, d'un sujet régisseur et raisonneur. Le contraire, apparemment, de l'improvisation et de la dérive : toutes les formes grammaticales de l'auto-injonction, du raisonnement hypothético-déductif, de l'évaluation. Le roman à venir est mis en perspective comme un acte de langage dont il faut prévoir et mesurer par avance les structures et les effets, mettre en série logique les épisodes, calculer les étapes successives d'architecture, d'écriture — et de réécriture ; qu'il faut peut-être, par avance, à tout prix emprisonner dans les filets de l'explication, parce qu'on pressent qu'à un moment donné on va oublier *Le Roman expérimental* et que la fiction va, une fois de plus, se mettre à battre la campagne. Et l'on ne sait pas que déjà, bien à l'abri derrière la trame des devoirs qu'on lui assigne, la fiction travaille et délire dans la dépendance de tout autres contraintes, celles-là non assumées, sinon refoulées...

Les notes

Le deuxième aspect de la stratégie affichée, en structure superficielle, se laisse voir dans les notes documentaires. Ce sont là d'autres corsets, d'autres défenses, elles aussi liées à l'obsession scientiste, mais elles aussi menacées de toutes sortes de perversions...

Ces notes, dans les dossiers préparatoires de Zola, constituent une classe bien définie d'avant-textes. Elles contribuent à donner l'impression, à qui parcourt pour la première fois ces manuscrits, d'une genèse progressant par objectifs déterminés : le sujet et le premier schéma diégétique dégrossis, viennent les enquêtes et les lectures, qui assumeront la validité représentative, mimétique de l'œuvre, et par corollaire, sa fonction didactique. C'est l'image que Zola ne cesse de proposer dans ses déclarations, et c'est le modèle qu'il établit de bonne foi, en titrant, soustitrant ses ensembles et sous-ensembles de notes. Il engrange un savoir, que le roman transposera dans son langage propre et transmettra au plus large public.

On pourrait répartir ce savoir en trois classes distinctes et complémentaires. En premier lieu, les choses sues, celles qui résultent de l'expérience vécue du romancier, la plupart du temps très ancienne. Il note des souvenirs, des réminiscences : par exemple, pour *L'Assommoir,* l'oncle Aubert, concierge au 2 de la place Saint-Michel, « *qui mettait une couverture devant la fenêtre pour qu'on ne vît pas la lumière de la rue, les jours de gala* »[3]; ou un menuisier, connu quelques années auparavant dans son voisinage immédiat, pour le spécimen du « bon ouvrier ». Cette classe de notes est en fait peu représentée dans le dossier, parce que ces souvenirs, ces scènes autrefois vécues et ces personnages autrefois rencontrés, et qui ont parfois donné lieu à des chroniques de presse bien avant la mise en chantier du roman, passeront directement dans l'*Ébauche* et dans les plans, sans transiter par les notes documentaires. Les forgerons de *L'Assommoir* — Goujet et ses camarades d'atelier —, Zola les connaît bien, depuis qu'à Bennecourt, entre 1866 et 1871, il séjournait, en villégiature, dans une chambre qui surplombait un atelier de forgeron — ce même atelier que Cézanne croque dans une de ses lettres de 1866 à Émile Zola.

La deuxième classe est celle des choses vues, sur le « motif », à la manière des peintres, et pour les besoins propres du roman en préparation. Elles nourrissent, dans certains dossiers des *Rougon-Macquart,* deux sortes de notes : les unes, de premier jet, crayonnées sur place, les autres, à l'encre, rédigées après coup, avec un essai de mise en ordre. On y trouve plusieurs manières. La manière impressionniste, qui tente de happer dans leur simultanéité et leur confusion un agrégat d'impressions de divers ordres sensoriels, formes, couleurs, bruits, mouvements :

3. B.N., Ms 10271, fo 213.

Paris qui allume son gaz. Le ciel. Les mains dans les poches. Fontainier avec sa trompette. Tout seul, ou en groupes. Des peintres avec leurs pots à peinture. Des hommes traînant des voitures avec des bretelles. Les ceintures rouges.

Et la manière « objectale », où l'enquête se fait précise, minutieuse, topographique et même numérique :

La grande maison (entre deux petites) est près de la rue des Poissonniers, à quatre ou cinq maisons. Elle a onze fenêtres avec des persiennes noires, mangées et où des lames manquent. Une porte au milieu, immense, ronde. A droite, une vaste boutique de marchand de vin avec salles pour les ouvriers ; à gauche, la boutique du charbonnier, peinte, une boutique de parapluies, et la boutique que tiendra Gervaise et où se trouvait une boutique de fruitiers.

Ces « choses » vues, articulées aux autres sections du dossier, servent de substituts à des photographies que Zola n'a pas pu prendre, ignorant alors cette technique, qu'il ne pratiquera qu'à la fin de sa carrière littéraire ; elles sont mises en réserve pour fournir ultérieurement la matière — sinon la bourre — descriptive du roman ; étudiées pour elles seules, elles forment un journal de voyage à travers la vie quotidienne des Français de 1875, dont l'intérêt anthropologique et la qualité esthétique restent à évaluer. En tout cas, leur importance, dans la genèse des *Rougon-Macquart,* et dans l'image que Zola se fait de son travail, doit être soulignée plus qu'on ne l'a fait jusqu'ici.

Troisième classe : celle des choses lues. Le su, le vu, et le lu : c'est une tripartition qui a la rigueur apparente des micro-systèmes phonologiques... Mais c'est bien à peu près comme cela se passe dans les dossiers de Zola. Plusieurs livres ou séries de livres viennent ainsi déverser leurs informations dans le dossier de *L'Assommoir : Le Sublime, ou le Travailleur comme il est en 1870 et ce qu'il peut être,* de Denis Poulot (1870), qui donne lieu à quinze pages de notes, le *Dictionnaire de la langue verte,* d'Alfred Delvau (1867) ; *De l'alcoolisme,* du Dr Magnan (1874) ; les

45

Manuels Roret du couvreur, de la blanchisseuse, du chaîniste, etc. On a fait là-dessus à Zola plusieurs sortes de reproches : celui d'avoir plagié ses sources, celui d'avoir tiré à la ligne en chargeant son texte de prélèvements encyclopédiques copiés à la hâte, celui d'avoir travaillé en trompe-l'œil, en donnant pour observations authentiques et approfondies un placage superficiel. On a montré également que la collecte des informations — qu'il s'agisse des choses vues ou des choses lues — est dirigée, orientée, prédéterminée et déjà biaisée par les postulats symboliques et mythiques sur lesquels reposent, dès les premières lignes de l'*Ébauche*, les assises du roman. Il est vrai que ce savoir engrangé, mis de côté dans les *Notes*, est un savoir momentané, passager, conjoncturel, un savoir de surface, une acquisition non durable, et qu'il se combine, dès le début de l'enquête qui le constitue, avec d'autres structures de savoir, d'une autre nature et d'un autre niveau de formation et de manifestation. Mais ce qui me semble plus intéressant, c'est de réfléchir sur la fonction, de ce savoir documentaire, à la fois dans la dynamique de la genèse romanesque, et dans la logique de la théorie naturaliste.

Les données ainsi remémorées ou acquises forment en effet le prérequis encyclopédique de la fiction, la matière pédagogique de l'illusion réaliste, l'espace mimétique du roman : ce qu'il donnera, explicitement, à voir, à reconnaître, ou à connaître. Elles répondent à l'acceptation, plus même à la revendication du didactisme. Dans *Le Roman expérimental,* Zola propose une théorie de la description qui détourne celle-ci de l'esthétique romantique (ou même flaubertienne) du pittoresque, pour en faire un instrument d'exposition et d'explication.

Décrire n'est plus notre but, nous voulons simplement compléter et déterminer... Cela revient à dire que nous ne décrivons plus pour décrire, par un caprice et un plaisir de rhétoricien. Nous estimons que l'homme ne peut être séparé de son milieu, qu'il est complété par son vêtement, par sa maison, par sa ville, par sa province... De là ce qu'on appelle nos éternelles descriptions.

En accord avec sa théorie, le roman zolien est bien calculé pour faire concurrence à l'encyclopédie. Comme elle, il définit, détermine et enseigne. Zola croit faire émulation avec le savant, en réalité il concurrence le maître d'école, plus généralement, il appartient à la famille d'esprits et à la génération qui, au tournant du XIXe siècle, imagine tous les types de discours, inédits ou simplement transformés, qui permettront une diffusion massive des connaissances, conformément aux besoins de l'expansion industrielle et de l'idéologie nationale : le *Grand Dictionnaire Universel du XIXe siècle,* les récits d'explorations, les *Voyages extraordinaires,* la *Bibliothèque des merveilles,* les manuels scolaires, les romans de Jules Verne et les romans naturalistes − « voyages extraordinaires » à travers les compartiments de la société contemporaine (laquelle fait bien l'objet chez Zola, par le fait, d'une vision « compartimentée »). C'est dans cette perspective qu'il convient d'évaluer les notes préparatoires des *Rougon.* Elles jouent un rôle de discours-relais, ou de discours transformateur. Puisant leur substance dans une textualité didactique désignée comme telle par ses titres, ses techniques d'exposition et ses signatures − Roret, Delvau, Magnan, un éditeur de manuels techniques, un lexicographe, un médecin −, elles l'accumulent et la condensent sous la forme du résumé, et elles la distribuent en classes. Elles mobilisent les connaissances et les rendent exploitables par un dispositif et un langage d'une toute autre nature, ceux de la fiction narrative.

Chemise d'homme à petits plis : on passe sur le devant, on repasse l'empiècement ou pièce des épaules, puis les manches sur les deux côtés ; puis on plie le dos en deux et on repasse des deux côtés ; puis les poignets et le col à l'amidon, fers très chauds, puis la chemise sur le dos, on relève le pan de devant et on repasse par l'ouverture de la poitrine et par le pan, on fait cinq ou six grands plis à plat ; puis le corps du devant, la bannière ; plis devant ; on met une laine sous le devant, on repasse le devant sur la laine, le côté droit, puis le côté gauche ; puis on la plie au fer.

Et ainsi de suite pour le repassage du bonnet, de la robe de mousseline blanche à fleurs, pour les rideaux, le pantalon de femme, les gilets blancs d'homme ; et encore pour les outils du plombier-zingueur, le travail du chaîniste, les boulonniers, les ouvriers-fleuristes, etc. La compilation documentaire, ici, fonctionne comme un disjoncteur ou un régulateur génétique. Interrompant pour un moment la rêverie raconteuse de l'*Ébauche,* elle met en réserve un capital descriptif, qui rendra possible, au moment voulu, le passage du régime narratif au régime descriptif. Mais déjà, avec les notes, dans la mesure où leur place dans le dossier les articule à la donnée fondamentale d'un récit et les met sous sa dépendance, on se prépare à revenir, inversement, d'un flux descriptif universel — le métier de la blanchisseuse, les outils du plombier-zingueur — à un flux descriptif singulier, s'écoulant aux frontières mêmes de la narration : une journée de Gervaise, blanchisseuse, ou de Coupeau, plombier-zingueur. Et du même coup, l'offre de connaissance, ou de reconnaissance, multiplie son public par dix, par cent, ou par mille, abat les cloisonnements de spécialistes, et constitue le narrataire du récit en personnage omniscient. Zola sait qu'on ne fait pas appel en vain à cette forme de plaisir du texte qu'est le plaisir d'apprendre.

Au surplus, entre deux classes de générateurs à fonction diégétique (l'ébauche et les plans), les notes apportent au dossier préparatoire un facteur d'équilibre : leur réserve mimétique compense et enrichit les *topoi* du schéma narratif, au moment où celui-ci met en place ses propres vecteurs de dissémination et de diffusion de la mimésis.

Les plans

Dernier constituant : les plans (dans l'ordre fonctionnel, sinon dans l'ordre chronologique, de la genèse). La manœuvre diégétique, qui dégage un modèle et des schémas de drame, d'intrigue, d'action-description, se laissait percevoir dans l'*Ébauche* :

J'aurai donc d'abord les phases d'existence qui suivent : Arrivée à Paris en 1850 − Abandonnée par Lantier, Gervaise reste seule avec deux enfants, l'un de huit ans, l'autre de quatre ans (La scène de l'abandon, les enfants, etc.)...
La rencontre de Coupeau, quelque part, typique. (Coupeau sait qu'elle était avec Lantier.) Le mariage (typique aussi). Le premier temps du ménage. Les premières raclées.
La réussite de Gervaise qui parvient à s'établir. Une petite boutique de blanchisseuse, à côté de son ancienne patronne. − La jalousie de celle-ci poussant à un dénouement tragique.

La régie technique se repère dès ce premier palier, à la fois par la recherche d'un découpage en scènes et par l'emploi du métalangage narratif ou dramaturgique : *phases, scène, dénouement, intrigue, récit, histoire, sujet, personnages, tableau, épisodes.* Elle se repère aussi dans la trame d'un modèle biographique, inscrit dans le titre original *(La simple vie de Gervaise Macquart),* et dans la coïncidence des scènes-clés avec les grandes phases d'une vie familiale et professionnelle. Enfin, l'*Ébauche* ne répugne pas à guider sa progression sur les balises qu'offre le feuilleton noir : malgré le souci de « *nudité magistrale, de la réalité au jour le jour* », sans « *rien de romanesque ni d'apprêté* », elle gage ses effets de lecture sur les valeurs éprouvées de l'« *épisode* », du « *drame* », de l'opposition des « *bons* » et des « *méchants* ».

Je la fais passer par toutes les crises et par toutes les hontes imaginables. Enfin, je la tue dans un drame... Là un drame pour finir... Voici comment les épisodes pourraient s'organiser... L'abandon de Gervaise dramatisé... Un drame entre les trois hommes... Diviser mes personnages en bons et méchants.

Le travail des *Plans* va déployer, renforcer, corriger et transformer le scénario initial en deux temps fondamentaux : un premier plan détaillé (ici accompagné d'un plan résumé qui dégage plus nettement le premier profil diégétique du roman), puis un second plan détaillé. Zola procède par aménagements successifs, modifiant à la fois la structure d'ensemble et les détails. Le premier plan de *L'Assommoir* compte 21 chapitres, ou, peut-être plus exactement, 21 tableaux : scène du lavoir, la rencontre de Coupeau et de Gervaise, leur mariage, l'accident, une partie à la Foire aux pains d'épices, le travail des blanchisseuses, Goujet au travail, la fête de Gervaise, etc. Un motif par chapitre ; un plan illustratif ; une succession de vues ; un itinéraire sinueux et distendu, décalant le drame vers la fin d'un texte où le récit s'estompe derrière la *deixis,* la représentation. Chaque chapitre se découpe à son tour en séquences dont la fonction est identique à celle du chapitre : donner à voir, faire connaître les traits pertinents de la société populaire. Voici le chapitre 14 (primitif) :

62. Gervaise dans un petit logement. Le quartier, le soir. (Le boulevard, tel qu'il est.) Premier temps. Elle s'est remise chez Mme Fauconnier. Elle nourrit son mari. Première communion d'Anna. Anna enfant. Une scène de vote. Une conversation de femmes sur leur mari.

Voici le chapitre 16 :

64, 65, 66. Anna fleuriste, insolente avec ses parents; gros mots. Elle se promène avec la jeunesse. L'atelier de fleuriste : Mme Lerat. (La journée ouvrière, les heures.) Anna au bal, cherchée par son père.

Aux trois échelons significatifs du premier plan détaillé (son contenu global : « *Le roman est la déchéance de Gervaise et de Coupeau, celui-ci entraînant celle-là dans le milieu ouvrier* » ; le contenu de chaque chapitre ; le contenu de chaque séquence), Zola choisit donc une narration exposante, privilégiant une investigation de l'espace parisien populaire, et n'exploitant que secondairement les ressorts

50

d'une action dramatique. L'accident de Coupeau (chapitre 4), le retour de Lantier (chapitre 10) n'occupent qu'une place stratégiquement mineure, et appartiennent ici à la classe des scènes pittoresques et typiques plutôt qu'à celle des catastrophes. A ce stade, le calcul, déjà minutieux, de la synopsis, demeure orienté par une théorie sous-jacente du roman d'observation, sinon d'expérimentation.

La refonte du plan sera spectaculaire. De vingt-et-un chapitres, le second plan détaillé tombe à treize. Chiffre fatidique, chiffre du malheur, mais aussi chiffre de la symétrie. Six chapitres d'un côté, six de l'autre, avec un chapitre-pivot : le chapitre 7, à la fois fête de Gervaise et le début de son calvaire, marqué, dramatiquement et symboliquement, par la réapparition de Lantier. Zola resserre les coutures, porte les épisodes forts sur les points marqués d'un dessin qui s'épure et se géométrise. Une hiérarchie s'établit entre les scènes de genre — par exemple la journée des blanchisseuses ou la visite à la forge — et des scènes qu'on pourrait dire fatales, parce qu'elles détournent et réorientent brutalement le destin des personnages — par exemple l'accident de Coupeau ou le retour de Lantier. D'un étalement narratif à l'horizontale, surgit, par un curieux phénomène qui associe la compression de droite et de gauche et la poussée de bas en haut, un schéma en arceau brisé. Du premier au second plan détaillé, la machinerie narrative change de principe, et bien entendu de régime. L'action se répartit sur deux versants ; un déterminisme logique intérieur s'ajoute au déterminisme externe, un modèle de fatalité se substitue au modèle aléatoire. L'arithmétique l'emporte sur le hasard : chacun des deux versants se subdivise en deux triades de chapitres. La première de ces triades s'achève par la noce de Gervaise, la seconde commence par la chute de Coupeau ; symétriquement, on peut également considérer le chapitre 10 (le troisième de la troisième triade) comme un chapitre marqué, car on y voit pour la première fois Coupeau entrer à Sainte-Anne, et Gervaise s'enivrer. Zola a plié la composition de *L'Assommoir* à une règle numérique qui enchâsse l'une dans l'autre la distribution binaire et la distribution ternaire, à deux degrés différents de profondeur, et avec inversion d'un degré à l'autre, selon le graphique suivant :

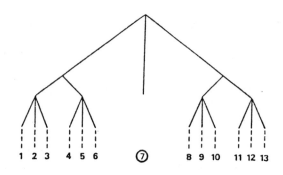

Sur ces combinatoires formelles, qui sont la loi abstraite de tous les romans de Zola (et non pas seulement des *Rougon-Macquart*), celui-ci reste d'une extrême discrétion, pour ne pas dire d'un total silence. Il n'en fait en tout cas nulle mention dans ses écrits esthétiques, il les censure, comme il censure, de manière générale, toute réflexion sur les techniques narratives, les problèmes d'agencement, la systématique des personnages, des actions, des temps et des lieux. La « logique » dont il parle est toujours la logique du juge d'instruction ou celle du savant, jamais celle du calculateur ou du joueur. C'est que, sur le champ idéologique, stratégique et polémique où se développe son discours théorique, il lui faut valoriser les normes de la démarche figurative et représentative, et refouler les contraintes de la fiction, qui sont des contraintes formelles. Rêvant sur l'image du savant (biologiste et médecin, sociologue et réformateur), il refuse et efface celle du raconteur. Silence sur la rhétorique, sauf pour avouer le péché véniel d'un goût encore romantique pour la métaphore et la cadence. C'est dans le travail des *Plans* que le refoulé réapparaît en force, avec la toute-puissance du nombre.

On le sait, dans son comportement privé, Zola a l'obsession du chiffre, c'est un arithmo-maniaque, il en a fait confidence à Edmond de Goncourt, au docteur Toulouse. Mais les structures numériques qui modèlent ses romans (et qui se mettent progressivement en place, de l'*Ébauche* au dernier plan), appellent d'autres explications. Dans *Feux et Signaux de Brume,* Michel Serres, qui voit en Zola un poète de l'ère thermodynamique, fait peut-être trop bon marché de la mécanique, cartésienne et pascalienne — parce qu'il s'intéresse beaucoup à la circulation des substances dans *Les Rougon-Macquart,* et peu au jeu des structures, beaucoup à la liqueur qui suinte de l'alambic, et peu à la géométrie des cornues. En réalité, Zola, dans sa poétique narrative, reste un homme de l'âge classique, réfractant dans une problématique positiviste les exigences d'une rationalité compositionnelle, d'une sorte de métrique structurale, qui remonte à Aristote. Cela, du reste, lui appartient en propre, dans la génération dite « naturaliste », et le distingue de ses contemporains et de ses épigones — Goncourt, Huysmans, Céard, Alexis, Hennique, Mirbeau, etc. — qui n'ont jamais su ficeler un montage romanesque, parce qu'ils n'ont jamais médité sur le rapport, sur l'harmonie. Et Zola leur parlait d'autre chose, gardant pour lui ses secrets d'architecte...

Il y aurait à cet égard grand intérêt à étudier de

manière contrastive les œuvres du courant dit naturaliste, qui présentent à l'évidence un certain nombre de traits communs, mais aussi des traits différentiels non moins frappants, du point de vue de leurs règles de production, et du point de vue de leurs conditions de réception — au point que le mot *naturalisme*, en fin de compte, ne signifie plus grand-chose. On ne lit plus Alexis ni Hennique, tandis que Zola conserve et élargit son public. Pourquoi, sinon parce que celui-ci, à la différence des autres, a su — selon quelle formation, et par quelle intuition? — non seulement mieux observer et comprendre le monde, mais aussi mieux calculer la « fiabilité » de ses mécanismes narratifs? Cela s'observe justement dans la mise au point des *Plans* — et l'on pourrait, à cet égard, encourager les chercheurs à en établir des descriptions minutieuses, roman par roman, phase par phase, et sans crainte d'utiliser des transpositions géométriques, rendant plus perceptibles la forme propre de chacun des systèmes successifs, et les règles de leurs transformations. Car élucider la genèse d'un roman, quand on en possède les dossiers et les brouillons préparatoires, c'est mettre en série les schèmes successivement représentatifs de l'architecture du système romanesque, reconstituer les objectifs, les calculs prévisionnels et les évaluations de l'écrivain pour chacun de ces schèmes, établir hypothétiquement la cause et la loi des réglages et des mises au point qui ont conduit (par évolution, ou par révolutions) au schème ultime.

4

Regard et modernité

Il faut défendre Émile Zola contre lui-même aussi bien que contre ses critiques. Contre lui-même, parce qu'il a donné de sa méthode de travail une description inexacte à force de raideur logique. Contre beaucoup de ses biographes et de ses critiques, parce qu'ou bien ils l'ont cru sur parole, ou bien au contraire ils lui ont fait des reproches immérités.

A maintes reprises, on le sait, Zola a fait confidence à ses visiteurs de la manière dont il préparait ses romans, allant même, pour plus d'authenticité, jusqu'à leur montrer les dossiers de l'œuvre en cours. Nous disposons à cet égard de plusieurs témoignages : le sien, dans *Le Roman Expérimental,* celui de Paul Alexis, son confident de tous les jours, celui de Louis Desprez, celui du critique italien De Amicis, celui, plus tardif, du Docteur Toulouse. L'idée commune est que Zola travaille comme « un savant consciencieux et honnête », qu'il emploie pour composer ses romans, des procédés rationnels, scientifiques, selon une procédure parfaitement logique. « Tout se fait tranquillement, sans fièvre, comme la construction d'une maison ou la poursuite de recherches de laboratoire. La fantaisie artistique est maîtrisée et canalisée ».

Cela est trop simple, et traduit une illusion de Zola sur son art, sinon une franche méconnaissance de ses propres dons. Il rationalise de manière excessive et inacceptable sa propre activité créatrice, par souci de donner de lui-même un portrait où la figure du romancier et celle du théoricien ne forment qu'une seule image. Zola n'a d'ailleurs pas toujours parlé ainsi. Il a écrit de bien meilleures pages sur les rapports de la création artistique et de la réalité ; mais ce sont toujours les autres qu'on cite dans les manuels, un peu par sa faute.

Cependant beaucoup des romans de Zola se sont heurtés au reproche inverse, qui apparaît encore ici et là. Travail trop vite fait, enquête insuffisante, méconnaissance des milieux, cela s'est dit de *L'Assommoir,* de *Nana,* de *Pot-Bouille,* de *Germinal,* de *La Terre. L'Assommoir ?* Mais il ne connaissait rien au monde ouvrier. *Nana ?* Mais il vivait en paysan, à Médan ; il est resté une heure dans le boudoir d'une dame, pendant que celle-ci était au Bois, et il a fait *Nana. Pot-Bouille ?* Le critique Henri Fouquier y trouve trente-et-un points de contestation, sur les mœurs de la bourgeoisie parisienne. *Germinal ?* Une « longue diffamation de la société française ». Le critique Henri Duhamel, du *Figaro,* vante « la commodité, l'hygiène, la propreté, la morale » des corons, et prétend défendre contre Zola « la population houillère du Nord de la France, si douce, si calme, si honnête, et si attachée à son travail toujours pénible et souvent dangereux ». Ce qui entraîne une réplique assez sèche de Zola :

> Qu'on ne me contredise pas avec des raisons sentimentales, qu'on veuille bien consulter les statistiques, se renseigner sur les lieux, et l'on verra si j'ai menti. Hélas ! j'ai atténué.

La Terre ? Trop paysan pour *Nana,* Zola ne l'est pas assez pour *La Terre.* Comment, citadin, a-t-il osé décrire la vie quotidienne du paysan français après s'être contenté de parcourir la Beauce en calèche, durant moins de huit jours ? — Au surplus, cet homme était myope et ne voyait pas le moindre détail à dix pas devant lui ; de là, sur un autre plan, les erreurs de sa critique d'art — car chacun sait qu'il n'a rien compris au génie de Cézanne. Il a été des premiers à révéler Manet, Claude Monet, Bazille ou Pissarro, mais, Dieu soit loué, il a manqué Cézanne... Que n'a-t-on pas dit également sur l'odorat d'Émile Zola, qui l'aurait dominé au point de neutraliser tous les autres sens ! Les fromages du *Ventre de Paris* sont devenus la tarte à la crème d'une certaine critique...

Où est la vérité ? Ni chez Zola, qui élève devant son œuvre romanesque le mur épais, pesant, et pédant, de fausses justifications théoriques, et d'une méthode dont il perçoit mal lui-même les aspects singuliers, ni chez ses détracteurs, qui ne savent rien de lui, qui ressentent sans la comprendre l'onde de choc émanant de ses livres, et se confinent dans la ridicule comptabilité de ses menues erreurs, ou de ses prétendues infirmités. La vérité, il faut la chercher dans la matière même des textes, de tous les textes — ceux que Zola a publiés, et ceux qui les préfiguraient, dans ses notes préparatoires. Il faut la chercher dans une étude sur pièces de sa méthode de travail, afin de mieux connaître un aspect de son travail sur lequel il a trop peu insisté, et qu'on a peut-être trop méconnu : *la recherche, le reportage,* et *la transposition* de ce que Hugo a appelé quelque part les « choses vues ». Oui, ce myope savait voir, et si sa myopie explique tout au plus certains caractères de sa vision, elle n'a en rien empêché son regard d'être singulièrement efficace.

Encore faut-il s'entendre sur l'emploi que nous ferons du mot *regard.* Ou plutôt sur l'objet de ce regard. S'agit-il du regard que l'écrivain a jeté sur le monde inanimé, la nature, les plantes, les pierres ? ou de celui qu'il a porté sur les êtres humains, sur leurs travaux, leurs conflits, leurs misères? ou du regard qui va jusqu'à l'intérieur des consciences? ou enfin de celui qu'il a porté sur lui-même? (qu'on songe à *La Confession de Claude,* à *La Joie de vivre,* ou à *L'Oeuvre,* ces romans pour une large part autobiographiques). On trouve tout cela dans *Les Rougon-Macquart.* Tenons-nous en à ce que l'on pourrait appeler le *regard du peintre.*

Dans son livre sur *Zola avant les Rougon-Macquart,* John Lapp a noté que Zola, dans sa jeunesse, se rattachait à l'école du plein-air, par son goût des excursions dans Paris et hors Paris. Cela paraît très vrai de l'ensemble de la génération artiste. Jules Laforgue définissait en ces termes les paysagistes : « La peinture des êtres et des choses selon leur atmosphère   paysages, salons à la bougie ou simples intérieurs, rues, coulisses éclairées au gaz, usines, halles, hôpitaux, etc. ». Le regard de Zola est, fondamentalement, le regard du paysagiste, ainsi compris, le regard vrai, la saisie sur le vif des êtres et des choses.

Sur le motif

De manière assez paradoxale, il faut laisser de côté, sur ce point, l'œuvre de Zola journaliste. Car ce qu'il a aimé dans le journalisme, c'est l'occasion et le moyen de développer ses idées, de polémiquer sur l'art, la littérature, la politique. Même les textes qu'il envoie entre 1875 et 1880 au *Messager de l'Europe,* revue de Saint-Pétersbourg, sur la société française contemporaine, sont écrits dans le style du moraliste ou du sociologue, plutôt que dans celui du chroniqueur. On ne peut faire d'exception que pour certains spectacles typiques de la vie contemporaine, où le plaisir du pur regard, précisément, l'a emporté sur celui de l'analyse : par exemple son reportage sur l'Exposition Universelle de 1878, ou son tableau des courses à Longchamp, qu'il reprendra dans *Nana,* et dont voici un extrait retrouvé dans le *Sémaphore de Marseille :*

Dès neuf heures du matin, des familles se mettent en marche. C'est toute une partie de campagne. On emporte des provisions dans un panier ; puis, vers midi, quand on est las de battre le Bois, on s'installe au fond de quelque taillis, sur la lisière du champ de courses. Et l'on déjeune, les messieurs en manches de chemise, les dames étalant leurs jupes pour cacher leurs jambes. C'est fort gai ! L'herbe sert de nappe. A perte de vue, sous les arbres, dans le mystère tendre des feuilles, il n'y a plus que des gens qui mangent. Plusieurs milliers de familles bourgeoises, vautrées au dessert, rient d'un rire formidable, quand les bouchons des bouteilles de bière partent comme des coups de pistolet. Il y a là des jeunes femmes adorables allongées sur le gazon, vêtues de robes claires, heureuses de la fraîcheur qui leur tombe sur les épaules, des enfants, bourrés de friandises, dormant au grand air ; des pères jouant au bouchon, le long d'un sentier, en attendant l'heure des courses. C'est le public qui s'amuse, les petits commerçants, les petits rentiers, tous ceux qui entendent jouir de la journée entière.

Enfin, la course du grand prix commence. Le starter a baissé son drapeau ; les chevaux sont lancés sur la piste. Alors, toutes les haleines restent suspendues. Ces dames sont montées debout sur les sièges de leurs cochers ; des piétons grimpent sur les roues des voitures voisines ; des maris prennent leur femme à califourchon sur leurs épaules. Dans les tribunes, les petites taches pâles des figures ont une immobilité de pierre. La foule grouillante est, brusquement, comme une foule morte. C'est que l'argent de tout ce monde court dans le nuage de poussière soulevé par les chevaux[1].

Mais à cette époque, Zola sait depuis longtemps regarder. Si l'on veut comprendre comment s'est éduqué son œil, il faut tirer parti de ses premières œuvres romanesques. Peu de chose dans *Les Contes à Ninon,* encore tout marqués de thèmes et de traits idylliques ou fantaisistes. C'est dans *La Confession de Claude,* en 1865, qu'apparaissent les premiers paysages de Zola, ceux de la banlieue sud, au-delà de Montrouge, entre Montrouge et les bois de Verrières, qu'il a inlassablement parcourus entre 1861 et 1865 :

1. *Le Sémaphore de Marseille,* 14 juin 1876 ; reproduit dans E. Zola, *Les Rougon-Macquart,* Bibliothèque de la Pléiade, éd. Gallimard, tome II, pp. 1658-1660.

Nous nous trouvions dans les terrains vagues de Montrouge. Ces champs défoncés et boueux sont frappés d'éternelle désolation, de misère, de lugubre poésie. Çà et là, le sol noir bâille affreusement, montrant, comme des entrailles ouvertes, d'anciennes carrières abandonnées, blafardes et profondes. Pas un arbre. Sur l'horizon bas et morne se détachent seulement les grandes roues des treuils. Les terres ont je ne sais quel aspect sordide, et sont couvertes de débris sans nom. Les chemins tournent, se creusent, s'allongent avec mélancolie. Des masures neuves en ruines, des tas de plâtras s'offrent à chaque détour des sentiers. Tout est cru à l'œil, les terrains noirs, les pierres blanches, le ciel bleu. Le paysage entier, avec son aspect maladif, ses plans brusquement coupés, ses plaies béantes, a la tristesse indicible des contrées que la main de l'homme a déchirées[2].

C'est à ce moment-là que peu à peu Zola a appris à regarder autour de lui, et a libéré sa sensibilité et son imagination visuelles des influences acquises dans ses lectures romantiques. Il oublie, lentement, l'univers conventionnel de Lamartine, de Hugo, de Musset, de Murger aussi, et lui substitue l'esquisse sincère de ce qu'il voit. En même temps, son langage s'épure des stéréotypes de la qualification romantique, et s'enrichit de termes qui évoquent plus exactement la forme, la matière, le grain, la couleur des choses, telles quelles.

Thérèse Raquin, en 1867, deux ans plus tard, marque une nouvelle étape. Car on y discerne une transformation de la vision, ou du langage de la vision — car tout n'est que langage, en fin de compte, lorsqu'il s'agit de littérature. La gamme descriptive de Zola s'est ici dédoublée ; il décrit les paysages des îles de la Seine comme il avait décrit ceux de Montrouge, mais avec plus de modelé dans l'opposition des plans, et avec un sens plus accusé des modifications d'un paysage au gré de l'heure et des variations de la lumière. D'autre part, on trouve là des pages tout à fait originales, en ce qu'elles dénotent le parti-pris de reconstruire l'objet, ou le motif, selon une technique qui est celle du peintre que Zola vient de découvrir : Édouard Manet.

2. É. Zola, *Oeuvres Complètes,* Cercle du Livre Précieux, 1966 ; *La Confession de Claude,* p. 66.

On ne saurait trop accorder d'importance, encore une fois, aux innombrables visites que Zola a faites, entre 1860 et 1880, dans les ateliers et les salons des peintres. En même temps que la découverte de Balzac et de Taine, il n'est sans doute pas d'événement plus important pour expliquer l'orientation de son art. On serait même assez tenté, pour rééquilibrer l'optique de l'enseignement traditionnel, d'accorder à la peinture, et à la fréquentation des peintres, le rôle principal — non pas tellement dans la formation de ses doctrines esthétiques (encore que leur première expression se trouve dans les *Salons* de 1866 et de 1868), ni même dans le choix de ses grands sujets, mais dans le choix de ses *motifs* : la guinguette, la blanchisseuse (Degas), l'actrice, la scène d'un théâtre, l'agitation du boulevard, les natures mortes des halles, les quais d'une gare, la Seine (Guillemet, Degas, Manet, Monet), les courses (Degas), la vague (Manet, Courbet), l'escarpolette (Renoir, Cézanne, Manet), et de ses *techniques* de composition. Taine a enseigné à Zola un système de pensée. Mais ce sont ses amis Chaillan, Cézanne, Bazille, Manet, Pissarro, Renoir, Fantin-Latour, qui lui ont appris à regarder la vie moderne et à la regarder avec l'œil du peintre, habile à capter le jeu des formes, des couleurs, des mouvements et des éclairages. La démarche de Zola, partant comme ses amis à la recherche du motif, jetant quelques croquis sur ses carnets, d'où naîtra, après arrangement et recomposition, la page définitive, est exactement celle des peintres du plein air. La genèse des *Rougon-Macquart* en fournit de multiples exemples.

Impressions

Ouvrons en effet quelques-uns des dossiers épais qui sont conservés à Paris, à la Bibliothèque Nationale.

Sous chacun des romans, il existe une œuvre primitive, ou plusieurs fragments d'œuvre, différents du roman achevé, et différents entre eux, mais dont les qualités ne sont pas moindres, à certains points de vue, que celles de l'œuvre définitive. Les plus frappants, parmi ces textes de fondations, sont d'un côté les *Ébauches,* et, de l'autre, les carnets d'enquête, qui portent des titres très divers selon les romans, *Mes Notes sur Anzin,* dans le dossier de *Germinal, Le Louvre,* ou *Au Bon Marché* dans le dossier de *Au Bonheur des dames, La Beauce,* dans celui de *La Terre, Paris qui s'allume,* dans celui de *L'Oeuvre, Mon Voyage,* dans celui de *La Bête humaine,* etc. René Ternois a publié à part, sous le titre *Mes Voyages,* les notes de voyage prises par Zola à Lourdes et à Rome, tandis qu'il préparait *Les Trois Villes*[3]. Si l'on faisait de même pour *Les Rougon-Macquart,* on mettrait au jour cette œuvre sous une œuvre : un ensemble de textes nés du regard « nu » de l'écrivain, et qui se rapprochent souvent, par le genre et par le style, des pages du *Journal* des Goncourt. Il est probable que l'idée que se fait le public du personnage et de l'art de Zola en sortirait assez modifiée. Car il y a là des dizaines d'instantanés inédits de Paris, en particulier, qui sont à eux seuls, et bien sûr dans le domaine des mots, autant de créations impressionnistes — plus pures et plus spontanées que les pages publiées qui en sont issues et où la rhétorique de la phrase raidit et fige quelque peu la vivacité de l'impression.

On sait qu'à partir de 1888, Zola découvrit la photographie, et en devint passionné. On peut rêver d'un volume, qui s'intitulerait « Impressions de Paris » — une œuvre inédite d'Émile Zola, illustrée par un photographe jusqu'ici fort peu connu qui s'appelle Émile Zola. Voici par exemple Zola, en 1875, sur le bou-

---

3. É. Zola, *Oeuvres Complètes,* Cercle du Livre Précieux, Tome VII, 1968.

levard de la Chapelle, cherchant à retenir le passage incessant de la foule :

> Femmes en cheveux courant pour le dîner, panier sur la main, les petites filles avec un pain. Des hommes parlant fort avec des hommes marchant vite (...) Les haquets, les tonneaux (...) Paris qui allume son gaz. Le ciel. Les mains dans les poches. Fontainier avec sa trompette. Tout seul, ou en groupes. Des peintres avec leurs pots à peinture. Des hommes traînant des voitures avec bretelles. Les ceintures rouges[4].

Et voici la maison de *l'Assommoir,* la fameuse maison qui va devenir le lieu et le symbole des espérances puis des misères de Gervaise. Il l'a vue, il a tourné autour, il y est entré, il en a gravi toutes les marches, petit bourgeois inconnu et insolite parmi les enfants des prolétaires qui dévalaient entre ses jambes :

> La grande maison (entre deux petites), est près de la rue des Poissonniers, à quatre ou cinq maisons. Elle a onze fenêtres de façade et six étages. Toute noire, nue, sans sculptures; les fenêtres avec des persiennes noires, mangées, et où les lames manquent. La porte au milieu, immense, ronde. A droite, une vaste boutique de marchand de vin avec salles pour les ouvriers; à gauche, la boutique du charbonnier, peinte, une boutique de parapluies, et la boutique où se tiendra Gervaise et où se trouvait une fruitière. En entrant, sous le porche, le ruisseau coule au milieu. Vaste cour carrée, intérieure. Le concierge, en entrant à droite; la fontaine à côté de la loge. Les quatre façades avec leurs six étages, nues, trouées des fenêtres noires, sans persiennes, les tuyaux de descente avec les plombs. En bas, des escaliers tout autour : des menuisiers, un serrurier, un atelier de teinturier, avec les eaux de couleur qui coulent. Quatre escaliers, un pour chaque corps de bâtiment, A B C D. Au-dedans de longs couloirs à chaque étage, avec des portes uniformes peintes en jaune. Sur le devant, dans les logements à persiennes, logent des gens qui passent pour riches. Dans la cour, tous ouvriers; les linges qui sèchent. Il y a le côté du soleil et le côté où le soleil ne vient pas, plus noir, plus humide. Cour pavée, le coin humide de la fontaine. Le jour cru qui tombe dans la cour[5].

La préparation d'*Une Page d'Amour,* deux ans plus tard, le conduit dans les beaux quartiers, sur la colline de Passy. Là-haut, Zola se plante devant Paris tout entier étalé sous ses yeux, et jette sur son calepin tous

---

4. Pléiade, Tome II, *Étude,* p. 1547.
5. *Ibid.,* pp. 1547-1549.

les détails de l'immense paysage, du premier plan jusqu'aux lointains :

> Vue de Paris. Les deux bonnets pointus de Sainte-Clotilde un peu à
> gauche du dôme des Invalides. Les quais indiqués par la ligne des arbres.
> Berges et parapets gris. Les deux tours de Saint-Sulpice derrière les Inva-
> lides. Notre-Dame au fond de la Seine. Au premier plan, dans la Seine,
> des grues, des bateaux déchargés. Des fumées grises s'envolant de Paris,
> par un temps couvert. Les Tuileries et le Louvre en face, avec des arbres.
> Les passants et les voitures (omnibus jaunes), des fourmis en bas sur le
> quai ; puis, au loin, on ne les distingue même plus. Par un temps gris,
> les maisons sont toutes petites et se perdent au loin, tout est noir. On voit
> l'Opéra à l'extrême-gauche, au dessus du Palais de l'Industrie. Paris
> ramassé, la vallée de la Seine au milieu[6].

Zola est un infatigable pèlerin de Paris, et j'ajou-
terai : un infatigable poète de Paris, d'un Paris qui est
déjà pour nous le vieux Paris, celui qu'on retrouve
également sur les vieilles photographies de la collection Sirot, au Cabinet des Estampes de la Bibliothèque
Nationale. La préparation de *Nana,* en 1878, le ramène
sur les boulevards, où il visite le théâtre des Variétés,
qu'Hortense Schneider a rendu célèbre une quinzaine
d'années auparavant en y faisant triompher *la Belle
Hélène.* Non loin de là, dans la rue de Choiseul, il
trouvera la maison qui sera à *Pot-Bouille* ce que la
maison de la rue de la Goutte-d'Or avait été pour
l'Assommoir. Pour écrire *Au Bonheur des Dames,*
il passera des heures, en 1882, dans les grands magasins, faisant de longues promenades à travers les rayons
du Bon Marché et du Louvre, interrogeant les employés,
se familiarisant avec leur métier et leur vocabulaire,
suivant tout le trajet des marchandises. Au *Louvre,*
il saisit ces images de foule :

> *Au Louvre.* Un jour de foule. C'est surtout aux portes que l'écrase-
> ment a lieu, porte Saint-Honoré et porte Rivoli ; la circulation ne s'éta-
> blit pas, on veut entrer et on veut sortir. Alors des femmes en tas, des
> bras en l'air tenant des ballons, des bras maigres, des bras aux poignets
> courts et gras. D'ailleurs le public est très mêlé. Beaucoup de femmes en
> deuil. Pas de luxe en somme, petite bourgeoisie, assez mal mise, étriquée.

6. *Ibid.,* p. 1613.

Même des femmes avec des paniers et des femmes en cheveux, que le voisinage des Halles doit amener. Quelques femmes seules, beaucoup deux par deux. Des femmes avec des enfants. Des nourrices avec des bébés au maillot. Dans le hall du Palais-Royal des toilettes plus riches, c'est là que la ganterie attire les cocottes (...) Dans les galeries des comptoirs de femme, un piétinement continu, peu d'hommes. Le soleil de quatre heures entrant et traversant tout d'une poussière d'or[7].

Mais c'est le dossier de *L'Oeuvre* qui contient le plus grand nombre d'esquisses inspirées par les décors parisiens. Il fallait retracer les errances du jeune peintre Claude Lantier à la recherche du « motif ». Claude Lantier est attiré par la Seine, comme le sont tous les peintres qu'a connus Zola, comme il l'a été également lui-même au temps de sa jeunesse bohême, lorsqu'il habitait le Quartier Latin. Zola parcourt, en 1885, les quais du fleuve, de l'île Saint-Louis jusqu'au Pont des Saints-Pères, et note tous les aspects du paysage, le long d'une sorte d'immense « travelling » verbal ; la topographie des rues, des ponts, des demeures, des boutiques, l'agitation des quais et des ports, la course du soleil au-dessus de l'horizon, les divers états du ciel, les effets d'éclairage, la succession des plans. Il regarde Paris qui s'allume peu à peu à la tombée du jour, avec les jeux d'ombres chinoises que font les silhouettes à travers les devantures éclairées, et les lignes de becs de gaz trouant l'obscurité des rues. Voici, comme unique exemple tiré d'un épais dossier, un aspect de la rue Vieille-du-Temple :

Des fenêtres ouvrent sur la rue des Rosiers, étroite, plus calme, noire et humide. Le marché des Blancs-Manteaux, lourd et obscur, l'enfilade des dalles dans l'ombre. Boutiques voisines : coiffeur, tripier, échoppes à journaux avec images, boulanger, pharmacien, la rue pas alignée. Maisons plates avec enseignes jusqu'en haut, commerce, ouvriers en chambre. Ruisseau qui éclabousse, trottoir toujours mouillé, odeur fade et moisie, fraîcheur par soleil chaud. Une bouche d'égout. Omnibus, tapissière, camions, coudoiement, dans ce passage étranglé, menace d'être écrasé, la foule. Ouvriers, petites ouvrières[8].

7. *Ibid.*, Tome III, *Étude*, pp. 1718-1719.
8. *Ibid.*, Tome IV, *Notes*, p. 1424.

65

Il suit la descente du soleil « au-dessus des maisons, derrière Notre-Dame, puis derrière le palais, puis derrière l'Institut ».

Un autre jour, il va visiter le Salon de peinture. Et voici ce que cela donne — on croirait y être :

Froid et humide le matin, avec un courant d'air des portes sur la galerie, et peu à peu étouffé, très chaud l'après-midi, avec l'odeur de la foule et de la poussière soulevée. Ce qui éclate dans la foule des têtes, ce sont les fleurs des chapeaux des femmes, parmi les chapeaux noirs des hommes. Les tableaux éteignant les toilettes, la nature d'autre part tuant les tableaux. Les hommes ont des cannes, des paletots sur le bras. La tache du catalogue à la main. Des familles, la mère, les filles. Des curés, des soldats. Le sourd bruit des voix, mais dominé par le roulement des pieds. Les femmes lasses s'appuyant sur leurs ombrelles. Beaucoup d'hommes décorés. Trois femmes ensemble, trois monstres. Les coups de chapeau de loin, les signes, les sourires, les poignées de mains. De petits groupes se forment, des gens marchent. Le sujet surtout existe pour les visiteurs bourgeois. Les étrangers, de l'anglais entendu.

Suivent une vingtaine de pages de la même veine, toutes excellentes et toutes peu connues :

Le tableau est grand, on regarde à distance. Toutes les faces levées, les jolis airs d'attention des femmes, le silence, un mot lâché. Tous les airs de têtes, les figures posées, sourires, airs indifférents, béat, sérieux, froncé, souriant. Un mari qui explique à sa femme, très bon; et le joli hochement de celle-ci. Deux femmes immobiles. Une grosse mère... Des cannes, des parapluies tendus, montrant. Les chapeaux renversés[9].

Passons le coudoiement du buffet, l'aspect des Champs-Élysées au sortir du Salon, les jardins du palais, la salle d'architecture, le spectacle de la sortie, etc., toutes sortes d'esquisses qu'on peut préférer aux pages appliquées et vernissées qu'il en a tirées dans le roman achevé. Qu'on cherche en effet ce style dans les textes publiés, on ne le retrouvera pas. Lisons encore cette contemplation de la Seine dans la nuit, qui a des accents hugoliens :

9. *Ibid.*, pp. 1472, 1474.

La grande coulée de la rivière dans la nuit, avec le tremblement noir et lumineux, avec le bruit sourd et continu, avec le froid qui souffle de la trouée des quais, la fraîcheur qui monte de la rivière. Cet encaissement sombre des parapets de pierre, ce fossé large, avec le mystère de ses bruits, de ses traînées lumineuses, de sa fraîcheur d'abîme (...) Un gros bateau noir qui s'est détaché, quelque péniche, et qui file toute noire, dans les reflets lumineux, vaguement entrevus parfois, sans lanterne[10].

Et ces images du cimetière de Saint-Ouen, où sera inhumé Claude. Zola a fait pour son compte tout le chemin qui conduit des rues de Montmartre jusqu'au cimetière. Voici, de toutes les vues qu'il en a prises, deux séquences seulement, en contrepoint l'une sur l'autre, dans la même tonalité désolée :

Le feu. Dans un carré remué, défoncé, dont on a retiré les bières et les corps, le feu énorme des bois de cercueil que l'on brûle, les planches pourries, bois roux, mangées par la terre, tombant en boue, et brûlant mal avec une fumée intense. On a fait un bûcher énorme et on a mis le feu dedans. Mais on ne voit pas les flammes, ça crépite avec de sourdes détonations, légères, et il n'y a pas que la fumée, une fumée rousse, grande fumée, que le vent emporte en grands lambeaux. Le cimetière avec ses flots qui le traversent. Il en est plein. La boue humaine dont les planches sont imprégnées. Odeur vague. Un tas de vieilles couronnes (...) Le talus est très haut, barbu. On voit les poteaux télégraphiques et les fils, maigres sur le ciel, dans le brouillard. Les plaques de signaux en l'air, une rouge. Une guérite seule de surveillants. Et les trains qui passent, qui se détachent en sifflant. Une locomotive qui évolue, avec un sifflement triste et rauque. A un moment, elle lâche sa vapeur, le bruit. Des trains qui se croisent. Le halètement des trains qui arrivent, les appels d'un train en détresse, et la plaque qui tourne ; puis, il passe. Des sifflets continus, lointains, proches, de tous les sons. A gauche, cheminées d'usines fumant[11].

La connaissance de ces pages peut modifier notre conception même du personnage de Zola écrivain. Ce n'est plus tout à fait ce bon tâcheron des lettres que nous dépeignent les manuels, ce primaire obstiné et étroit accumulant laborieusement les fiches, ce maçon construisant d'une truelle sans nuances et d'un grossier mortier des ouvrages solides, mais combien épais ! Qu'on relise à ce propos Brunetière, ou Émile Faguet, sinon d'autres plus proches. — Non. Si l'on met

10. *Ibid.*, p. 1482.
11 *Ibid.*, pp. 1484-1485.

bout à bout toutes les notes dont j'ai cité quelques extraits, on est bien obligé d'imaginer un Zola flâneur, contemplatif et rêveur, captivé par l'animation du monde autour de lui, un Zola qui reste en arrêt sur un pont de Paris, la nuit tombée, à regarder la Seine; ou sur le boulevard, à regarder couler la foule. Un Zola curieux, aussi, jamais satisfait d'avoir assez vu, d'avoir approché d'assez près les formes mouvantes de la vie, le lieu où il se passe quelque chose qu'il faut connaître de l'intérieur : de là, ces épisodes, autour desquels on a fait quelque bruit, mais qui sont pour lui tout naturels, la descente au fond du puits de mine, le voyage à bord d'une locomotive, avec les films extraordinaires qu'il en a rapportés. Car la souplesse et la rapidité du crayon de Zola, dans ces situations-là, apparentent la forme de son travail à ce qu'on appellerait aujourd'hui le cinéma-vérité. Il s'agit, dans les deux cas, de happer le quotidien au plus près possible de sa source. C'est d'ailleurs ce qui rend si difficile, et souvent si pitoyable dans ses résultats le travail d'adaptation des romans de Zola au cinéma, par les moyens du cinéma banal, avec décors et dialogues.

Paradoxalement, c'est un aspect du travail de Zola sur lequel manquent les indices externes. Il est exceptionnel que ces notes soient datées. Sa correspondance ne contient que de brèves allusions. Les témoins qu'il a interrogés, ou qui l'ont accompagné ici et là, n'ont laissé aucune relation. Aucun journaliste ne l'a suivi, ou plutôt, on peut imaginer que Zola a tout fait, dans ces circonstances, pour dépister les importuns, et se mêler en inconnu à la foule anonyme.

L'espace du regard

Il reste à poser deux questions, ou deux séries de

questions. Tout d'abord, que regarde-t-il, et comment regarde-t-il? Et ensuite, comment transforme-t-il, comment arrange-t-il, dans le travail de composition et de rédaction, la matière ainsi accumulée?

Il suffit, pour répondre à la première question, de revenir aux textes. On est frappé justement par le caractère sensoriel des notations dominantes, encore qu'il n'y ait aucune uniformité dans la manière. Pour la vue de Paris, prise en 1877 du haut de la colline de Passy, le regard se fait rasant, il erre à la surface du panorama, accrochant au passage les reliefs, signalant les masses indistinctes, suivant les lignes principales. Ce n'est pas le scrupule appliqué de la peinture naïve, mais l'esquisse qui mêle en vrac, dans l'ordre ou le désordre de leur apparition, les plans successifs, les points saillants, les lignes, les lumières, les couleurs, les dispersions des hommes, des voitures, des oiseaux et des ombres. Il arrive que le paysage soit plus nettement découpé. Zola n'en demeure pas moins fidèle à son impression, à ce qu'il a ressenti. Au voisinage des mines, en 1884, il a été frappé par la rectitude des routes et des canaux, par la large étendue plate des terres. C'est un paysage géométrique :

> *Chemin* de halage, la double *ligne* des arbres, *avenue* d'eau. Des péniches, à *bande* rouge, blanche, dormant sur l'eau claire, et qui semblent immobiles. Des terres *immenses* qui *s'avancent* au loin... C'est que je veux prendre surtout, c'est la position *topographique.* La fosse près du canal, dans un *fond,* tandis que le coron est bâti en haut d'une pente, sur un plateau, au *niveau* de la route. Autour de la plaine *immense,* des blés, des betteraves, largement ondulés, coupée seulement par *la ligne droite* des grands arbres réguliers du canal[12].

S'il s'agit d'un objet unique, et limité — une maison par exemple — le regard tourne à l'inventaire, et parcourt lentement toute la surface, tous les espaces du volume intérieur, lorsque cela est possible. Il suit l'ordre d'une marche lente et inquisitrice. Les théoriciens de l'école moderne du regard, de la littérature

12. *Ibid.,* Tome III, p. 1836. C'est moi qui souligne.

objectale, trouveraient ici leur pâture. Il faudrait peu de retouches au texte de Zola pour le transformer en un pastiche de Robbe-Grillet. Peut-être suffirait-il de remplacer les tournures nominales par des phrases complètes. Exemple, la maison de *l'Assommoir,* avec la précision insistante des chiffres, l'identification minutieuse et exacte des choses, le souci de la détermination et de la qualification univoque :

> Les quatre façades avec leurs six étages, nues, trouées des fenêtres noires, sans persiennes ; les tuyaux de descente avec les plombs (...) Quatre escaliers, un pour chaque corps de bâtiment, A B C D. Au-dedans de longs couloirs à chaque étage, avec des portes uniformes peintes en jaune...

Mais s'il s'agit d'une foule — thème favori d'Émile Zola — celle du boulevard, celle du grand magasin, celle du théâtre, celle du salon, d'un quai de gare, ou de la Bourse — les notes de nouveau s'abandonnent en même temps, superposant sans cesse les êtres et les choses, les silhouettes et les traits de physionomie, les attitudes et les gestes, les immobilités et les mouvements. Le fouillis des notes colle au fouillis du réel. Quelques mots suffisent pour croquer un type dans sa note juste : *Femmes en cheveux courant pour le dîner, panier sur la main, les femmes lasses s'appuyant sur leurs ombrelles, des familles, la mère, les filles,* ou pour rendre un air, un simple effet de visage entrevu et aussitôt perdu : *Toutes les faces levées, les jolis airs d'attention des femmes,* ou *Un mari qui explique à sa femme, très bon ; et le joli hochement de celle-ci ;* ou encore pour suspendre une seconde l'image d'un objet, privée de tout support, en surimpression sur le reste : *Des cannes, des parapluies tendus, montrant.* Le tout fait de touches très légères, et, peut-on dire, cinétiques, dynamiques parce qu'elles s'inscrivent dans un montage peut-être involontaire, mais d'une extrême liberté. Les phénomènes surgissent, se bousculent, disparaissent, et ont tout de même le temps de composer des ensembles qui séduisent par le pittoresque de leur contenu mais aussi par la spontanéité et la modernité du langage descriptif. C'est la première forme, en France, d'une littérature unanimiste. Huysmans l'avait fort bien compris, lorsqu'il écrivait à propos de *L'Assommoir* : « Au commencement du livre, le départ des ouvriers pour l'atelier, plus loin, la flâne de la gouape devant le comptoir du père Colombe, le pullulement de l'immense maison où les Coupeau logent, la non pareille envolée sur les boulevards extérieurs de Nana, de Pauline Boche et de leurs amies qui jouent au volant pour se faire voir, tiennent tout le trottoir avec l'envolée de leurs jupes, et enfin cette prodigieuse rentrée du peuple sur la chaussée Clignancourt, à l'heure de la soupe, sont, je crois pouvoir l'affirmer, les premières pages où retentit un pareil vacarme de voix qui s'élèvent, d'omnibus qui cahotent, de pas qui sonnent sur les pavés, les premières pages où la vie fourmille et grouille avec une pareille intensité »[13].

Cependant, Zola ne tombe pas en arrêt devant l'objet comme devant on ne sait quoi d'opaque, sans signification. Affaire de tempérament, et aussi affaire d'époque : son regard donne du sens aux choses dans le moment même où il les repère. Il enregistre, identifie et interprète en même temps. Le tri qui est fait dans les choses qui se présentent est déjà significatif. De la maison de *L'Assommoir,* avant même que la première ligne du roman ne soit écrite, Zola ne garde que les détails qui cristallisent à ses yeux la tristesse de l'habitat ouvrier : les persiennes noires, le ruisseau sous le porche, les portes uniformes. Rien de moins banalement photographique que ces crayonnages rapides. Chaque phrase s'y trouve ponctuée par une vibration affective, l'accent de la pitié,

13. Cité dans *Les Rougon-Macquart,* Pléiade, Tome II, p. 1565.

dans *L'Assommoir,* l'accent de l'ironie, dans *L'Oeuvre,* ou l'accent d'un malaise mal défini devant l'eau de la Seine, les fumées du vieux cimetière, l'obscurité galopante du puits de mine. Nous disposons en français des deux mots *sensoriel* et *sensible,* mais du seul mot de *sensibilité.* C'est dommage, il faudrait employer ici les deux notions. Acuité, agilité des sens, mais aussi réaction d'une sensibilité. Sensation et émotion. Il arrive que la vitesse et le désordre de l'enregistrement imprime aux physionomies et aux attitudes une gesticulation caricaturale. Chaque détail perd son caractère fortuit, et devient un signe au sein d'un ensemble, avec une double signification objective et subjective : *La nature vue à travers un tempérament.* Le tableau du Salon devient ainsi une évocation comique de la bêtise bourgeoise.

Il arrive également que Zola revive ses cauchemars. Ainsi dans les galeries de la fosse Renard, à Anzin. Il a voulu refaire, minute par minute, le chemin du mineur. Il a revêtu la chemise, la culotte, coiffé le béguin bleu et le chapeau de cuir dur ; il est allé chercher la lampe, est entré dans la berline :

> Au jour, quand on voit, sensation d'enfoncement, de fuite sous vous, par la disparition rapide des objets. Puis une fois dans le noir plus rien. Monte-t-on, descend-t-on ? (...) Il y a comme des immobilités quand la cage file droit sans toucher aux guides. Puis, de légères secousses, un dansement dans les guides, des heurts (inquiétude). On ne voit absolument rien, pas même le cuvelage.

En bas, il a vu « *les formes s'agitant dans la nuit fumeuse. Les voix étouffées. Tout est noir* ». Il a senti sur ses yeux la pesanteur qui révèle le grisou. « *Il faut se traîner à quatre pattes dans une forte chaleur* »[14]. Il revit au naturel son hallucination familière, celle qui lui est venue pour la première fois en 1858, pendant sa fièvre typhoïde, celle de l'abbé Mouret, d'Olivier Bécaille, de Lazare Chanteau, celle aussi qui hante

14. *Ibid.,* Tome III, p. 1837.

le dossier de *La Bête humaine*. Il revit le cauchemar du tunnel, le cauchemar de l'enfouissement. Mais en même temps, il l'exorcise. – C'est en ce sens qu'on peut parler de roman expérimental : une expérience de la réalité sous des angles inédits.

Vers l'expressionnisme

Le rôle de ces explorations de Zola à travers la quotidienneté, et des observations qu'il griffonne sur l'instant même, est primordial pour expliquer la survie de son œuvre romanesque. Car c'est d'elles qu'est né le *rendu* authentique des passages descriptifs, tandis que les sources livresques n'ont servi qu'à parfaire, en trompe-l'œil, la vraisemblance.

C'est d'elles que naît également la justesse profonde des symboles partout présents. Il y aurait une grande enquête à conduire sur l'univers imaginaire et symbolique de Zola : images de l'eau, dans *Thérèse Raquin* dans *L'Oeuvre,* dans *La Joie de vivre,* images du feu dans *Germinal* et *La Bête Humaine,* images de l'or et du feu mêlées, dans *La Curée,* images de la terre partout et toute l'imagerie humaine et animale. D'où viennent-elles, quelles sont leurs transmutations successives, quelles sont leurs fonctions ? – Les carnets de choses vues révèlent que ce ne sont nullement des artifices décoratifs, mais que l'image et le symbole sont indissociables du premier coup d'œil jeté par Zola sur le réel, implicites souvent, perceptibles par le seul jeu des connotations lexicales, mais présents toujours derrière les mots. Le symbole naît avec la sensation, parce qu'il est dans les choses. La couleur n'est pas pure, mais comme imprégnée de signification. L'impressionnisme cède la place à l'expressionnisme.

Qu'on n'imagine pas pour autant que Zola s'est contenté de reproduire directement ses instantanés pour en tirer les pages de ses romans. Il faudrait faire apparaître le scénariste et le metteur en scène, le monteur de séquences, qui diversifie ses angles de visée, le calculateur d'un canevas rigoureux, qui insère dans l'intrigue la matière antérieurement accumulée, l'animateur de ce ballet d'ombres que regarde Renée du haut d'une fenêtre du boulevard des Italiens, dans *la Curée*, ou de la ruée fantastique des mineurs en révolte sur le carreau des mines dans *Germinal*, le poète qui fait converger toutes les sensations lui venant du monde réel vers le point de fuite d'un grand mythe. C'est qu'il vient un moment, dans la genèse de l'œuvre, où la réalité perçue quitte le plan de l'expérience quotidienne et personnelle de l'écrivain, pour pénétrer dans un espace et une temporalité qui sont ceux du roman : on voit, dans les *Plans détaillés*, progressivement mûrir cette transformation, on voit l'écrivain se dépouiller peu à peu au profit de ses personnages ; on voit, dans les premières pages de *Germinal*, Étienne Lantier se substituer à Zola sur la route qui conduit à la mine. C'est à Zola que s'est d'abord présenté le paysage du Nord, sous le double aspect de la vastitude et de l'obscurité. Mais il a travaillé à tel point les deux thèmes fondamentaux des ténèbres et de la nuit, dans la pâte des mots et des images, que le lecteur ressentira ce paysage plus noir et plus infini que nature.

Zola n'est pas ce théoricien pompeux et implacable qui confondait la démarche du savant et celle de l'artiste. Il n'est pas seulement, non plus, le pamphlétaire admirable de *J'Accuse*. Il est, tout simplement, un artiste. L'analyse des notes où il a consigné pêlemêle ce qu'il avait vu au hasard de ses enquêtes montre à quel point son art est fécondé par le spectacle du monde, par l'observation, sans système, mais prodigieusement réceptive, de la nature et de l'humanité.

5

De l'ethnographie
à la fiction

Le discours reçu sur le réalisme de Zola, sur Zola peintre de la société de son temps, et autres formules de manuels ou intitulés de thèse, est donc devenu insupportable. D'abord parce que nous comprenons mieux maintenant, à la lumière de la critique moderne, la nature du roman, dont les contraintes profondes sont celles de la narration et de la fiction. Ensuite parce que si Zola apporte quelque chose à notre connaissance du réel, c'est peut-être moins sur le plan des réalités économiques et sociales, sempiternellement ressassées par les commentateurs, que sur celui d'une observation *ethnographique* des formes de la vie quotidienne et des mentalités. Enfin parce que la vraie question est d'étudier de près dans l'œuvre de Zola une pratique nouvelle du roman, qui associe de manière originale le travail de l'enquête sur le terrain et le travail de la fiction, tous les deux modelés, quoique selon des voies différentes, par les pressions intertextuelles, ou interdiscursives. Il faut revenir pour cela, dans l'avant-texte des *Rougon-Macquart,* à ses notes d'enquêtes : une catégorie de documents qui reste mal connue, et jusqu'ici peu étudiée, peu exploitée par l'histoire et l'analyse littéraire.

On a raillé Zola pour sa prétendue manie de la fiche.

On trouve en effet des fiches au sens moderne du terme, dans ses dossiers : ce sont des résumés de livres ou d'articles, des citations consignées, des prélèvements textuels, rédigés par Zola à partir de textes le plus souvent publiés, mais parfois inédits : par exemple, dans le dossier de *La Débâcle* (B. N., Ms., N à f., Ms 10287), des résumés d'ouvrages sur la guerre de 1870. S'y ajoutent, pour de grands sujets comme ceux de *Germinal,* de *La Terre* ou de *La Débâcle,* des témoignages souvent développés et détaillés, fournis par des correspondants, familiers de Zola ou inconnus.

Les notes d'enquêtes sont d'une autre nature : il s'agit des observations que Zola inscrit lorsqu'il va *sur le motif,* au contact même des réalités naturelles ou sociales qu'il entend dépeindre. Ce sont des textes de première main, des témoignages à l'état brut, à la différence de la fiche de lecture (si l'on néglige, au moins provisoirement, la part de discours préconstruit qui peut s'interposer entre le regard de l'observateur et les énoncés qui en dérivent).

C'est une œuvre avant l'œuvre, un texte qui n'est ni plus ni moins discontinu que *Les Rougon-Macquart* eux-mêmes; qui relève d'un autre type d'énoncé, et qui mérite d'être édité dans son intégralité[1].

Distribution

Quelle est, d'abord, la distribution de cette archive romanesque? Elle se présente, de roman en roman, comme une série de feuillets, de deux formats différents, tantôt numérotés, tantôt non numérotés. Tout n'a pas été conservé. Il est probable que Zola a toujours pris des notes sur le motif, comme ses amis peintres. Il a toujours fait — au moins à partir de *Thérèse*

1. Voir Émile Zola, *Carnets d'enquêtes,* présentés par Henri Mitterrand, éd. Plon, coll. « Terre humaine », 1987.

Raquin — ce que les cinéastes appelleraient des « repérages ». Mais les notes d'enquêtes des romans qui précèdent *Les Rougon-Macquart* ont disparu, comme l'ensemble de leurs dossiers préparatoires. Quant aux « repérages » qui ont servi pour *Les Rougon-Macquart,* ils ont été inégalement conservés. Fort peu de chose pour *La Fortune des Rougon* ou *La Conquête de Plassans,* mais des dossiers nourris pour *Au Bonheur des Dames* ou pour *La Terre.*

Tantôt on trouve des titres en tête du document (par exemple, dans le dossier de *Au Bonheur des Dames,* soit la mention de l'objet de l'enquête : *Notes sur le Bon Marché : vendeuses, vendeurs, la Direction,* soit le nom de l'informateur ou de l'informatrice : *Notes Dulit).* Tantôt une série de notes n'est pas titrée : c'est plus rare. Tantôt les observations sont crayonnées rapidement, et peu lisiblement, sur le coup, (par exemple, sur le théâtre des Variétés, dans le dossier de *Nana,* ms 10313, fos 316 à 331); tantôt elles ont été écrites, ou réécrites, avec soin, après coup, à l'encre (par exemple les notes *Mon voyage* dans le dossier de *La Bête humaine).* Ce sont donc des problèmes de critique matérielle qui se posent d'entrée de jeu : chaque dossier préparatoire devra faire l'objet, de ce point de vue, d'un inventaire précis, décrivant chaque feuillet dans sa matérialité.

Les dimensions de ces dossiers d'enquêtes sont, pour certains romans, considérables. Si l'on reprend l'exemple de *Au Bonheur des Dames,* on constate que sur les 378 feuillets du manuscrit 10.278, 71 sont consacrés à la mise en place du système des personnages. Tout le reste, soit 307 feuillets, relève de l'enquête documentaire sur les grands magasins : presque un livre en soi. Si l'on additionne les dossiers d'enquêtes directes de *Nana, Au Bonheur des Dames, L'Oeuvre, La Terre, La Bête humaine, L'Argent, La Débâcle, Les Trois Villes, Les Quatre Évangiles,* on compte plusieurs milliers de feuillets : la matière d'une petite encyclopédie de la vie sociale au XIXe siècle.

Ouvrons, pour donner une idée de la structure d'une section, les « Notes sur le Bon Marché » (*Au Bonheur des Dames,* ms 10278, fos 1 à 64). On y trouve successivement : le plan des étages, l'histoire du magasin, le fonctionnement des services (administration, personnel, salaires, horaires), les mécanismes de l'inventaire, de la publicité, des achats, de l'étalage, de la surveillance, la description des rayons, de la cantine, des cuisines, des chambres, du buffet, de la réception, des salons ; l'analyse du trajet des marchandises, du roulement de l'argent, de l'organisation des rayons, du système de la guelte ; les catégories de vendeurs et leur vie quotidienne ; le mouvement des clientes ; la stratégie de la vente. Et lorsque Zola fait sur la plateforme d'une locomotive le trajet Paris-Mantes et retour, le 15 avril 1889, il relève non moins scrupuleusement tout ce qu'il voit, tout ce qu'il entend, tout ce qu'il comprend, soit vingt-neuf pages qui évoquent successivement les mécanismes de la locomotive, les manœuvres de sa conduite, les qualités d'un bon mécanicien, les habitudes des mécaniciens et des chauffeurs, la trépidation de la machine, l'ahurissement des secousses et du vent, les perspectives inédites de la voie, le tonnerre des trains qu'on croise, les impressions de nuit, etc. L'objectif du reportage est très clair : pouvoir décrire un train en marche dans l'optique d'un homme de métier.

Typologie

Deuxième ordre de questions : la typologie des notes, du point de vue de la source d'information et plus généralement de la méthode ethnographique de Zola. Quel que soit le sujet du roman qu'il est en train

78

de préparer, il porte une attention prodigieuse au réel. Il n'est pas, de ce point de vue, le « descripteur mélancolique » qu'on a dit, mais plutôt le chercheur boulimique, le gourmand de choses vues et entendues, l'accumulateur de détails typiques, avec le souci, en tous domaines, de comprendre comment ça se passe, comment ça marche. La mine, le théâtre, les halles, la terre, les petits-bourgeois, la guerre, le pèlerinage : chaque fois, c'est un continent nouveau à explorer, une machine nouvelle à démonter − puis à faire tourner dans la fiction −, une société inconnue dont il faut reconnaître les mœurs, les clans, les modes de vie, les manières de manger, de se mouvoir, d'occuper un espace, de ritualiser le travail, l'amour, la mort...

Zola inscrit, sinon son savoir, du moins ses observations, sur deux sortes de notes. La première, ce sont les notes de reportage, prises, selon la terminologie proposée par Philippe Hamon pour certains personnages des *Rougon-Macquart,* par un « regardeur-voyeur »[2]. Elles résultent d'un transport sur les lieux : le boulevard de la Chapelle pour *L'Assommoir,* la campagne de Beauce ou les rues de Chartres pour *La Terre,* les quais de la gare Saint-Lazare pour *La Bête humaine,* les pavillons de Baltard pour *Le Ventre de Paris.* On s'est moqué de la brièveté de ces enquêtes sur les lieux. On a eu doublement tort. D'abord parce qu'en certains cas, Zola a séjourné longuement plusieurs fois sur place. Il a observé le spectacle des Halles, raconte Paul Alexis, à diverses heures du jour et de la nuit. Il a passé huit jours à parcourir en calèche les routes de la Beauce, du 3 au 11 mai 1886, lentement, par conséquent, avec tout le temps de percevoir les variations du paysage du 17 au 26 avril 1891 ; il a pris la peine de refaire en voiture à cheval, village après village, tout le chemin qu'avait suivi l'armée de Châlons, en 1870,

2. Philippe Hamon, *Le personnel du roman,* éd. Droz, 1983, p. 58 et 69.

de Reims à Sedan, et de parcourir presque mètre par mètre le terrain du champ de bataille. On multiplierait aisément les exemples. Ensuite parce que, comme cela a été montré au chapitre précédent, le regard de Zola est extraordinairement attentif aux multiples caractéristiques du sujet qu'il observe.

La seconde classe des notes d'enquête est celle qui résulte de l'interview. Par exemple, les « Notes Dulit », dans le dossier de *Au Bonheur des Dames.* Zola interroge un témoin représentatif, et obtient de lui des confidences : des observations, des analyses, des anecdotes sur son vécu, son expérience, son mode de vie, ses activités professionnelles ou celles de ses semblables. Il note sur-le-champ ce qu'il entend ; cela lui servira à construire ses personnages, et à les mettre en situation. Certains d'entre eux, du reste, joueront dans le roman, pour le compte à la fois de leurs auditeurs fictifs et du lecteur, le rôle qu'a joué dans la réalité l'informateur de Zola : ils s'investiront, selon la terminologie de Philippe Hamon, du rôle-type du « bavard volubile », ou « bavard-expliqueur »[3].

On découvre bien, dans cette activité caractéristique de la préparation des *Rougon-Macquart,* répétée de roman en roman, les trois traits principaux de la méthode ethnographique : le travail sur le terrain, l'observation de phénomènes particuliers à des groupes restreints (les cheminots de la ligne Paris-Rouen, les paysans de Beauce, le personnel du Bon Marché...), l'analyse et l'organisation des phénomènes observés pour élaborer des documents descriptifs et des synthèses ; il serait aisé par exemple d'extraire de *Au Bonheur des Dames* un organigramme du personnel d'un grand magasin à la fin du XIXe siècle, ou un schéma des opérations de promotion et de vente.

3. Op. cit., *ibid.*, et p. 89.

Une ethnographie?

On dira : en quoi Zola est-il, de ce point de vue, original? En quoi se différencie-t-il, des journalistes, sociologues et économistes de son temps? Pourquoi demander à l'auteur de *Nana* et de *Germinal* ce qu'apportent, avec souvent plus de détails, plus de chiffres, Parent-Duchâtelet pour la prostitution ou Boëns-Boisseau pour les maladies des mineurs[4]?

Le Zola des notes d'enquêtes se distingue des autres enquêteurs de son époque et se crée un statut ethnographique singulier par au moins quatre traits :

1. Tout d'abord l'étendue encyclopédique de ses explorations; la multiplicité des traversées qu'il a effectuées dans le tissu de la société française. Reliés les uns aux autres, dans un ordre à déterminer, ses carnets constituent une espèce de géographie sociale de la France des trois dernières décennies du XIXe siècle, un tableau général des conditions et des mœurs, dont on ne trouverait peut-être l'équivalent que, cinquante années plus tôt, dans *Les Français peints par eux-mêmes.*

2. En second lieu, sa constance à tout voir de ses yeux, à tout entendre de ses oreilles, à travailler sur le motif, et avec l'aide de témoins compétents. Aucun intermédiaire entre le monde et le texte, sinon les catégories de pensée qui filtrent tout naturellement l'enregistrement des faits et orientent leur classement. Lorsque Zola saisit, sur le boulevard, les attitudes et gestes typiques des ouvriers qui passent, la précision et le pittoresque de son relevé sont en proportion directe d'une attention et d'un étonnement, ou d'un amusement, de petit-bourgeois, étranger au monde populaire. S'il était de ce monde, rien ne l'étonnerait,

5. Alexis Parent-Duchâtelet, *De la prostitution dans la ville de Paris,* Paris, 1836. — Dr. Boëns-Boisseau, *Traité pratique des maladies, des accidents et des difformités des houilleurs,* Bruxelles, 1862.

81

rien n'arrêterait son regard, rien ne passerait à l'écrit. Sans le sentiment de l'étrangeté, sans l'ethnocentrisme en somme, point d'ethnographie.

3. La saisie, à la fois picturale et sémiotique, des figures et des signes du réel social. Zola appartient à une génération d'artistes qui sait voir. Il a été très tôt à l'école des peintres, et non pas de n'importe quels peintres. Son admiration de jeunesse pour Manet a été pour lui un véritable apprentissage. Elle lui a appris à attraper, en tout lieu, en tout moment, en toutes choses, et pour les fixer dans leur instantanéité, les traits qui font sens : un pli de vêtement, un geste, un regard, un mouvement de physionomie, des objets, des couleurs, un décor intime... La rapidité et la subtilité de ses prises de vues n'ont aucun équivalent parmi les sociologues patentés de son temps, à qui il manquait évidemment, en général, cette confraternité, cette complicité quasi-professionnelle avec les peintres.

4. Enfin, Zola est avant tout un romancier, un narrateur, il a le sens intime du vécu, l'aptitude à découvrir en un milieu donné ce qui, virtuellement, peut déclencher une situation, un épisode en eux-mêmes symptomatiques. Il est aussi un dialoguiste, et par là même un excellent observateur de ce qui se dit, des mots et des échanges révélateurs. On trouve fréquemment dans ses notes d'enquêtes des bribes de conversation, des mots attrapés, des répliques qui à elles seules dénotent une mentalité. Le romancier, anticipant d'une certaine manière sur la scène à faire, saisit des traits de comportement, des signes qui sont autant d'actes − y compris des actes de langage − avec plus d'acuité qu'un observateur non familier de la création narrative ou dramatique.

Et c'est ainsi que les notes d'enquêtes des *Rougon-Macquart,* des *Trois Villes* et des *Quatre Évangiles* forment un extraordinaire capital d'informations de première main sur la société française des années

1870 à 1890. Elles couvrent des domaines très divers : le monde du travail industriel, avec les notes de *Germinal,* de *La Bête humaine* et de *Travail;* la Bourse avec celles de *L'Argent;* le commerce, avec les notes du *Ventre de Paris* et du *Bonheur des Dames;* la paysannerie, avec les notes de *La Terre* et de *La Joie de Vivre;* le monde des arts avec celles de *L'Oeuvre;* les circuits de la consommation, avec celles du *Ventre,* de *Pot-Bouille,* du *Bonheur des Dames;* la vie populaire, avec *Le Ventre, L'Assommoir* et *Le Rêve;* les spectacles avec *Nana;* la vie parlementaire avec *Son Excellence Eugène Rougon* et *Paris;* les souvenirs de la guerre avec les notes de *La Débâcle;* la religion avec celles de *Lourdes;* la démographie avec celles de *Fécondité...* Elles fournissent des matériaux de différents types : en économie, des indications sur les salaires, les prix, les fortunes, les dépenses de chaque couche sociale ; en matière sociale, les horaires de travail, les conditions d'exercice des activités professionnelles, les emplois du temps et les calendriers de la vie des familles, l'habitat, l'alimentation, le costume, les modes d'utilisation de l'espace, les contraintes qui règlent la vie quotidienne, les divertissements, les relations entre les classes ; en matière de mentalités, les rituels de la naissance, du mariage et de la mort, les discours-types, les préjugés, les idées reçues, les conduites politiques, les névroses, les fêtes et les deuils, les relations de chacun à la propriété, au sexe et aux pouvoirs, etc. Ce sont des matériaux authentiques, livrés sans apprêt au fur et à mesure de l'exploration. Il faut non seulement les publier, mais redessiner autrement le puzzle, en tirer des images de synthèse et, comme on dit, des « modèles ».

Du document à l'écriture

Ce journal éclaté des promenades et des recherches

d'un bourgeois de Paris intéresse donc, au premier chef sans doute, le sociologue, ou l'historien de la civilisation et de la culture. Mais il intéresse aussi l'analyste du texte romanesque, dans la mesure où il lui pose des problèmes de transtextualité. Quel est le statut de ces textes dans la genèse du Texte avec un grand T, c'est-à-dire du texte définitif de la fiction? Quelle est leur place génétique? Quelles sont leurs finalités, à quoi servent-ils par rapport à l'objectif ultime qui est la construction d'un parcours narratif? Sous quelle poussée ont-ils surgi? Quelles transformations de nature et d'écriture ont-ils subi? La liste des questions à poser n'est nullement close ici. Contentons-nous de quelques constatations pour achever ce « vol au-dessus d'un nid de manuscrits... ».

Tout d'abord, sur la place des notes dans le programme génétique. Dans la plupart des cas, elles ne sont pas antérieures à l'ébauche. Elles résultent d'une sélection thématique qui est elle-même tributaire de la fiction. Il y a donc de fortes chances pour qu'elles soient commandées à distance, téléguidées, à partir des assises primitives de la narration.

Certes, elles leur échappent dans une grande mesure, et on observe que, très souvent, Zola, saisi d'intérêt par l'univers réel qu'il explore, oublie la téléologie initiale et note tout ce qui lui paraît significatif ou pittoresque, quitte à inventer plus tard les éléments structuraux qui lui permettront de tout utiliser. C'est pourquoi les notes, postérieures ou simultanées à la rédaction d'un premier plan détaillé, vont peser de tout leur poids sur les ajustements et sur les compléments de structure qui donneront naissance au second plan détaillé. Ainsi, lorsque Zola visite les installations minières d'Anzin, les découvertes qu'il y fait modifient sensiblement la vision toute mythique et fataliste qu'il s'était faite du monde industriel en rédigeant l'ébauche de *Germinal* : le pittoresque technique et humain du décor qu'il parcourt, et qui nourrit les *Notes sur Anzin,* contribue à orienter la conception et la construction du roman, au stade des plans détaillés, postérieur, comme on le sait, à celui de l'ébauche et de la première documentation.

Mais à l'inverse, du fait que l'enquête est préformée par le projet romanesque, les notes, qui en principe naissent d'une observation attentive de la réalité sociale, subissent une espèce de réfraction, causée par l'imaginaire narratif. Il est bon de rester attentif à ce phénomène, si l'on veut apprécier exactement la fiabilité ethnographique des documents. Les formes romanesques exercent une pression anticipée sur un discours qui devrait, à ce stade, ou pour son objectif propre, rester de pur constat. Les *Notes sur Anzin,* par exemple, dans le dossier préparatoire de *Germinal,* conservent un langage figural qui s'apparente à celui de l'ébauche : les constructions sont « massives », « accroupies », « tapies comme une bête », les « tuyaux de vapeur » ont « une respiration forte et lente ». La note documentaire, dans le mouvement rapide, quasi instantané, de sa rédaction, reste partiellement dépendante des exigences du récit et du travail de l'imaginaire.

Deuxième constatation : au moment de la rédaction du second plan détaillé, et plus encore au moment de la rédaction du texte définitif du roman, le texte des notes d'enquête, qui se présente à l'origine comme un ensemble homogène, continu, unifié par son sujet, par les circonstances de son établissement et par son écriture, se volatilise. Il éclate et se disperse à travers des sections discontinues du roman, d'un chapitre dans l'autre. Alors se crée un autre système de corrélations entre l'énoncé mimétique du réel et la sémiose constitutive de la fiction narrative ; un autre système de signifiance des résultats textuels de l'enquête ethnographique. Le lecteur du roman est bien en peine de reconstituer le document originel, qui lui est livré atomisé, désintégré, ou plutôt réintégré à un autre type de structure. Il est bien en peine aussi d'en reconnaître les racines sociales objectives. C'est bien pourquoi, si une lecture ethnographique des notes est possible, une lecture ethnographique du *roman* est plus difficile. Le document, les unités élémentaires du document, y ont changé de place, de fonction, de sens : ce sont des sortes de mutants narratifs.

Double travail, donc : restituer le premier texte, dans sa cohésion d'origine, et comprendre les mécanismes de sa sémiotisation romanesque ; le traiter d'une part du point de vue de son intérêt de témoignage ethnographique (et alors il faut l'étudier tel quel dans l'autonomie de sa coulée, et de sa cohérence), et d'autre part du point de vue de la transformation sémiotique qui en a fait la matière d'une nouvelle spatialité et d'une nouvelle temporalité, elles-mêmes autonomisées : ce qui a impliqué une destruction de l'intégralité originelle des « notes », et la réarticulation de leurs constituants (topographie, reliefs, formes, objets, éclairages, etc) sur le système des autres constituants narratifs : les personnages, les actions, les modalités, etc.

Revenons encore à l'exemple des *Notes sur Anzin.* Pendant son séjour à Anzin, Zola a repéré attentivement la position topographique des constructions minières :

Ce que je veux peindre surtout, c'est la position topographique. La fosse près du canal, dans un fond ; tandis que le coron est bâti en haut d'une pente, sur un plateau, au niveau de la route. Autour, la plaine immense, des blés, des betteraves ; largement ondulée, coupée seulement par la ligne droite des grands arbres réguliers du canal.

Dans son édition critique de *Germinal* (éd. Garnier, 1979), Colette Becker note à juste titre que cette description est toujours valable et que « le site de

Bruay-Thiers, que Zola reprit dans le Voreux, est bien restitué ». Certes. Et l'on retrouve tous ces détails dans les premières pages du roman, car Zola ne laissait rien perdre. Mais ce qu'il importe de souligner aussi, c'est l'investissement de cet espace, rigoureusement « restitué » dans sa topographie, par des valeurs qui lui sont à l'origine étrangères, et qui sont les valeurs du romanesque. L'espace des *Notes sur Anzin* est un espace sans personnage, une sorte d'être-là. L'espace de *Germinal* est dès les premières lignes l'espace d'Étienne Lantier, l'espace d'un faire ; et cela change tout. Plus exactement, la rencontre d'Étienne Lantier et de Bonnemort, au chapitre I du roman, modalise et fonctionnalise l'espace d'Anzin (devenu Montsou dans le roman) selon une nécessité dramatique qui n'est plus de l'ordre de l'histoire, mais de l'ordre d'*une* histoire.

Toutes les données topographiques et sociales s'organisent dans le roman selon un système d'oppositions que la réalité portait sans doute en germe, mais qu'il appartient au récit d'expliciter et surtout de sémantiser selon la logique préétablie de l'ébauche et des plans. Le roman embraye sur la description d'un espace, mais pour lui imposer d'entrée de jeu ses propres lois, thématiques et dramatiques. Qu'il s'agisse de la vastitude et de la platitude de la plaine, ou de la massivité et des percées verticales des installations industrielles, de l'obscurité ou des feux du désert immobile d'où surgit Lantier, ou de l'animation vers laquelle il se porte, tout est chargé de questions, d'inquiétude, de malaise, de mal-être. De plus cet espace se réalise immédiatement, comme un espace d'épreuves. Épreuve pragmatique : il faut vaincre la fatigue, la peur de l'inconnu, il faut avancer, pénétrer ce lieu étrange. Épreuve cognitive : il faut peu à peu reconnaître les signes, les analyser, les relier les uns aux autres (les feux, les lumières, les bruits, les mouvements), dissiper la sensation angoissante de l'opacité des

87

choses. Le repérage est une première performance, et aussi une manière d'appropriation : l'espace de la mine est dès lors, sans qu'il y paraisse encore nettement, l'espace du héros. Est-ce que, par là, ce décor — engendré, rappelons-le encore, par les notes d'enquêtes — est déjà un espace « topique », selon la terminologie d'A. J. Greimas[5], c'est-à-dire celui-là même où le personnage acquiert son statut définitif de héros? Je ne le crois pas : ce serait plutôt un espace « paratopique », celui où sont subies des épreuves préliminaires. Et parmi celles-ci l'épreuve d'initiation que constitue le dialogue de Lantier et de Bonnemort. Celui-ci dispense à Lantier un savoir historique qui complète le processus de reconnaissance des lieux auquel s'est livré le jeune ouvrier; mais en même temps les réponses, les questions et les récits de Lantier le font accepter comme interlocuteur du vieux mineur et préparent son admission au sein de l'équipe et de la famille Maheu. Le montage du texte en séquences alternées (face-à-face de Lantier et de Bonnemort — regard de Lantier sur le panorama) rend particulièrement étroite la relation entre le faire, le dire et le lieu.

Anzin, on le voit bien, n'est pas un simple décor, un simple thème descriptif. Ce n'est pas seulement un espace d'exploration géographique et sociale. Chacun de ses attributs topographiques fait l'objet d'une réécriture en code-roman. Ceci est d'autant plus sensible si l'on observe qu'à sa fonction initiatique le décor des premières pages ajoute immédiatement une série de fonctions modales très caractérisées. Espace contingent ou simplement possible dans les lignes initiales (à son départ de Lille, Lantier aurait pu choisir une autre route, chercher une autre sorte et un autre lieu de travail), Montsou est devenu à la fin du chapitre un espace nécessaire. D'espace mystérieux, nous l'avons

5. A. J. Greimas, *Maupassant et la sémiotique du texte,* éd. du Seuil, 1976.

vu, il est devenu espace de certitude — et d'une double certitude : c'est là qu'il faut chercher et qu'on peut trouver le pain (« Peut-être, tout de même, ferait-il bien de s'adresser à la fosse... Où aller et que devenir, à travers ce pays affamé par le chômage ? ») ; et c'est là que se déroulera l'affrontement, symbolique, d'un monstre des temps nouveaux, pour lequel, sans qu'il le sache, Lantier est déjà désigné : « Et le Voreux, au fond de son trou, avec un tassement de bête méchante, s'écrasait davantage, respirait d'une haleine plus grosse et plus longue, l'air gêné par sa digestion pénible de chair humaine ». Enfin, d'espace interdit, Montsou est en passe de devenir espace permis, avec pour introducteur le vieux Bonnemort, avant de devenir espace obligatoire, dont le héros ne pourra sortir que de deux manières également interdites, quoiqu'au regard de deux lois différentes : soit en transgressant les limites disposées par la ségrégation sociale (ce sera la ruée dévastatrice sur les routes d'alentour), soit en abandonnant ses compagnons d'épreuves (ce sera le départ final pour Paris)[6].

Loin que le roman zolien s'explique, soit interprétable dans les termes de l'enquête ethnographique, c'est donc plutôt l'inverse qui se passe : c'est le discours ethnographique des notes qui trouve sa clé véritable dans le roman. Car on pourrait dire que par la transformation fonctionnelle et sémiotique que lui impose l'intégration romanesque — selon la vision et l'inspiration de Zola —, il se déplace du plan de l'ethnographique au plan de l'anthropologique. Les caractéristiques du lieu, géographiquement identifiées dans les *Notes sur Anzin,* se trouvent en quelque façon délocalisées, déterritorialisées par le roman. Il n'en reste que de pures valeurs ou de purs éléments, comme la

6. Voir H. Parret, *La Pragmatique des modalités,* Urbino, 1975, et Michel de Certeau, *Arts de faire,* Flammarion, 1980 (IIIe Partie : « Pratiques d'espaces »).

nuit, le noir, le feu, la terre, le vent, le corps, le gouffre, la bête, qui peu à peu se prennent en système, s'organisent en corrélations relevant d'un autre univers que celui de la société industrielle dans la France du Second Empire : l'univers du mythe. Il faut bien que l'espace d'Anzin cesse d'être perçu dans le langage de la géographie cantonale ou départementale, s'il doit apparaître comme le théâtre d'une lutte ouvrière qui réincarne les anciennes jacqueries et les anciennes Terreurs, et, au-delà, la révolte séculaire de l'esclave contre le maître. C'est ainsi que le roman s'érige en mythe explicatif, rendant compte du sens caché, et panchronique, du spectacle qui s'est offert à l'enquêteur. Zola aussi, dans cette affaire, se dédouble et se transforme, d'une instance à l'autre de son travail. L'homme qui a su voir cède la place au visionnaire.

Jusqu'ici, les notes d'enquêtes de Zola ont été exploitées comme réserve d'indices sur les sources documentaires de ses romans, jamais à proprement parler comme *texte*. Elles ont disparu dans la grande ombre du cycle romanesque auquel, pour une part, elles ont donné naissance. Zola n'aurait jamais imaginé de les publier. Nous pouvons avoir un point de vue différent, et adopter deux attitudes à la fois différentes et complémentaires.

D'un côté, prendre exactement la mesure, quantitative et fonctionnelle, de l'ensemble des éléments manuscrits et de leurs annexes (extraits imprimés, matériaux iconographiques) qui constituent la base documentaire des *Rougon-Macquart,* des *Trois Villes* et *Quatre Évangiles;* en proposer une classification interne ; les situer historiquement, pour ce qu'ils apportent à notre connaissance de la France du XIXe siècle, et pour leur valeur symptomatique au sein du néo-encyclopédisme qui accompagne alors le développement de la société industrielle.

D'un autre côté, roman par roman, analyser la relation génétique qui unit les notes d'enquêtes à l'ébauche, aux plans et au texte achevé, en tenant compte du fait qu'il ne s'agit pas d'une somme d'applications parcellaires, chaque détail des notes trouvant son reflet dans un détail correspondant du roman, mais de transformations scripturales qui mettent en jeu la totalité d'un type de discours, l'ensemble d'une rhétorique : du descriptif au narratif, de l'investigation paradigmatique et univoque de l'inventaire à la polyphonie syntagmatique du roman, du documentaire au monumentaire.

Peut-être trouvera-t-on quelque abus à traiter la partie des dossiers préparatoires apparemment la moins chargée d'imaginaire et de narration, sur un pied d'égalité avec le roman achevé. Les avantages de cette démarche sont pourtant évidents : elle peut nous conduire à la mise au jour, quasi-archéologique, d'une dimension peu connue de l'œuvre littéraire de Zola — ce qui n'est pas rien —, à relativiser, par voie de conséquence, la notion figée de « roman naturaliste », à mieux saisir les procédures de sa poétique.

DEUXIÈME PARTIE

Thèmes de la vie privée

6

Les confessions de Claude

La Confession de Claude est pour une large part une œuvre autobiographique. L'essentiel de ce roman fut écrit en 1862 et 1863. Puis le manuscrit s'en alla dormir au fond d'un tiroir. Zola le remit sur le chantier au début de 1865, l'acheva en quelques mois, et le publia en novembre 1865. Mais sa première inspiration remonte au début de l'année 1861. Zola vivait alors au dernier étage d'un hôtel meublé, au 21 de la rue Neuve-Saint-Étienne-du-Mont. Il avait pour maîtresse — sa première maîtresse — une certaine Berthe, qu'il qualifia lui-même de « fille à parties ». De ces amours, nous ne connaissons à peu près rien, sinon que Zola avait conçu la « folle idée de ramener au bien cette malheureuse, en l'aimant, en la relevant du ruisseau ». Il échoua, et en garda, sur l'amour et sur la femme, une immense désillusion. On est fondé à chercher en Zola lui-même, et en cette énigmatique Berthe, les modèles de Claude et de Laurence.

Le nom de Berthe, nous le trouvons sous la plume d'un ami de jeunesse de Zola, Georges Pajot, qui, peut-être, joua dans la réalité le rôle de Jacques. Georges Pajot écrit en effet à Zola, quatre ans plus tard, lorsqu'il reçoit *La Confession de Claude* : « J'ai dévoré ces pages qui me parlaient de cette vie brûlante de nos vingt ans; je me suis retrouvé au milieu de cette existence, de ces faits douloureux *quae ipse miserrima vidi et quorum magna pars fui* ». « Auxquels j'ai moi-même grandement participé » : ne peut-on interpréter comme un aveu la traduction de cette fin de phrase latine? Georges Pajot avait eu Zola pour condisciple au lycée Saint-Louis, en 1859, et ses lettres, conservées à la Bibliothèque Nationale[1], montrent qu'ils restèrent très liés, compagnons de soirées et de sorties, jusqu'au départ de Pajot pour la province, en 1865. La suite de sa lettre sur *La Confession de Claude,* par les sous-entendus, les implicitations qu'on y devine, inciterait à soutenir notre hypothèse : Berthe, incapable de choisir entre l'un et l'autre des deux jeunes gens, ne les aurait-elle pas pris tous les deux pour amants? « Je voudrais te donner sur ton œuvre une appréciation sage ou tout au moins impartiale, écrit Pajot, mais je m'y trouve étrangement empêché. Je n'ai pas lu ton livre; je l'ai rêvé, je l'ai vécu. Pendant quelques heures je me suis retrouvé devant la grande muraille de la rue Soufflot, *j'avais près de moi Berthe*[2], et sa robe en lambeaux; c'était bien cette femme aux qualités négatives qui semblait attendre pour se mouvoir qu'une force étrangère vînt rompre son inertie. Je retrouvais tes souffrances et ta pauvreté. Il ne m'est donc pas possible d'être juge et partie ».

Il ne nous est pas possible, à nous, d'en dire davantage. Le Zola de 1860-1861, dans le détail de sa vie privée, nous reste et nous restera fort mal connu. Ce que fut Berthe pour Zola, on le sait sans grande précision par une lettre que Zola écrivit à son ami aixois Jean-Baptistin Baille, vers le 10 février 1861.

---

1. Elles ont été publiées par Colette Becker dans *Les Cahiers naturalisés,* No 53, 1979.
2. C'est moi qui souligne.

Encore s'exprime-t-il en termes très généraux, derrière lesquels il faut postuler une expérience personnelle :

Je puis te parler savamment de la fille à parties. Nous croyons remarquer en elle un bon cœur, une dernière lueur d'amour, et, sous un souffle de tendresse, nous tâchons d'activer l'étincelle et de la changer en brasier ardent... Hélas! Que toutes ces formules sont belles, mais combien elles sont menteuses. La fille à parties, créature de Dieu, a pu avoir en naissant tous les bons instincts; seulement l'habitude lui a fait une seconde nature... D'une légèreté sans exemple, due sans doute à son instabilité, elle passe d'un amant à un autre, sans regretter l'un sans presque désirer l'autre. D'une part, rassasiée de baisers, fatiguée de volupté, elle fuit l'homme quant au corps; de l'autre, sans nulle éducation, sans aucune délicatesse de sentiment, elle est comme privée d'âme, et ne saurait sympathiser avec une nature généreuse et aimante.

Et voici la véritable confession, à peine déguisée :

Maintenant, suppose un jeune homme désirant ramener cette misérable enfant. Il l'a rencontrée dans un bal public, ivre, appartenant à tous. Quelques mots prononcés sans suite l'auront touché; il l'emmène et commence immédiatement la cure. Il lui prodigue mille caresses, lui remontre doucement combien la vie qu'elle mène est maudite, puis, passant de la théorie à la pratique, veut qu'elle change sa toilette aguichante contre des vêtements plus simples, plus décents, et surtout qu'elle l'aime, s'attache à lui et oublie peu à peu ses habitudes de bal, de café... Mais, quel que soit son amour, quelle que soit sa finesse, je puis jurer qu'il n'arrivera qu'à se faire détester. On le nommera tyran, on le froissera de mille façons, lui parlant de tel ou tel amant plus beau, plus généreux que lui... ne l'entretenant que de débauches, que de sottises, que de niaiseries. Si bien que, las de frapper sur chaque fibre sans rien en retirer, las de prodiguer des trésors d'amour et de n'éveiller aucun écho, il laissera faiblir sa tendresse et ne demandera plus à cette femme qu'une belle peau et de beaux yeux. C'est ainsi que finissent tous les rêves que nous faisons sur les filles perdues... J'ai bien peur, pour un seul échantillon, de connaître l'espèce entière.

Séductions / malédictions

La Confession de Claude, écho d'une première blessure intime, d'une initiation manquée? Si c'est cela, nous n'en avons nulle certitude. Mais ce n'est pas seulement cela. Au surplus, on pourrait aussi bien inverser le raisonnement : si Zola a vraiment tenté d'arracher

97

au ruisseau une fille perdue — comme on disait alors —, qui sait le rôle que joua dans sa conduite l'influence des modèles romantiques dont il avait nourri sa jeunesse? Et si la prétendue confession de 1861 n'était qu'un scénario de roman? Il arrive que la littérature soit à l'image de la vie, mais le contraire est aussi répandu.

Les contemporains, qui ignoraient tout des amours malheureuses du jeune Émile Zola, reconnurent surtout l'influence d'Alfred de Musset — celui de *La Confession du Siècle* et de *Rolla* —, et d'Henri Murger, l'auteur de *La Vie de bohême*. On pourrait ajouter le Hugo de *Marion Delorme*, et le Dumas de *La Dame aux Camélias* — à ceci près que dans le roman de Zola, la Madeleine ne se repent pas; le bon Samaritain échoue à la détourner de la débauche; la fille reste fille. Zola exploite le mythe romantique du rachat de la courtisane, mais il le retourne, concluant, contre la liberté de l'être exceptionnel, à l'absolue fatalité de l'éducation et du milieu.

Le schéma construit par Zola repose sur le triangle immémorial et inusable : une femme, deux hommes. Claude, jeune poète pauvre et solitaire, devient, presque malgré lui, l'amant de Laurence, sa voisine de palier, une fille galante « sans pain et sans asile ». Il rêve « la sainte tâche de la rédemption », il conçoit le projet de « faire oublier à Laurence ce qu'elle est ». Il la traite avec respect et douceur, tente de la détourner de ses habitudes de coquetterie vulgaire, de lui faire reprendre son ancien métier de lingère. Mais au bal masqué du Carnaval, de nouveau fardée et costumée, elle retrouve, dans les rires et la danse, sa vraie nature, et ses vraies compagnes. Les deux jeunes gens vont s'enfoncer dans la misère et la paresse, et Claude finit par aimer pour de bon Laurence telle qu'elle est, « laide et impure », parce qu'elle est sa compagne. Un soir, il rencontre un ancien camarade de collège, Jacques, et sa maîtresse Marie, qui se consume peu à peu d'une maladie de poitrine. Jacques est un étudiant pratique et cynique, calculant, « à une minute près, l'heure à laquelle il aura droit au respect des gens de bien ». Lors d'une soirée chez Jacques, Pâquerette, une vieille entremetteuse, pousse Laurence dans les bras de Jacques, comme elle l'avait déjà poussée dans ceux de Claude. Tandis que Marie agonise, Jacques se console aisément avec Laurence. Pâquerette révèle à Claude son infortune. Jaloux, celui-ci surveille sa maîtresse infidèle, la questionne, la brutalise même. Jacques, froidement, tente de l'éclairer sur la véritable nature de Laurence, qui, de son côté, répond avec indifférence aux embrassements et aux questions de Claude. Celui-ci se refuse à admettre que, selon les mots de Pâquerette, « on se prend et on se quitte, c'est l'histoire ». Marie meurt, veillée par Claude, tandis que Jacques et Laurence s'étreignent dans la chambre voisine. Claude aura enfin la force de chasser Laurence, recouvrant par ce geste la liberté, le calme, « une force jeune, invincible, un espoir immense ».

La donnée n'est pas originale. Que de jeunes marcheuses poitrinaires, d'étudiants fêtards, d'amants trompés, d'anciennes filles de joie transformées en procureuses de chair fraîche, que de mansardes glaciales, que de parties de campagnes et de bals masqués aussi, dans le réalisme bohême des années 1850... Le système des personnages est lui-même d'une simplicité éprouvée, canonique : un amant, personnage désirant, héros malheureux du drame, une femme, objet de sa quête d'amour, de sa volonté de possession exclusive, de son projet de rachat et de rééducation, femme-statue d'un moderne Pygmalion ; un rival, Jacques, qui détourne de Claude l'objet de son désir, mais qui, contradictoirement, lui rend le meilleur des services en se jetant à la traverse de ses illusions et en le ramenant à la conscience des réalités. Des deux derniers personnages, l'un, Pâquerette, a également un rôle ambigu, puisque, tout à la fois, elle donne Laurence à Claude puis contribue à la lui enlever; l'autre, Marie, est la confidente des mauvais jours; sa mort, par l'ultime confrontation qu'elle déclenche, aide Claude à se désinvestir de sa passion pour Laurence et à reconquérir sa liberté solitaire.

Et pourtant, la lecture de *La Confession de Claude* ne laisse pas indifférent. Cela tient d'abord au ton. L'emploi de la première personne, l'interpellation constante des dédicataires du livre, nommément désignés (Paul Cézanne et Jean-Baptistin Baille) donnent un accent de sincérité aux analyses, à la longue exploration de soi qui constitue le tissu principal du roman. On devine le narrateur partagé entre l'expression de ses désarrois − sur un mode lyrique parfois un peu trop disert − et le souci de connaître et de comprendre, de manière plus distancée, tous les signes d'un trouble passionnel. Si *La Confession de Claude* est ainsi tirée en arrière sur le versant du sentimentalisme romantique, elle regarde aussi, déjà, le versant d'un réalisme psycho-physiologique qui avait arraché à Sainte-Beuve, quelques années plus tôt, ce cri, à propos de Flaubert : « Anatomistes et physiologistes, je vous retrouve partout ». Peut-être la relecture, la révision et l'achèvement de 1865 ont-ils accentué ce trait. Peut-être aussi faut-il leur attribuer un autre caractère « moderne » du roman, la description attentive et sensible des paysages : paysages naturels, dans le chapitre de la promenade à travers Montrouge, Bourg-la-Reine, le Plessis-Piquet et les bois de Verrières; paysages domestiques et sociaux, avec le décor de la chambre ou les scènes du bal de carnaval. On trouve ici, non plus le lecteur-pasticheur de Musset ou de Murger, mais l'ami des peintres, le regard d'un homme qui parcourt la campagne en s'arrêtant sur les mêmes motifs que Daubigny ou Pissarro, et voit les pantomimes de la vie quotidienne ou de la fête comme un Gavarni, un Guys ou un Daumier.

Ajoutons une dernière observation, à propos d'un roman qui, par sa place en tête de l'abondante production romanesque de Zola, aurait dû susciter plus d'attention. Par le « patron » de son intrigue, il forme le premier état d'une structure qui travaillera pendant des années, et sur l'espace de plusieurs romans, l'imaginaire de Zola : que l'on relise, pour s'en assurer, *Thérèse Raquin, Madeleine Férat*, et plus tard *L'Assommoir, Germinal* et *La Terre*. Dans toutes ces œuvres, apparaît la trinité particulière de *La Confession de Claude*. Pour ne prendre qu'un des pôles de cette trinité, on peut considérer comme interchangeables, dans leur infortune érotique, Claude, Camille, Guillaume, Coupeau, Lantier, Jean Macquart. Il en irait de même, dans leur séduction plus ou moins maléfique, pour Laurence, Thérèse, Madeleine, Renée, Gervaise, Catherine et Françoise. Devons-nous, comme certaines études de psychanalyse littéraire nous y invitent — par exemple le livre de Jean Borie, *Zola et les mythes* —, chercher en Jacques, mais aussi dans le Lantier de *L'Assommoir* ou le Buteau de *La Terre*, l'image du père terrible, faisant retour pour réprimer les amours incestueuses d'un fils faible, incertain de la légitimité de ses désirs? Ne nous aventurons pas sur ce terrain, mais soulignons seulement la parenté structurelle qui, en profondeur, et au-delà, ou en-deçà, de l'anecdote biographique ou sourcière, unit *La Confession de Claude*, plus solidement qu'on ne l'a dit, à toute la chaîne romanesque qui lui succédera.

Puissance de l'interdit

Ne faudrait-il pas, cependant, faire exception pour

Le Vœu d'une morte, œuvre apparemment beaucoup plus pâlotte, et rédigée à des fins alimentaires en une période où Zola tirait à la ligne pour survivre?

Ayant quitté, le 31 janvier 1866, la librairie Hachette, où il exerçait les fonctions de chef de la publicité et du service de presse, il était entré à *L'Événement,* qu'Hippolyte de Villemessant, déjà propriétaire du *Figaro,* venait de fonder. Il y était chargé de la chronique des publications récentes, et il y écrivit en mai un *Salon* devenu célèbre. Il y publia également en feuilleton *Le Vœu d'une morte,* du 11 au 26 septembre 1866; le roman parut chez Achille Faure en novembre, et n'eut aucun succès. Vingt-trois ans plus tard, Zola accepta, sur les instances de son éditeur Georges Charpentier, de laisser rééditer cette œuvre de jeunesse, après y avoir porté de nombreuses corrections. « Ah mon ami, quelle pauvre chose, écrivait Zola à Charpentier, le 27 août 1889. Les jeunes gens de dix-huit ans, aujourd'hui, troussent des œuvres d'un métier dix fois supérieur à celui des livres que nous faisions, nous, à vingt-cinq ans. Enfin, ce sera un bouquin curieux à comparer avec ceux qui l'ont suivi. »

Le Vœu d'une morte commence par une scène à la Greuze. Daniel Raimbault, orphelin recueilli par Blanche de Rionne, assiste à l'agonie de sa bienfaitrice et reçoit ses confidences. Mme de Rionne, qui a souffert de l'indifférence de son mari, confie à Daniel la tâche de veiller sur sa petite fille, Jeanne. Daniel quitte l'hôtel des Rionne, où il se sent désormais étranger; grâce à la recommandation de son ami Georges Raymond, il travaillera, huit ans durant, pour l'éditeur d'un dictionnaire encyclopédique, et deviendra un savant autodidacte. Jeanne passe toutes ces années au couvent. Lorsqu'elle en sort pour revenir chez sa tante, Mme Tellier, sœur de M. de Rionne et épouse d'un député, Daniel entre au service de ce dernier, comme secrétaire. Il souffre de voir Jeanne s'étourdir dans le luxe et les mondanités. Auprès d'elle, il devient une sorte de rappel incarné des grandes vertus, lui inspirant la crainte et la colère, mais aussi un attachement inconscient. Apprenant qu'elle va épouser un homme d'affaires qu'il n'estime pas, Lorin, il découvre l'ambiguïté de son propre trouble. Il s'enfuit à Saint-Henri, près de Marseille, dans son pays natal, puis revient auprès de Georges. Tous les deux travaillent à un grand ouvrage scientifique, qui les rend illustres. Les deux jeunes gens revoient Jeanne, devenue la femme de Lorin, et apparemment peu heureuse. Daniel lui écrit des lettres passionnées, sans les signer, tandis que Georges devient à son tour amoureux de Jeanne. Lorin meurt subitement. Jeanne, qui ne soupçonne guère l'amour que lui porte Daniel et le considère dorénavant comme un frère, lui confie qu'elle tient Georges pour l'auteur des lettres qu'elle a reçues, et qu'elle n'y trouve point de déplaisir. Daniel raconte à Georges toute son histoire et lui demande de faire le bonheur de Jeanne. Retiré de nouveau à Saint-Henri, il s'y laisse dépérir, et meurt entre les bras de Jeanne et de Georges, ayant rempli sa mission au prix de sa vie.

Il n'est pas de roman plus édifiant, dans l'œuvre de Zola, que *Le Vœu d'une morte*. Un jeune homme voue chaque instant de sa vie, au milieu d'humiliations et d'équivoques de toutes sortes, à veiller sur une jeune orpheline que menacent toutes les séductions de la vie mondaine ; il l'aime dans l'ombre et dans le silence ; il la donne à son meilleur ami et en meurt.

Jeune homme pauvre et amoureux sans espoir ; orpheline d'abord vendue à un aigrefin, puis mariée à un prince charmant, incarnation de la perfection physique et intellectuelle ; mère tragique et père indigne ; impossible amour d'un précepteur pauvre

pour la fille de noble famille... Il y a là tout un pathétique, tout un pathos d'époque, que Zola semble avoir
manipulé à des fins éditoriales très précises. Il s'agis-
sait − comme ce sera le cas l'année suivante avec *Les
Mystères de Marseille* − de servir aux abonnés d'un
quotidien la pâture feuilletonesque qu'ils attendaient,
dans le style des *Deux Orphelines* ou du *Roman d'un
jeune homme pauvre.* Mais le jeune romancier n'a
pas encore au même degré que ses concurrents dans
le genre l'usage de la péripétie, du suspense, de l'effet
d'intrigue ou de scène. On devine trop tôt ce que sera
le rôle de Lorin ou de Georges ; l'action languit, les
dialogues manquent d'éclat, le héros subit l'événement
au lieu de le conduire. Zola force trop sa nature, qui
ne va pas du côté de ces combinaisons par trop conventionnelles, et surtout trop censurées, trop convenables.
Et du même coup, il manque son public.

Le *Vœu d'une morte* mérite cependant mieux que
des commentaires condescendants. On pourrait par
exemple se demander si le personnage de Daniel ne
doit pas quelques-uns de ses traits à Julien Sorel −
comme lui secrétaire d'un homme politique, comme
lui portant un regard puritain sur la vie mondaine
et ses acteurs. D'une certaine manière, Zola pertube
le feuilleton, en y inscrivant, sous forme fragmen-
taire, une observation critique des mœurs contemporaines. Lorin préfigure le Saccard de *La Curée*, le passage de Daniel chez l'auteur-éditeur d'un grand dictionnaire encyclopédique fait songer évidemment aux
conditions de préparation du *Grand Dictionnaire
Universel du XIXe siècle* de Pierre Larousse ; à travers
le personnage du député Tellier, Zola raille l'éloquence
d'une opposition inefficace et satisfaite. Tout cela est
fugitif. Ce qui l'est moins, c'est le discours intérieur
de Daniel sur le caractère intrinsèquement pervers de
la coquetterie, du luxe, de la richesse, de la mode, des
salons. Ce discours, qui rappelle celui de Rousseau et

qui a les mêmes bases morales et religieuses, on le réentendra, avec une inscription historique et sociale plus précise, dans *La Curée,* dans *Nana,* dans *Au Bonheur des Dames.*

Il est un autre point par lequel *Le Vœu d'une morte* recèle un intérêt en quelque sorte « symptômal » et qui donne à ce roman plus de poids que la critique ne lui en a reconnu. Nous réunissons ici, dans une même réflexion, *La Confession de Claude* et *Le Vœu d'une morte.* Cela peut se justifier par d'autres arguments que celui de leur successivité dans la production romanesque de Zola. Ils s'apparentent en effet par leur thème et la distribution de leurs personnages. Négligeons les différences de milieux et de conditions : Laurence est une fille à étudiants miséreuse, tandis que Jeanne est une jeune et vertueuse aristocrate. Mais on peut identifier le rôle de Claude, qui cherche à ramener Laurence dans la voie du bien et de la pureté, et celui de Daniel, qui s'est donné pour mission de préserver Jeanne des dangers et du mal, de la « protéger contre le monde ». Comme Claude, Daniel finit par aimer sa protégée ; et comme lui, il devra s'effacer pour la laisser à un ami plus viril et moins tourmenté. N'est-ce pas la marque d'un même fantasme ? En 1866, comme en 1865, la vie sexuelle de Zola semble comblée ; il a pour compagne, depuis le début de l'année 1865, Alexandrine Meley, qui deviendra sa femme. Et pourtant, dans chacun de ces deux romans, le héros, le personnage dont tout laisse à penser qu'il porte en lui un système de valeurs identiques à celui du narrateur, se voit ravir son objet érotique, et même, non sans masochisme, facilite la tâche du ravisseur. Si, dans *La Confession de Claude,* Claude a possédé Laurence avant de l'abandonner à Jacques, dans *Le Vœu d'une morte* la puissance de l'interdit est totale. A la fin du roman, Daniel dit à Georges : « Ma fille t'attend ».

Il est clair que l'amour qu'il portait à Jeanne ne pouvait être qu'un amour incestueux.

Ainsi, ces deux œuvres jumelables témoignent-elles d'une même interrogation devant la femme, devant l'éros, comme d'une même interrogation devant la société et ses corruptions. En ces années 1865-1866, Zola, écrivain, journaliste, animateur et compagnon de dures batailles littéraires et artistiques, amant heureux et ami comblé, va de l'avant, impose à l'attention du public une personnalité de « battant ». Mais dans le secret du tête-à-tête avec l'écriture, il imagine des êtres solitaires et incapables d'imposer leurs désirs, ou en faisant volontiers le sacrifice. Faut-il attribuer ce dédoublement, cette « fêlure », à la contrainte des modèles littéraires, au poids d'une idéologie, au jeu des traumatismes inconscients? La vérité est sans doute dans la convergence de ces facteurs, où l'histoire croise le psychisme.

7

Le corps féminin et ses clôtures
L'Education sentimentale
Thérèse Raquin

Situons notre propos entre cette réflexion d'Émile Zola, qui s'écriait en 1878 : « On dirait vraiment que la morale ne réside que dans notre *pudendum* », et cette autre de Georges Pérec, en tête du livre qu'il a publié en 1974 sous le titre *Espèces d'espaces*[1] : « Vivre, c'est passer d'un espace à un autre en essayant le plus possible de ne pas se cogner ». C'est précisément sur la conjonction du corps et de l'espace qu'a travaillé l'esthétique dite « réaliste » du roman, à partir de Flaubert. Non que le personnage, jusque-là, ne se voie pas prêter un corps — le « corps romanesque », selon le mot de Roger Kempf[2], ou « le corps textuel », selon celui de Yannick Resch dans son livre sur Colette[3]. Mais Bernard Vannier, recensant les codes qui gouvernent la sémiotique du portrait balzacien, a montré que le prétendu réalisme de Balzac enferme la représentation du corps dans un double réseau de contraintes : celles d'une sorte de déontologie littéraire qui interdit l'évocation de certains organes et de cer-

---

1. Georges Perec, *Espèces d'espaces,* Denoël-Gonthier (Médiations), 1974.
2. Roger Kempf, *Sur le corps romanesque,* Seuil, 1968.
3. Yannick Resch, *Corps féminin, corps textuel,* Klincksieck, 1973.

taines fonctions naturelles, et celles de la tradition rhétorique, qui ordonne le portrait selon les stéréotypes sémiotiques et syntaxiques des discours antérieurs[4]. On se rappelle aussi comment Stendhal, dans *Lucien Leuwen,* déguise son lexique amoureux, que les brouillons montrent beaucoup plus libre.

On n'a pas beaucoup réfléchi à la fracture qui s'institue, en ce domaine, précisément après Balzac, vers le début de la seconde moitié du XIXe siècle, et qui peu à peu déstabilise le *cant* et met en question les censures, non sans risques, comme l'a montré le procès intenté à Flaubert en 1857. Ne parlons pas, bien entendu, de la littérature qui circule sous le manteau, des textes absents, dont on s'entretient parfois à mots couverts mais qu'on n'est pas censé avoir lus ; considérons les romans légitimés par leur statut commercial, publiés, vendus et lus sous couvert de l'institution. Là, tout se passe comme si, entre 1850 et 1880, le personnage devenait un corps — non sans que subsistent de larges pans de silence —, et comme si cela créait d'assez furieuses ondes de choc dans la critique et dans le public.

Le corps et le peuple

On a attribué à l'auteur des *Rougon-Macquart* un rôle d'initiateur et de précurseur. Pour Jean Borie, dans *Zola et les mythes*[5], le scandale que *L'Assommoir, Nana, La Terre* déclenchent dans la critique contemporaine est d'une double nature. D'une part, il dévoile les corps, non point tant en leur anatomie — après tout, la peinture classique en a fait d'autres, et depuis longtemps — qu'en leurs instincts, en leurs appétits,

4. Bernard Vannier, *L'inscription du corps. Pour une sémiotique du portrait balzacien,* Klincksieck, 1972.
5. Jean Borie, *Zola et les mythes. De la nausée au salut,* Seuil, 1971.

leurs désirs, leurs fonctions, leurs malaises et leurs fatalités ; il met à nu non tant les sexes que la sexualité ; il ose montrer la toute-puissance du ventre, du ventre obsessionnel, « véritable nœud gordien de signification » selon les mots de Jean Borie, qui réunit les valeurs de la nourriture et de la fécondité, de la satiété digestive et du plaisir érotique, de l'absorption, de la réplétion et de l'excrétion. D'autre part, il dévoile le peuple, non point tant pour son statut de classe inférieure, pauvre, travailleuse et soumise (c'est l'image optimisée qu'en donne la bonne presse), que dans les conditions réelles de son existence, qui en font la classe exploitée, et par là même dangereuse, misérable, et par là même monstrueuse : monde de crasse, de sueur, de graisse, d'alcool et de stupre, monde de l'*apartheid,* monde qui fait honte et qui fait peur et qu'on interdit de littérature, sauf pour les effets de fantastique et d'horreur qu'en ont tiré les romanciers populaires ou le Balzac du prologue à *La Fille aux yeux d'or.* C'est d'un même interdit que la bourgeoisie victorienne aurait frappé le corps et le peuple : car « le corps réduit à lui-même, c'est le peuple », écrit Jean Borie, et le peuple, c'est le bouillon de culture qui met en péril le *corps* social tout entier. Et c'est d'un même geste que tout naturellement Zola aurait libéré l'un et l'autre. « C'est bien cela, écrit encore Jean Borie, le sens, social et autre, des *Rougon-Macquart :* ouvrir les vannes, laisser couler le flot nauséeux du refoulé ». Sans parler d'un Zola infiniment chaste en apparence, entre les lignes duquel une lecture symbolique peut faire émerger les signes d'obsessions qui sont indicibles en langage non transposé, par le fait d'une censure non tant sociale que personnelle.

Soit. Il existe une lecture moderne de Zola, qui a découvert et valorisé ses intuitions sur les origines, les sources et les significations profondes des conduites humaines, et qui voit en lui un précurseur de

Freud et des disciples de ce dernier, dont seul le séparerait son choix de la fiction comme discours d'exploration et de découverte[6]. Mais cette application à Zola d'une grille de déchiffrement freudienne ne se dévoierait pas, et gagnerait plutôt à tenir plus grand compte du fait que Zola n'est pas apparu soudain comme un météore sur le ciel du XIXe siècle, pour briser le silence contrit de ses contemporains sur la source principale de leurs désordres et de leurs péchés. Il y aurait à écrire une histoire post-romantique du corps. Elle devrait tenir compte du développement des sciences médicales, et de l'influence que celles-ci exercent alors, de manière grandissante, sur le roman.

Quelques faits significatifs jalonnent la formation de ce front nouveau de connaissances et d'interrogations, où se mêlent le discours scientifique, l'exposé didactique, les propos de salons et les motifs romanesques. La Société de biologie s'est fondée en 1848, la Société médico-psychologique en 1855, la Société de thérapeutique en 1866. Le docteur Lucas a publié en 1847 son *Traité de l'hérédité naturelle,* texte-socle des futurs *Rougon-Macquart.* Le mot *neurologie* se répand à partir de 1845. Les grands dictionnaires généraux vulgarisent, entre 1840 et 1870, la description des « névroses ». Faut-il évoquer la parenté médicale de Flaubert, les premières études de Sainte-Beuve, les diplômes de médecine de Littré, la curiosité avec laquelle les Goncourt dévorent les traités de médecine pour y découvrir de beaux cas de « nervosisme » et, par-dessus tout, peut-être, l'expérience douloureuse que beaucoup d'écrivains font, dans leurs corps, de cet envers médical du plaisir, la syphilis, qui tuera Baudelaire, Jules de Goncourt, Daudet, Maupassant, pour ne citer que les plus notoires de ses victimes? Une conver-

---

6. Voir par exemple John C. Allan, « Narcissism and the Double in *La Curée* », *Stanford French Review,* 1981, p. 295-312. Voir aussi les travaux, à paraître, d'Olivier Got, sur les paysages mythiques de Zola.

gence de regards neufs sur les « fatalités » du corps unit les uns aux autres les médecins, les philosophes, — Comte, Renan, Taine, dont il faut entendre les propos de table rapportés par le *Journal* des Goncourt — les poètes, les romanciers et les historiens. « A propos de ma Salammbô, écrit Flaubert, je me suis occupé d'hystérie et d'aliénation mentale. Il y a des trésors à découvrir dans tout cela ». Dans le même temps, Michelet a publié *L'Amour,* puis *La Femme,* définis par la critique comme « une étude médicale de l'amour ». *Anatomie, scalpel, physiologie, analyse, hystérie, névrose, dissection, éréthisme,* sont les maîtres-mots de 1860. A quoi Zola, à peine six ans plus tard, ajoutera l'image de la « bête humaine ».

La bestialité, dans le corps humain, oui. Pour les uns, sa découverte, ou plus exactement, la complaisance à la dépeindre, est une décadence, une déchéance morale, la ruine de toutes les règles de conduite. Pour d'autres, cette décadence même est une libération. Rendant compte d'un roman des frères Goncourt publié en 1865, *Germinie Lacerteux,* histoire d'une « hystérique », Zola loue leur souci de peindre « la vie du corps » et s'écrie : « J'aime les œuvres de décadence où une sorte de sensibilité maladive remplace la santé plantureuse des époques classiques. Je suis de mon âge ». Le débat est donc explicite dès ces années 1860, et la théorie du refoulement, si séduisante dans l'interprétation qu'en donne Jean Borie pour attribuer aux *Rougon-Macquart* un mérite exceptionnel dans la libération du refoulé, serait à nuancer. Comme il faudrait noter également que le discours naturaliste sur le corps, reflet de l'émergence d'un nouveau pouvoir idéologique qu'on a appelé le pouvoir médical, n'est peut-être que la nouvelle incarnation d'un même puritanisme, qui fera dorénavant servir la représentation des besoins organiques à une école de la volonté, de la discipline, voire de l'abstinence. L'audace n'est souvent que l'envers de la terreur. Encore le lexique physiologiste ne sert-il souvent que de dérivatif ou de masque au silence sur l'acte sexuel et sur la jouissance.

Somatique / sémiotique

Maïs ceci n'était qu'une parenthèse, destinée à cerner quelques aspects de ce qu'on pourrait appeler l'espace culturel du corps à l'époque dite « réaliste ». Et c'est un autre espace qu'il faudrait évoquer maintenant : l'espace de sa représentation textuelle. Ce n'est qu'un sous-ensemble du précédent, et les deux questions sont associées. En effet, la transformation du discours culturel sur le corps, à partir de la génération post-romantique, et à plus forte raison l'entrée d'une thématique corporelle nouvelle dans le roman, ne vont pas sans une transformation du statut du personnage, des techniques et des formes de sa mise en texte, en d'autres termes sans la création d'une poétique romanesque du corps, au sens que Gérard Genette donne au mot *poétique* lorsqu'il lui fait désigner l'ensemble des règles de structure et d'écriture qui engendre un genre littéraire.

Une attention plus grande portée au somatique implique une rénovation du sémiotique, une rénovation des dispositifs littéraires. La personne du sujet fictif de l'énoncé romanesque se trouve désormais considérée dans sa matérialité autant que dans sa mentalité : siège d'affects et de manifestations toutes physiques, elle devient un espace dont chacun des points peut se trouver le lieu d'un phénomène à identifier, à raconter et à styliser. De plus, elle se situe et se meut au sein d'un espace où elle trouve sa place, sa position, ses parcours, ses rencontres, ses obstacles. Elle entre en interaction physique, dynamique avec les constituants de cet espace. Elle est donc à la fois espace englobant et espace englobé. Sa narrativisation implique plus que jamais une sémiotique de l'espace, et, on le voit, une sémiotique double. De là, de nouveaux problèmes de composition et de nouveaux problèmes d'écriture. Pas totalement inédits, bien entendu. Il y a longtemps, en 1860, que les personnages de roman ne sont plus de purs esprits, et que le romancier doit résoudre, pour les constituer en un système narratif cohérent, des problèmes de topologie et de dynamique. Mais le roman de l'époque positive — et notamment le roman de Flaubert et de Zola (que l'on peut réunir ici quoique leurs visées et leurs recettes soient différentes) — a dû élaborer en la matière des modèles plus raffinées, en fonction même de son rattachement, explicite ou implicite, à une vision déterministe de l'individu. Si l'on prend désormais une conscience plus lucide des forces biologiques et des forces sociales qui déterminent l'être et le faire des sujets, alors s'impose d'elle-même une redistribution structurelle, qui affecte la logique des actions, le réseau des relations inter-individuelles, le système des circonstances spatio-temporelles, l'écriture narrative et descriptive et les rapports mutuels de ces diverses instances. Voici seulement deux exemples fragmentaires :

Le corps de Rosanette

Quand l'enthousiasme de Rosanette pour les gardes mobiles se fut calmé, elle redevint plus charmante que jamais, et Frédéric prit l'habitude insensiblement de vivre avec elle.

Le meilleur de la journée, c'était le matin sur leur terrasse. En caraco de batiste et pieds nus dans ses pantoufles, elle allait et venait autour de lui, nettoyait la cage de ses serins, donnait de l'eau à ses poissons rouges, et jardinait avec une pelle à feu dans la caisse remplie de terre, d'où s'élevait un treillage de capucines garnissant le mur. Puis, accoudés sur leur balcon, ils regardaient ensemble les voitures, les passants; et on se chauffait au soleil, on faisait des projets pour la soirée. Il s'absentait pendant deux heures tout au plus; ensuite, ils allaient dans un théâtre quelconque, aux avant-scènes; et Rosanette, un gros bouquet de fleurs à la main, écoutait les instruments, tandis que Frédéric, penché à son oreille, lui contait des choses joviales ou galantes. D'autres fois, ils prenaient une calèche pour les conduire au bois de Boulogne, ils se promenaient tard, jusqu'au milieu de la nuit. Enfin, ils s'en revenaient par l'Arc de Triomphe et la grande avenue, en humant l'air, avec les étoiles sur leur tête, et, jusqu'au fond de la perspective, tous les becs de gaz alignés comme un double cordon de perles lumineuses.

Frédéric l'attendait toujours quand ils devaient sortir; elle était fort longue à disposer autour de son menton les deux rubans de sa capote; et elle se souriait à elle-même, devant son armoire à glace. Puis elle passait son bras sur le sien et le forçant à se mirer près d'elle :

— Nous faisons bien comme cela, tous les deux côte à côte! Ah! pauvre amour, je te mangerais!

Il était maintenant sa chose, sa propriété. Elle en avait sur le visage un rayonnement continu, en même temps qu'elle paraissait plus langoureuse de manières, plus ronde dans ses formes; et, sans pouvoir dire de quelle façon, il la trouvait changée, cependant.

Gustave Flaubert, L'Éducation sentimentale, III, 3.

Le corps de Thérèse

Il y a quelques années, en face de cette marchande, se trouvait une boutique dont les boiseries d'un vert bouteille suaient l'humidité par toutes leurs fentes. L'enseigne, faite d'une planche étroite et longue, portait, en lettres noires, le mot : *Mercerie,* et sur une des vitres de la porte était écrit un nom de femme : *Thérèse Raquin,* en caractères rouges. A droite et à gauche s'enfonçaient des vitrines profondes, tapissées de papier bleu.

Pendant le jour, le regard ne pouvait distinguer que l'étalage, dans un clair-obscur adouci.

D'un côté, il y avait un peu de lingerie : des bonnets de tulle tuyautés à deux et trois francs, des manches et des cols de mousseline puis des tricots, des bas, des chaussettes, des bretelles. Chaque objet, jauni et fripé, était lamentablement pendu à un crochet de fil de fer. La vitrine, de haut en bas, se trouvait ainsi emplie de loques blanchâtres qui prenaient un aspect lugubre dans l'obscurité transparente. Les bonnets neufs, d'un blanc plus éclatant, faisaient des taches crues sur le papier bleu dont les planches étaient garnies. Et, accrochées le long d'une tringle, les chaussettes de couleur mettaient des notes sombres dans l'effacement blafard et vague de la mousseline.

De l'autre côté, dans une vitrine plus étroite, s'étageaient de gros pelotons de laine verte, des boutons noirs cousus sur des cartes blanches, des boîtes de toutes les couleurs et de toutes les dimensions, des résilles à perles d'acier étalées sur des ronds de papier bleuâtre, des faisceaux d'aiguilles à tricoter, des modèles de tapisserie, des bobines de ruban, un entassement d'objets ternes et fanés qui dormaient sans doute en cet endroit depuis cinq ou six ans. Toutes les teintes avaient tourné au gris sale, dans cette armoire que la poussière et l'humidité pourrissaient.

Vers midi, en été, lorsque le soleil brûlait les places et les rues fauves, on distinguait, derrière les bonnets de l'autre vitrine, un profil pâle et grave de jeune femme. Ce profil sortait vaguement des ténèbres qui régnaient dans la boutique. Au front bas et sec s'attachait un nez long, étroit, effilé ; les lèvres étaient deux minces traits d'un rose pâle, et le menton, court et nerveux, tenait au cou par une ligne souple et grasse. On ne voyait pas le corps, qui se perdait dans l'ombre ; le profil seul apparaissait, d'une blancheur mate, troué d'un œil noir largement ouvert, et comme écrasé sous une épaisse chevelure sombre. Il était là, pendant des heures, immobile et paisible, entre deux bonnets sur lesquels les tringles humides avaient laissé des bandes de rouille.

Émile Zola, *Thérèse Raquin,* ch. 1.

La brève scène extraite de *l'Éducation sentimentale* se passe pendant l'été 1848. On a oublié la révolution, l'émeute ; la vie continue. C'est l'envers du roman historique. Frédéric et Rosanette vivent dans l'appartement de cette dernière, un quatrième étage du boulevard Poissonnière : une minuscule enclave dans l'espace de Paris. Espace intime, bien clos, bien bouclé. Dans ses *Espèces d'espaces,* Georges Pérec se demande : « habiter une chambre, qu'est-ce que c'est ? Habiter un lieu, est-ce se l'approprier ? Qu'est-ce que s'approprier un lieu ? (...) Est-ce quand on a mis à tremper ses trois paires de chaussettes dans une matière plastique rose...? ». Point de matière plastique rose au temps de Flaubert. Mais ce que celui-ci observe, en tournant invisiblement autour de ses deux personnages, c'est une double appropriation ; l'une, d'assez longue date : l'appropriation et le modelage, par Rosanette, de son espace privé ; et l'autre, plus récente : l'appropriation, l'enfermement, l'aliénation de Frédéric au sein de cette retraite galante. « Il était maintenant sa chose, sa propriété ». De sorte que le portrait des deux personnages se confond ici avec la manière dont ils s'accordent ou sont contraints de s'accorder avec ce qui les entoure, dont s'associent leur « habitus », sensoriel et moteur, et leur « habitat ».

Le corps instantané

L'espace est celui du bien-être, de la relâche, de

l'euphorie; la popote des grasses matinées, les joies simples du jeune ménage; le bonheur quotidien d'une conjugalité confortable. Mais une conjugalité factice, bien entendu : car ce couple est un faux couple, qui singe la lune de miel. Rosanette joue à l'amante et à la ménagère, mais elle joue seulement, comme une enfant. De là, la duplicité que le texte prête aux signes et aux valeurs du lieu et du corps : un charme, et en même temps le mensonge de ce charme. Une aisance des corps, l'amour sous les toits : mais cet appartement respectable, au décor petit-bourgeois, n'est que le pied à terre d'une fille.

Comment l'habite-t-on? demanderait Georges Pérec. On y flâne. C'est un espace d'oisiveté, de laisser-aller des corps. La fenêtre s'ouvre sur une terrasse, un balcon, la perspective du boulevard, les voitures, les passants. On s'accoude, on se chauffe au soleil. Rien d'appuyé, tout est litote, tout est suggéré plutôt que dit. Peu de détails sur le décor, mais quels détails... Chacun vaut pour un indice, connote un code de valeurs domestiques : les poissons rouges, les serins, la caisse de terre avec son treillage de capucines, la pelle à feu. En fait, le texte est ambigu : il échange, équilibre, harmonise les notations relatives à l'ameublement, et les notations relatives à l'échappée sur l'extérieur, avec l'évocation latente des sensations heureuses que produit l'étage élevé − on respire mieux −, et du plaisir de vivre au cœur de Paris, dans cette fin d'été ensoleillée. Tel est le travail des touches descriptives, que le lecteur finit par se laisser imprégner lui-même de cette sémantique du *farniente,* par substituer son propre corps à celui des personnages, par respirer au même rythme qu'eux et dans la même atmosphère. Et en même temps, cependant, par ce curieux dédoublement dans l'effet de lecture qui agace parfois les dents du lecteur de Flaubert, on perçoit que cette jouissance distillée au long des heures — après quels autres plaisirs, sur lesquels le texte, pudiquement et habilement, se tait... — n'est que paresse rétrécie, vulgaire, dérisoire, surtout par comparaison aux espérances, aux ambitions, aux autres valeurs rêvées par Frédéric. Voilà celui-ci piégé dans un quatrième avec terrasse, pantoufles, poissons rouges et pelle à feu. Le voilà capturé comme le serin dans sa cage — le serin, tout à la fois métaphore et métonymie implicites du personnage. C'est ça la vie, c'est même ça, la révolution — ou ce qui en reste. Et peut-être, aussi, c'est ça le bonheur... L'abandon, le renoncement des corps...

C'est sur ce fond que s'enlève la silhouette de Rosanette. Dessiner un corps dans le volume d'un espace, c'est un problème de peintre. Le faire se mouvoir, se déplacer, agir, cela devient un problème de narrateur. Le peintre attrape et immobilise l'instantanéité d'une attitude ou d'un geste. Le narrateur, qui dispose de la durée, capte le mouvement dans sa continuité et ses transformations, et c'est pourquoi l'espace, où se joue le mouvement, est constitutif de l'image que le romancier donne du corps. C'est là, en tout cas, une des caractéristiques principales du portrait flaubertien. Un certain impressionnisme, soit : « Rosanette, un gros bouquet de fleurs à la main, écoutait les instruments, tandis que Frédéric, penché à son oreille, lui contait des choses joviales ou galantes » : c'est *La Loge,* de Renoir. Mais l'impressionnisme, plus le bougé, la circulation, la mise en mouvement, qui substitue le déplacement à la posture, et du même coup donne une autre valeur — sémiotique et esthétique — et au corps et à son espace : « En caraco de baptiste et pieds nus dans ses pantoufles, elle allait et venait autour de lui, nettoyait la cage de ses serins, donnait de l'eau à ses poissons rouges, et jardinait avec une pelle à feu dans la caisse remplie de terre, d'où s'élevait un treillage de capucines garnissant le mur ».

Rosanette est ainsi croquée en trois temps : le matin, chez elle, en déshabillé ; dans l'après-midi, au théâtre ; et, par une sorte de retour en arrière, dans sa chambre, devant l'armoire à glace, au moment de sortir. Chaque fois, c'est la coulée d'une seule phrase qui suffit à inscrire les gestes et les poses de la jeune femme dans le cadre qui l'entoure. La jeune femme aux poissons rouges, en premier lieu. Chaque mot compte, par le pouvoir de ses présupposés, et de ses inférences. Le portrait flaubertien présente une autre différence notable avec l'art du peintre : c'est son extrême économie descriptive. Le *caraco,* les *pieds nus.* Il faut deviner, restituer le reste, par une espèce de métonymie silencieuse. Trois mots suffisent, l'un explicite, les deux autres allusifs — les pieds nus, le caraco, la batiste — pour éveiller le voyeurisme du lecteur, et le laisser rêver sur cette semi-nudité libre et provocante. Et il suffit également de quelques associations descriptives, elles aussi implicitement métonymiques, pour laisser imaginer une Rosanette insaisissable, qui ne tient pas en place, étourdie et étourdissante, aussi légère que sa propre cervelle. Car tout, autour d'elle, est figure, comme elle, de labilité et de fluidité ; l'eau, les poissons rouges, les serins, cela bouge, cela nage, cela volète, cela glisse. Les petits compagnons de Rosanette sont les signes codés de ses goûts et de son univers de grisette, mais aussi les images de son corps, aussi instable que désirable.

Si le texte mime en si peu de traits cette agitation oisive, ce bonheur de vivre dans l'allée et venue inutile, c'est en particulier par sa structure prosodique. L'espace du texte devient icône de l'espace du corps. La première phrase, dans sa forme syntaxique même — c'est une phrase segmentée — crée une familiarité, un effet de déshabillé stylistique. Mais ce sont les cadences de la deuxième phrase qui accompagnent le mieux l'évocation d'une jeune femme virevoltant dans la lumière du matin. Le prélude, « en caraco de batiste et pieds nus dans ses pantoufles », pose la silhouette, ou plutôt deux détails allusifs du négligé. Cette séquence syllabique est un peu plus longue que les suivantes ; elle équilibre, à une syllabe près, la dernière séquence, qui surimpose au corps léger de Rosanette l'image aussi capricieuse, mais plus langoureuse, du treillage de capucines. Entre ces deux séquences, trois propositions juxtaposées, de longueur à peu près égale, prennent valeur imitative du seul fait de leur disposition énumérative : elles figurent les déplacements en tous sens de la jeune femme ; chacune est construite sur deux accents, sur deux temps, et ce double tempo, qui associe le ternaire et le binaire, ajoute son travail propre à celui de la cadence périodique majeure pour faire respirer le texte, mettre du nombre, de l'harmonie et même un soupçon de frémissement lyrique autour des formes devinées de Rosanette.

Ne nous dissimulons pas, cependant, qu'il y aurait une autre lecture possible de ce phrasé, moins euphorique, moins favorable. Car la période s'achève en fait par une double clausule : « et jardinait avec une pelle à feu dans la caisse remplie de terre », « d'où s'élevait un treillage de capucines garnissant le mur ». La première accentue le caractère dérisoire des occupations de Rosanette : son jardin miniaturisé, son rêve de rusticité boulevardière qui retombe lourdement sur le prosaïsme d'un bricolage inadéquat (la « caisse » et « la pelle à feu »...). La seconde cadence, certes, éclaire le tableau : de cette caisse sort tout de même une floraison. Mais on peut se demander alors si Flaubert ne cède pas lui-même, sinon à une sorte de kitsch décoratif — cela, c'est l'affaire de son personnage —, du moins à un certain kitsch de la phrase, à un souci pictural du motif et de la valeur complémentaires, avec ces capucines, cette guirlande, les trois temps de la cadence terminale et l'échappée visuelle vers la verticale, qui achève et clôt un peu trop coquettement le tableau.

Rosanette habillée, Rosanette au miroir. « Elle était fort longue à disposer autour de son menton les deux rubans de sa capote ; et elle se souriait à elle-même, devant son armoire à glace ». Ce n'est plus un buste, mais seulement un visage. Même pas : deux rubans autour du menton, et un sourire dans le miroir. Et Frédéric, qui, par derrière, regarde ce sourire narcissique. Là aussi, le texte dessine d'un seul trait, si bref, si peu marqué, la scène où un corps de femme se prépare pour la séduction, et s'assure de sa séduction. La capote dissimule le corps, mais le visage, ourlé par les rubans, n'en est que plus prometteur. Encore faudra-t-il savoir dénouer le nœud. Encore faudra-t-il être patient et soumis — et Frédéric, « le pauvre amour », semble ne plus l'être tout à fait : « Frédéric l'attendait toujours quand ils devaient sortir »... A moins que la promesse n'ait déjà été tenue — nous sommes dans la chambre « à coucher », comme l'indique l'armoire à glace — et que Rosanette, malgré son sourire dans le miroir, ne soit plus pour Frédéric, momentanément, qu'une femme un peu trop lente à se rhabiller... et un peu trop possessive.

En fait, l'entente érotique entre les deux amants, émoussée par l'habitude (« Frédéric, écrit Flaubert, prit l'*habitude* insensiblement de vivre chez elle »), et si peu explicite dans ce passage, réapparaît dans la loge : « Frédéric, penché à son oreille, lui contait des choses joviales ou galantes ». Encore une posture, mais qui dénote ici la complicité de deux corps : cela dit, les deux amants sont au théâtre, dans une loge d'avant-scène, bien en vue — et leur intimité est un peu affichée, sans retenue, c'est celle qui convient à ce que le langage de l'époque appelle joliment, mais avec quelque dédain, une « liaison ».

Ainsi, le personnage flaubertien paraît bien à tout

moment ne se définir et ne se caractériser que par sa relation, toujours mobile, toujours changeante en apparence, mais en fin de compte toujours la même, à ses espaces d'élection. Le corps se dessine dans ses déplacements, et, complémentairement, le texte crée la sensation de l'espace par les parcours du corps, et du même coup se créent le corps et l'espace du texte, qui prend du corps, comme on dit qu'un vin « a du corps ». Le système des signes locatifs, ou spatiaux, le système des objets constitutifs du lieu et de leurs fonctions, entre dans un jeu d'échange, d'intercommunication et d'interaction avec le système des traits constitutifs de la personne. L'un se reflète dans l'autre, par une espèce de spécularité mutuelle du corps et de son décor. Le mot décor est d'ailleurs mal choisi, parce qu'il évoque quelque chose d'inerte et de figé, et il vaut mieux revenir au mot objets — au pluriel. Car, nous l'avons vu, Rosanette joue avec les objets qui l'entourent, elle cherche en eux son image, elle en fait un relai, un appui, à la fois pour percevoir les formes et les rythmes de son corps, et pour l'exhiber devant elle-même et devant les autres et en afficher la séduction facile.

Le corps

Chez Zola aussi, apparaît cette sorte de métonymie généralisée du corps et du lieu. Mais elle se construit sur des schèmes différents et elle produit de tout autres effets de sens. Considérons rapidement Thérèse Raquin, derrière sa vitrine. C'est la même matérialisation déterministe du vécu, mais dans un autre code, et pour un autre discours.

Cette première apparition de Thérèse, immobilisée comme dans une séance de pose, recoupe étrangement les lignes que Zola consacre à *Olympia* dans son étude sur Édouard Manet, publiée quelques mois avant le roman dans *La Revue du XIXe siècle*. Pour détacher le profil de Thérèse sur le fond de la boutique et pour contraster l'ombre et la lumière, Zola utilise la technique même qu'il attribue au peintre lorsqu'il écrit : « Alors il arrive une étrange histoire : chaque objet se met à son plan, la tête d'Olympia se détache du fond avec un relief saisissant (...). Il vous fallait des taches claires et lumineuses, et vous avez mis un bouquet, il vous fallait des taches noires, et vous avez placé dans un coin une négresse et un chat (...). Vous avez admirablement réussi à traduire énergiquement et dans un langage particulier les vérités de la lumière et de l'ombre, les réalités des créatures ». Les bonnets blancs, le papier bleu et les pelotons de laine verte répondent aux plaques bleues, roses et vertes du bouquet d'Olympia. Quant à « l'œil noir largement ouvert » de Thérèse, son visage à la blancheur mate et ses lèvres, « deux minces traits d'un rose pâle », ce sont ceux-là mêmes d'Olympia, que Zola, critique d'art, a décrits dans des termes exactement identiques.

La technique et les tons de la nouvelle peinture, donc. Mais aussi quelques différences. Ne serait-ce, justement, que dans le traitement du corps. Le corps d'Olympia s'allonge au premier plan du tableau, tout entier en pleine lumière, la jeune femme regarde le spectateur. Le corps de Thérèse, au contraire, est à demi enfoui dans l'ombre de l'arrière-plan, et son regard semble se perdre bien au-delà du passant qui s'est arrêté devant sa vitrine. Les couleurs, enfin, se groupent ici selon un code de valeurs secondes assez éloigné de celui du peintre, même si Zola utilise les mêmes références chromatiques.

L'analyse est dans une certaine mesure facilitée par l'immobilité du personnage. Et les rapports qui s'instituent entre le corps figé de Thérèse et son espace semblent assez stables, assez durables pour qu'on soit tenté de les décrire comme un langage, dont la morphologie et la syntaxe mettrait en jeu trois séries de signifiants : les lieux, les objets et leurs formes, et les couleurs, déjà mentionnées. Pour parler comme les sémioticiens, une combinatoire topologique, une combinatoire éidétique et une combinatoire chromatique.

Le corps dans la vitrine d'abord. L'organisation des signes se fait ici plus rigoureuse, certains diraient plus rigide que chez Flaubert, et, partant, plus expressionniste. Le corps de Thérèse est focalisé par ce *on* qui, tout indéfini qu'il est, désigne un spectateur-voyeur, présent dans la scène, dont la perspective est déterminée par son regard attentif. Cependant, autant Rosanette est accessible, offerte à la gourmandise du narrateur et du lecteur, autant Thérèse est lointaine, séparée du lecteur par un triple écran : ce regard du passant qui s'interpose, la vitre du magasin et la profondeur du champ — à quoi s'ajoutent les ténèbres. A quoi s'ajoute aussi l'immobilité — « il était là pendant des heures, immobile et paisible » — qui donne l'impression tout à la fois d'un corps interdit et d'un corps ensommeillé, engourdi, en attente, non encore révélé à lui-même.

Le dispositif apparaît encore plus complexe, si l'on tient compte du contre-champ perspectif que suppose « l'œil noir largement ouvert » de Thérèse. Le passant regarde Thérèse, mais Thérèse regarde... quoi, au juste ? Le vide, peut-être. Ailleurs, sûrement, bien au-delà de son magasin-prison, de son magasin-tombeau. Et l'on serait tenté de penser que le point de fuite du regard de Thérèse se confond avec ce qui au-delà de la vitrine : le soleil fauve qui brûle les places et les rues.

De la sorte, s'établit un couplage topologique opposant le lieu de la frustration et le lieu du désir. Thérèse est littéralement, textuellement, coupée en deux :

le visage, l'œil, le regard, dans la lumière, le reste du corps — c'est-à-dire le sexe — dans les ténèbres : « on ne voyait pas le corps, qui se perdait dans l'ombre ». C'est une axiologie spatiale qui relaie et traduit l'axiologie organique, et aussi l'axiologie sociale, selon une trame de couples équivalents, où s'opposent l'ici et l'ailleurs, l'intérieur et l'extérieur, la boutique et la rue, le clos et l'ouvert, l'ombre et le soleil, mais aussi l'immobilité et le mouvement, l'étouffement et la respiration, la paix et la fièvre, le dysphorique et l'euphorique, l'insupportable et le supportable, la privation et la jouissance, la répulsion et le désir, et peut-être — lorsqu'on connaît les autres acteurs de cette histoire, et ses préconstruits physiologiques et sociaux — le matriarcal et le viril, l'impuissance lymphatique du mari et les pulsions nerveuses de la femme. Mais par une sorte de retournement des stéréotypes, si l'ombre du magasin dissimule le grotesque triste de la quotidienneté boutiquière, le soleil de la rue éclaire moins l'attente du bonheur que les prodromes d'une tragédie. Car c'est de la rue que viendra Laurent, l'amant, et avec lui le plaisir charnel, mais aussi le meurtre, l'échec, le remords, et la mort.

On observe quelle importance prennent, dans le roman de Zola, les problèmes de cadrage du corps. Ce n'est pas seulement affaire de mise en scène, de technique descriptive. C'est affaire de sens. Cela engage une pensée et un imaginaire de la manière dont le somatique confine au topologique, dont le corps vit son enracinement, les attaches de ses plénitudes et de ses vides intérieurs aux plénitudes et aux vides qui l'entourent.

Cela dit, l'espace dans lequel le témoin de passage a surpris Thérèse Raquin n'est pas seulement un jeu de lieux. Il est aussi jeu d'objets et jeu de couleurs — non au sens du mot anglais *play,* mais plutôt au sens de *game :* rapport de forces, équilibre de tensions.

Certes on peut lire la description de l'étalage selon le code réaliste : une énumération balzacienne des vêtements et des ustensiles qui sont en vente dans les boutiques de mercerie, vers 1865. Mais on peut aussi la lire, plus justement, selon le code d'une symbolique existentielle. Le profil de Thérèse est affecté des signes et des valeurs d'une féminité toute charnelle, sauvage, quasi animale : la ligne souple et grasse du cou, l'œil noir largement ouvert, l'épaisse chevelure sombre. Or il est cerné, guetté, de manière quasi fantastique, par une lingerie plus ou moins asexuée dont toutes les pièces et toutes les formes signifient l'enserrement, le masquage, le verrouillage du corps : les bonnets, les manches, les cols, les résilles, les bas, les tricots, les chaussettes, les bretelles. Tous jaunes et fripés, comme une peau vieillie, tous suant l'abandon et le vieillissement stérile de la femme forcée, ceinturée, châtrée, confinée dans la chasteté des travaux de dame : « aiguilles à tricoter », « modèles de tapisserie » et « bobines de ruban ».

De là l'opposition, elle aussi secondairement et idéologiquement marquée, de deux systèmes de couleurs : d'un côté, les couleurs de Thérèse, qui rappellent Lola de Valence, chantée par Baudelaire, et son « charme inattendu » de « bijou rose et noir », et auxquelles s'harmonisent les rayons *fauves* du soleil avec leur double connotation de flamboiement et d'animalité ; de l'autre, les couleurs d'un espace carcéral : le jaune, le blanchâtre, le bleuâtre, le terne, le gris, les non-couleurs d'un monde à demi mort qui dispose du pouvoir d'immobiliser la vie.

Et pourtant, parmi toutes ces pièces de vêtement, il en est deux qui encadrent bien curieusement le visage de Thérèse : ces « deux bonnets sur lesquels les tringles humides avaient laissé des bandes de rouille »... Il appartiendrait à des analystes freudiens le soin d'apprécier la relation qu'entretiennent ces bonnets et ces tringles humides ; mais il semble qu'en cet endroit au moins de la vitrine, un démon se soit glissé pour inverser subitement, à la dernière ligne du texte, la valeur emblématique de tout ce linge, comme on dit, *de corps*. C'est du moins comme tout à l'heure à propos des capucines, une interprétation optimisée, et on peut en imaginer d'autres.

Toutes sortes de combinaisons métonymiques, antonymiques, symboliques, unissent donc le corps — en l'occurrence le corps de la femme — à son espace, dans ces romans que l'histoire littéraire a affectés à la légère de l'étiquette « réaliste ». Dans un premier cas, celui de Rosanette, l'espace immédiat du personnage forme une sorte de prolongement heureux et de second langage du corps : mais ce n'était peut-être qu'une apparence, et le treillage de capucines cerne les frontières d'un univers qui est aussi celui de la servitude, celui du corps à vendre. Dans le second cas, celui de Thérèse Raquin, l'espace du sujet est un anti-sujet, un réseau de forces ennemies qui brident et qui briment le corps. Mais cette conjonction immobile est une structure instable, en raison même de son caractère conflictuel. Pour Michel Serres, on le sait, les intuitions romanesques de Zola transposeraient dans le domaine de la fiction le modèle des sciences thermo-dynamiques[7]. Ce que l'on constate, en tout cas, c'est que, de Flaubert à Zola, l'espace du corps féminin se charge d'une énergie, ou d'une énergétique latente, dont la libération brutale mettra en mouvement la diégèse dramatique. Mais ce phénomène n'est pas propre au corps féminin. Et l'on pourrait dire qu'une des marques originales de l'œuvre de Zola a été, plus généralement, d'inscrire entre

7. Michel Serres, *Zola. Feux et signaux de brume*, Grasset, 1976.

le corps humain et le territoire qui lui est assigné une tension, une contrainte, qui se résout fatalement dans la violence, et dans la transgression. Que l'on songe seulement à l'espace qui enferme les corps ouvriers dans *Germinal*. Mais ceci serait une autre histoire...

8

L'espace de la folie :
La Conquête de Plassans

La plupart des romans de Zola sont les romans d'une conquête, et d'une quête. Pour ne retenir que ceux des *Rougon-Macquart* qui précèdent *La Conquête de Plassans, La Fortune des Rougon* est la conquête, à Plassans, par Félicité et Pierre Rougon, de la fortune et de la considération ; et c'est, pour le compte d'un coup d'État qui s'est d'abord saisi de la capitale, la conquête de la province. *La Curée,* toujours du côté Rougon, c'est la quête de l'or et des plaisirs, la mise en coupe de Paris par la spéculation, la ruée vers le profit ; *Le Ventre de Paris,* du côté Macquart cette fois, c'est la lutte patiente et impitoyable du petit commerce de bouche pour préserver la sécurité de ses affaires, à l'ombre des commissariats de la police impériale, contre les velléités de l'agitation républicaine. Toujours et partout, la lutte des gras contre les maigres. Laissez-nous passer, laissez-nous faire... Tout ceci parfaitement affiché par Zola dans une phrase de la préface à *La Fortune des Rougon,* qui donne sa poussée initiale à toute l'œuvre romanesque à venir : « Les Rougon-Macquart, le groupe, la famille que je me propose d'étudier, a pour caractéristique le débordement des appétits, le large soulèvement de notre âge, qui se rue aux jouissances. »

129

Cette intuition de la dynamique sociale, et plus précisément d'une dynamique chaque fois incarnée dans un personnage que lancent en avant son ambition, son désir, sa soif de puissance ou de richesse, et son plus ou moins obscur sentiment d'une mission à accomplir, c'est ce qui donne au roman zolien son originalité dans le siècle, et aussi son succès durable. Car il s'insère par là dans la tradition millénaire des récits héroïques et épiques. *La Conquête de Plassans* porte toutes ces caractéristiques, dans son contenu comme dans son titre. L'abbé Faujas, prêtre conquérant, s'apparente à Félicité Rougon, la conquérante originelle, à Aristide Saccard, qui a bâti sa fortune sur les chantiers de Paris, à Eugène Rougon, qui a mis la main sur l'État. Il n'est, d'une certaine manière, que leur agent politique, mais bien vite sa stature grandit à un tel point que l'on oublie ses maîtres et que l'on est fasciné par sa seule image, et par le seul développement de sa campagne.

D'autres commentateurs ont dit ailleurs l'essentiel sur la valeur polémique de la publication de ce roman en 1874, à une époque où l'Église de France prêchait l'expiation des « crimes » de la Commune, obtenait de l'Assemblée nationale la construction de la basilique du Sacré-Cœur sur la colline de Montmartre, et soutenait les partisans d'une restauration monarchique. Oui, c'est un roman à thèse, dénonçant l'engagement politique de l'Église aux côtés des partis ultra-conservateurs, tant après 1852 qu'après 1871. Et en 1874, en pleine période d'ordre moral, c'est un roman à risque. Mais là n'est peut-être pas, malgré tout, le principal intérêt de *La Conquête de Plassans;* pas plus, d'ailleurs, que dans sa transposition romanesque des études du psychiatre Trélat sur la « folie lucide ». Si la politique et la psychiatrie contemporaines sont à la source de ce roman, il importe surtout d'examiner ce que l'intuition propre du romancier, la matière et les formes mêmes du roman ajoutent à cette source, pour nous en dire plus que l'historien et le psychiatre, et nous procurer de surcroît le plaisir du récit.

L'espace de la conquête

Il faut revenir pour cela à la *conquête*. Plus exactement, à l'espace de la conquête. Qui est aussi, d'un même mouvement, l'espace de la folie. Le romancier a en effet inscrit en un même lieu, rigoureusement et presque abstraitement délimité, la genèse du pouvoir et la genèse de la névrose, l'un croissant avec l'autre, l'un associé à l'autre par une sorte de consubstantialité thématique, dramatique et rythmique, et l'un finissant par détruire l'autre, dans l'anéantissement de leur espace commun. Il convient d'être toujours attentif à l'espace zolien; mais nulle part mieux que dans *La Conquête de Plassans* il n'apparaît comme autre chose qu'un décor géographique et social : comme un champ clos de forces, de tactiques, de chocs en retour et d'effets pervers, qui en font tout à la fois l'objet et l'agent de l'action, et, à égalité avec le héros, une configuration centrale du roman.

Quelle est en effet la stratégie politique de l'abbé Faujas, téléguidé par le pouvoir impérial? Réconcilier les légitimistes et les partisans du nouveau régime, pour faire élire à Plassans un député bonapartiste à la place du député monarchiste, et du même coup éliminer de l'échiquier électoral l'opposition républicaine, du même coup, aussi, rétablir à Plassans, microcosme provincial qui vaut pour la France entière, l'influence prééminente de l'Église. Et quelle est pour cela sa tactique? Réunir en terrain neutre monarchistes et bonapartistes, afin qu'au moins tout d'abord ils acceptent de se saluer, de se parler, et qu'ensuite ils trouvent un thème d'entente. Quel est enfin le lieu de la manœuvre ? La demeure de François Mouret, lequel fera les frais de l'opération, à un triple degré : il y perdra sa femme, sa maison et sa raison.

La demeure de François Mouret a vue sur les deux mondes opposés du légitimisme et du bonapartisme. Elle s'offre également à leur vue. Faujas jouera de ce double avantage de sa position : tout voir pour tout connaître, et être vu pour s'imposer. C'est bien là qu'il fallait s'installer pour contrôler la totalité du champ. Au surplus, Mouret est plus ou moins le chef des républicains. Pénétrer en douceur dans sa maison, grignoter son espace, le rejeter dans les marges, c'est en même temps engourdir, affaiblir et finalement éliminer, sans vain et épuisant combat, l'adversaire principal. Viendra ensuite le temps de la réconciliation entre clans provisoirement désunis, mais fondamentalement alliés. Le triangle topographique est conçu par Zola à l'image du triangle politique. C'est une commodité narrative, mais c'est aussi une combinaison formelle dont le roman exploite à l'infini toutes les possibilités.

Le roman se construit ainsi sur un espace qui est espace d'enjeu et espace de jeu. L'enjeu, c'est le succès politique du régime dans une ville modèle, c'est, secondairement, le succès personnel de l'abbé Faujas, représentant de l'Église ralliée. Quant au jeu, comme au go, il consiste dans un investissement progressif des espaces à gagner, dans la création d'un nouvel espace politique — et privé —, par le transfert et l'élimination des occupants primitifs. L'histoire contée dans *La Conquête de Plassans* peut s'analyser comme une succession de « coups », déplaçant les pions sur une aire dont les axes et les couloirs sont exactement ordonnés : de là l'importance exceptionnelle accordée ici aux portes, aux ruelles, aux fenêtres, aux murs, aux passages, aux rues, aux croisements, aux lieux d'observation et aux lieux de rencontre. Simplement, à la différence des échecs, des dames ou du go, le problème n'est pas de conduire un camp à la victoire sur l'autre, mais d'amener les adversaires, comme malgré eux, en un point du territoire où ils uniront leurs forces au lieu de se combattre, tout en s'inclinant devant plus fort qu'eux. A prendre ainsi les romans de Zola comme des jeux de stratégie, on comprendrait peut-être mieux leur modernité, et l'attrait qu'ils continuent d'exercer sur les catégories de lecteurs les plus diverses. Jeu tragique au demeurant : la partie se détraque et l'échiquier flambe, entraînant dans la mort et les pièces et le joueur !

Une folie d'espace

Car le génie de Zola a été de comprendre et de montrer, le premier peut-être dans son siècle, et en tout cas avant Bachelard, avant la psychiatrie moderne, avant Lefebvre, avant les sociologues de l'« interaction », à quel point l'individu, dans toute société réglée, est dépendant de son espace, et de sa place, pour son équilibre vital. Ce n'est pas affaire de milieu, au sens que Taine donnait à ce mot. Ce n'est pas affaire d'origines. Il y va seulement du micro-univers de la vie quotidienne, des pièces de la maison, de la topographie familiale, des lieux où l'on vit, des parcours auxquels on est habitué, des limites journalières du regard et du mouvement, de la maîtrise de soi dans un espace à soi et pour soi. Mais que ces limites viennent à s'écarter ou à se restreindre contre le libre-arbitre du sujet, et celui-ci perd ses assises mentales : le voilà guetté par la folie. C'est exactement ce qui arrive à Marthe et à François Mouret : l'hystérie de Marthe, la dépression mélancolique de François sont, si l'on peut dire, des folies d'espace.

Marthe se laisse gagner par le délire, parce que l'abbé Faujas l'a déracinée, l'a arrachée à cette « paix lourde » qu'elle avait acquise « par quinze années de somnolence derrière un comptoir », l'a « lâchée » hors de ses murs, lui a ouvert l'horizon illimité des passions dévotes, où elle se perd. « Il semblait que sa jeunesse oubliée brûlât en elle, à quarante ans, avec une splendeur d'incendie... Elle était ravie à la terre, agonisant sans souffrance, devenant une pure flamme qui se consumait d'amour. » Quant à François Mouret, à l'inverse, l'envahissement progressif de sa maison par l'abbé et ses proches, la prise de possession de son jardin par Faujas, puis par les Trouche, puis par les deux « sociétés » du préfet bonapartiste et du président monarchiste, « mêlées, confondues, s'égayant, commérant dans la plus grande intimité », ont réduit son espace existentiel aux dimensions d'une mansarde, à l'écart de sa femme, de ses enfants, de ses outils, de ses objets familiers, de ses salades... « Il se renversait contre le dossier de sa chaise, les bras ballants, la tête blanche et fixe, le regard perdu. Il ne bougeait pas. » Déstabilisé, dépouillé, ne reconnaissant plus rien, ne se reconnaissant plus lui-même dans cette restriction inexorable de son territoire, dans cette débâcle de ses points de repère, le voilà effectivement « *perdu* », bien avant qu'on ne l'emmène de force à l'asile des Tulettes.

Admirable analyse de *cas,* dont ne se sont estompées, pour un lecteur d'aujourd'hui, ni la lucidité, ni l'intensité dramatique. Tout se joue bien, avec ce roman, sur une topologie du désir et de la souffrance. Chaque pas en avant, chaque mètre carré gagné par l'abbé dans la maison Mouret trouve immédiatement son équivalent sur le terrain plus abstrait de l'influence politique. Mais chacune de ces avancées — comme on dit maintenant — se paie chez les hôtes illuminés de Faujas par un nouveau déséquilibre : Marthe s'éloigne un peu plus de son foyer, Mouret se mure un peu plus dans sa réclusion mélancolique.

Et c'est ainsi qu'à l'insu de Faujas — qui est un calculateur, un manipulateur, mais qui n'a ni instinct, ni intuition — se prépare la catastrophe. Car la logique de la conquête porte en elle la logique du détraquement, et en fin de compte de la mort. Il en est ainsi dans tous les *Rougon-Macquart,* dans *La Bête humaine* comme dans *Nana,* dans *La Terre* comme dans *La Curée.* L'espace du jeu romanesque s'y trouve toujours déjà fêlé. Et quand subitement la fêlure se déchire, la comédie sociale bascule dans le tragique. Le finale de *La Conquête de Plassans* est à cet égard exemplaire. C'est au moment où enfin tout l'espace disponible a été conquis et occupé — la maison Mouret tout entière à Faujas, le champ politique de Plassans tout entier à l'Empire — que l'exclu, le re*fou*lé, qui est aussi le *fou,* devenu fou du fait même de son exclusion, resurgit et balaie tout de sa démence incendiaire.

Ce n'est pour autant ni revanche, ni justice. La maison Mouret a flambé, enfermant dans un piège infernal le curé et son fou, furieusement enlacés. Mais les vrais conquérants, les vrais prédateurs sont toujours là, et bien là désormais, toutes traces effacées de leurs manigances : les notables, confortés dans leurs positions de fortune et d'influence, Félicité, qui a tout combiné, Eugène Rougon dans les coulisses parisiennes, l'Empire qui triomphe dans les votes et dans les cœurs. Après tout, ce Faujas n'était pas très catholique... Bon débarras. Qui a libéré le fou, au fait? Fenil, le subtil abbé Fenil. Les voies du Seigneur sont impénétrables, et un abbé politique trouve toujours plus politique que lui. *La Conquête de Plassans,* après un superbe « kriegspiel » provincial, après une étonnante démonstration clinique, après un coup de théâtre fantastique en tous les sens du terme, s'achève sur un point d'ironie. Cela aussi est bien dans le ton de Zola.

9

Le roman et ses territoires
L'espace privé dans *Germinal*

Dans *Germinal* l'action et l'espace romanesque se déterminent réciproquement. Les désirs, les objectifs, les enjeux, les parcours, les obstacles, les actes de Lantier et leurs sanctions sont à tout moment localisés, ne serait-ce que parce que la compagnie minière a étroitement circonscrit les divers champs où s'exercent les activités professionnelles et familiales des mineurs : c'est affaire de rentabilité, et de sécurité. Cela dit, l'espace de *Germinal,* c'est-à-dire l'espace d'une fiction, loin d'être le pur et simple décalque d'une cartographie réelle, se dessine et se stratifie en fonction d'une logique qui n'est pas seulement celle de la géographie, ni de l'économie, mais aussi celle du récit.

Pour rendre compte de cette relation complexe, qu'on pourrait appeler la relation ou la corrélation spatio-narrative, on dispose d'une somme de travaux déjà importante — même si la critique romanesque s'est surtout intéressée jusqu'ici aux problèmes du personnage, du temps ou de l'action.

Les plus nombreux et les plus suggestifs ressortissent à la thématique, c'est-à-dire à l'analyse des valeurs sensorielles, affectives et symboliques que recèle le lieu, soit pour le personnage, soit pour le narrateur, soit pour les deux ensemble. Dans son étude sur *Germinal*[1], Colette Becker oppose l'espace du mineur, que « la promiscuité et le poids de la hiérarchie rétrécissent jusqu'à le faire presque disparaître », et l'espace bourgeois, qui « est au contraire un espace clos, protégé, où l'on peut préserver son intimité ». Mais déjà Marcel Girard avait mis en évidence la relation qui unit au vécu des personnages un code des substances et des couleurs, en montrant que l'univers de *Germinal* associe trois couleurs fondamentales, le noir du charbon et de la nuit, le blanc de la neige et de la pâleur des visages, et le rouge du feu et du sang[2]. La couleur de la peine et de la peur, la couleur du froid, de la misère et du malheur, et la couleur de la colère, du rut et du meurtre. La violence contenue ou déchaînée qui pousse le récit en avant trouve son langage, ou un de ses langages, dans un système à dominante spatiale qui est celui de la couleur des choses − non pas tellement des objets, mais des éléments, de la matière saisie en étendue : le sol, la terre, l'eau, le feu.

Lieu, espace, territoire

La voie d'une critique d'inspiration bachelardienne, réinterprétée de manière plus proprement sémiotique, comme le font Colette Becker et Denis Bertrand en dégageant des oppositions topologiques chargées de valeurs thématiques et de virtualités diégétiques, telles que celle du fond et de la surface, demeure féconde. C'est une dimension essentielle de l'analyse.

1. Colette Becker, *Émile Zola*, « *Germinal* », PUF, 1984, p. 104-105. Voir aussi Denis Bertrand, « *Germinal* », Pédagogie moderne, 1980 (« La surface et le fond », p. 118-129) ; et *L'Espace et le Sens. « Germinal » d'Émile Zola*, Paris, 1985.
2. Marcel Girard, « L'Univers de Germinal », *Revue des Sciences humaines,* XVII, No 69, janvier-mars 1953, p. 59-76.

Mais elle n'est nullement exclusive, et elle est loin d'aborder, sinon même de soupçonner, l'ensemble des problèmes que pose l'étude de la spatialité romanesque. On peut la compléter au moins par quatre autres voies de recherche. J'appellerais volontiers la première une éthologie de l'espace, puisqu'il s'agirait d'examiner comment les personnages du roman occupent leur *territoire,* leurs enclaves, individuellement et collectivement, et en codifient l'usage. La seconde et la troisième relèvent de la sémiotique narrative classique — déjà classique —, celle qui nous a fourni des modèles féconds pour la description et l'interprétation du système des personnages et de leurs programmes d'action : posons en hypothèse que la distribution des lieux et les déplacements de lieu en lieu sont régis par une morphologie et une syntaxe elles-mêmes étroitement dépendantes de la morphologie actancielle et de la syntaxe narrative[3]. Enfin, on voit mal qu'une réflexion sur la fonction du lieu romanesque ne débouche pas sur un repérage des présupposés implicites, c'est-à-dire sur une idéologie — par où l'on reviendrait, en fin de compte, à la thématique. Tenons-nous en à la première de ces quatre séries de réflexions.

Il faudrait ici prévenir deux questions : qu'entendez-vous par *lieu,* qu'entendez-vous par *espace?* Et comment ne pas prendre un de ces mots pour l'autre? Disons, par commodité, que le lieu se détermine par une situation topographique : Montsou, le coron, le terri, le fond, la cage d'extraction, etc. Il existe une hiérarchie des *lieux,* où se distinguent des lieux-ensembles (le coron), des lieux-sous-ensembles (la demeure des Maheu), des lieux-éléments (la cuisine des Maheu), etc. : tout ceci, bien entendu, pour autant que le texte en fournisse mention. Il existe aussi des

3. Voir en particulier A. J. Greimas, *Maupassant et la sémiotique du texte,* Paris, Éd. du Seuil, 1976. Voir aussi *Communications,* No 27, 1977, « Sémiotique de l'espace ».

classes de lieux, textuellement spécifiées, avec leurs marques d'apparentement ou d'opposition. On a déjà souvent commenté l'opposition du fond et de la surface; pensons aussi aux classes fonctionnelles : lieux de vie privée, lieux du travail professionnel, lieu de l'activité publique, etc. Quant à l'*espace*, on peut y voir un ensemble d'attributs du lieu : on parlera de l'espace du coron, comme de l'espace de la mine. Le problème est alors d'examiner, pour un lieu donné, quelles caractéristiques le roman lui prête, en étendue, en volume, en lumière, en usage, etc., et surtout, peut-être, comment il découpe le territoire assigné aux personnages, ordonne leurs places, leurs points de vue, leurs mouvements et leurs actes − ceci dit sans prétendre épuiser la liste des interrogations possibles.

La notion de « territoire » est commune au sociologue américain Erving Goffman et au critique français Philippe Hamon, entre autres. Pour Erving Goffman[4], les sociétés modernes reconnaissent aux individus et aux groupes, dans des limites variables, des droits sur un ou plusieurs territoires : territoires fixes de la propriété privée ou collective, territoires « situationnels » tels que le lieu de profession, une place dans un cinéma, etc. L'usage momentané ou permanent d'un territoire implique une série complexe de droits, de procédures, de rites, de manœuvres, de comportements divers : on jalonne sa réserve d'espace, on délimite sa place, on prend son tour pour gagner la place qu'on repère ou qu'on a acquise, on s'y installe, on y dispose ses objets et ses marques, on en contrôle l'accès, on y ordonne la circulation, on la protège contre les violations éventuelles. Le registre des violations est lui-même multiple, et chaque type d'empiètement induit chez l'occupant un type particulier de conduite défensive. Ajoutons que tout étranger n'est

4. Erving Goffman, *La Mise en scène de la vie quotidienne*, t. II, Éditions de Minuit, 1973.

pas un violateur en puissance : il peut au contraire prendre toutes sortes de précautions pour éviter de violer le territoire d'autrui, et à l'inverse l'occupant peut admettre dans certaines conditions le partage de son territoire, délivrer une permission d'accès — ou se la voir imposer. Empruntons tout de suite un exemple à *Germinal* : le romancier y oppose l'un à l'autre deux régimes d'intrusion, en décrivant successivement l'entrée timide, réglée, limitée, prudente, de la Maheude chez les Grégoire, pour quêter quelque aumône, et la liberté indiscrète, bavarde et protectrice avec laquelle Mme Hennebeau promène ses invités sur le « territoire » du coron — on serait tenté de dire « la réserve » — comme en terrain conquis.

Philippe Hamon, pour sa part, étudie le territoire des personnages, dans *Les Rougon-Macquart*, moins pour ce qu'il représente d'un éthos social, c'est-à-dire d'un système de règles, de rites et de mœurs ordonnant la vie sociale, que comme une des marques pertinentes du personnage zolien et de son rôle dans la fiction[5]. Il note avec force que la territorialisation est avec la sexualité un des deux axes privilégiés selon lesquels se construit et se qualifie le personnage, dans la syntaxe du récit. Le problème de l'espace est abordé à partir d'un objectif premier qui est l'analyse de « l'effet-personnage » ; il se trouve donc, d'une certaine manière, secondarisé. Cela n'empêche pas qu'il soit traité dans une perspective rigoureusement fonctionnelle, puisque Philippe Hamon, dénonçant l'interprétation traditionnelle de l'espace-décor, ou même le discours théorique de Zola sur l'espace-milieu, montre que le territoire n'est pas « à côté », ou « autour », mais qu'il constitue le personnage. L'univers romanesque de Zola est un cadastre, confinant son « per-

5. Philippe Hamon, *Le Personnel du roman. Le système des personnages dans « Les Rougon-Macquart » d'Émile Zola,* Droz, 1983, p. 205-235 (« Le territoire du personnage »).

sonnel » en des lieux compartimentés. Le personnage est « assigné à résidence », comme on le voit dans la claustration privée du coron, dans la claustration professionnelle de la mine, ou même dans l'isolement de la villa des Hennebeau ou de la propriété des Grégoire, îlots de confort au milieu de la misère. Des tentatives de transgression sont possibles : Philippe Hamon retrouve une problématique analogue à celle d'Erving Goffman, lorsqu'il constate l'importance du système « de seuils, de portes, de no man's lands, de zones intermédiaires, de passages, de fêlures », qui permet de « décloisonner » ces espaces et de faciliter les migrations et les intrusions, « donc le récit ». De fait, la cartographie de *Germinal* fait une large part aux routes, aux galeries, au « goyots », aux refuges, aux espaces de mobilisations (la forêt), aux espaces-sanctuaires (le château), et aux espaces d'affrontement (le carreau de la mine), etc. Les péripéties romanesques et les transformations du statut du personnage sont d'abord des péripéties spatiales et des transformations du statut de l'espace. Pour n'en prendre qu'un exemple dans *Germinal,* c'est l'entrée d'Étienne Lantier dans un espace qui lui est étranger, et qu'il va ressentir d'abord comme un espace hostile, puis comme un espace à conquérir, qui fait de lui un héros de roman. Son rôle de leader se construira par des étapes localisées − le fond, le cabaret, les soirées chez les Maheu, la forêt, etc. −, chacune, selon les mots de Philippe Hamon, « à des niveaux différenciés », de telle manière que le lieu « joue le rôle d'une sorte d'échelle générale du personnage », et que, du même coup, les divers lieux − privés, professionnels, politiques − entrent dans une étroite corrélation mutuelle, à la fois du point de vue d'une sémiotique du personnage et du point de vue d'une sémiotique de l'action. Le lieu, conclut Philippe Hamon, est donc en tous les sens du terme un « foyer » du texte, et « la narrativité, comme la psychologie des personnages, doit être pensée d'abord, chez Zola, en termes de territorialité ». Cette conclusion est aussi un programme, qui, au-delà des analyses novatrices qu'on peut lire dans *Le Personnel du roman,* pourrait conduire à lier encore plus fermement l'étude des « territoires » romanesques à celle du système actanciel (et non plus seulement du personnage individualisé) et à celle de la syntaxe narrative.

Sans nous aventurer trop loin sur ce chemin, essayons seulement de croiser les données de Goffman et celles de Hamon, pour étudier dans *Germinal* les éléments constitutifs et les formes de l'espace privé. Comment habite-t-on, en effet, son espace propre, chez les Maheu, et chez les Grégoire ?

L'espace minier

Zola est d'abord attentif à l'étendue, aux dimensions. Chez les Maheu, la « petite » maison, au numéro 16 du « deuxième corps », ne compte qu'une unique chambre, à l'étage : carrée, avec deux fenêtres, et « emplie » par trois lits et quelques meubles. Le père et la mère en occupent un quatrième dans le couloir du palier, « une espèce de boyau ». Toutes les mentions répètent l'exiguïté, et, pour une famille nombreuse — sept enfants —, l'entassement. Cette exiguïté se transfère à l'échelle du quartier : « Depuis un instant, des bruits s'entendaient derrière le mur, dans la maison voisine... On vivait au coude à coude, d'un bout à l'autre »[6].

De là, le soin mis à indiquer l'emplacement de chaque meuble, et de chaque occupant : le lit de gauche, où dorment Zacharie et Jeanlin ; celui de droite, pour Lénore et Henri ; le troisième, pour Catherine et

6. Émile Zola, *Germinal, Les Rougon-Macquart,* Bibliothèque de la Pléiade t. III, p. 1142-1145.

Alzire. « Une armoire, une table, deux chaises de vieux noyer » ; « une cruche posée sur le carreau, près d'une terrine rouge servant de cuvette ». La place est chichement mesurée, et du même coup se restreint le temps disponible pour chacun. Les enfants se querellent autour de la terrine : « Les garçons bousculèrent la jeune fille, parce qu'elle se lavait trop longuement ». Du même coup, aussi, les réserves de la pudeur sont mises à mal : « Les chemises volaient, pendant que, gonflés de sommeil, ils se soulageaient sans honte ». Par voie de conséquence, enfin, les déplacements eux-mêmes sont réglés et jalonnés. Tous les matins, Catherine accomplit les mêmes gestes et parcourt les mêmes étapes dans la maison : tirer la couverture et la border, porter la chandelle dans le cabinet, descendre à tâtons, allumer une autre chandelle, préparer le café, s'occuper du feu.

Un lieu unique pour le sommeil et la toilette de tous, un lieu unique pour la nourriture : la « salle » du rez-de-chaussée, où chaque meuble, chaque objet a également sa place assignée : « Tous les sabots de la famille étaient sous le buffet ». Peu d'ameublement, au reste : « Outre le buffet de sapin verni, l'ameublement consistait en une table et des chaises du même bois. Collés sur les murs, des enluminures violentes, les portraits de l'Empereur et de l'Impératrice donnés par la Compagnie, des soldats et des saints, bariolés d'or, tranchaient crûment dans la nudité claire de la pièce »[7]. Le lieu dit deux fois l'aliénation : celle de la pauvreté matérielle, et celle de l'endoctrinement idéologique.

Ainsi se monte le simulacre romanesque de l'habitat minier. Ne nous posons pas ici la question de son degré d'authenticité. Ce qui compte, c'est l'effet de lecture, le surgissement progressif d'un univers possi-

7. *Ibid.*, p. 1149.

ble de lieux, d'objets et d'occupants. Ce qui compte, aussi et surtout, c'est le sens de ce dispositif, c'est le discours muet de ce montage topographique. Il parle sur plusieurs portées interdépendantes. En termes de sémiotique, au plan de l'*expression,* à la matérialité de l'espace, correspond un plan du *contenu :* le vécu et les actes des occupants.

Un espace aussi restreint assigne en effet à chacun de ses habitants un rôle propre, et régit par conséquent la vie familiale selon ses propres déterminations. L'occupation elle-même s'établit selon un rythme alterné. Trop de dormeurs pour un seul lit : le vieux Bonnemort, qui rentre de son travail nocturne au petit matin, va prendre son repos à la place laissée toute chaude par Zacharie et Jeanlin. Quand Maheu, les aînés et Catherine sont partis, la Maheude et ses petites filles prennent possession de la salle, de la table, et du feu. Les lieux familiaux sont en distribution complémentaire. Cette distribution varie selon les moments. Durant la nuit, le premier étage est l'espace du sommeil pour tous, sauf pour l'aïeul. Pendant la première partie de la journée, seule vit la salle du bas, domaine de la mère et des plus jeunes enfants, tandis que Bonnemort se repose en haut. Au retour de ceux qui travaillent dans la mine, la salle devient l'espace familial commun, pour le repas du soir et la veillée.

Tout ceci est fixé une fois pour toutes. Cette demeure n'offre donc ni un véritable espace de repos, ni un espace de liberté. C'est plutôt un espace de servitude, dans la mesure où chacun des Maheu y est attaché sans espoir d'évasion, dans la mesure aussi où les gestes de chacun sont programmés selon des automatismes quotidiennement répétés. Le texte égrène à cet égard une chronologie sans ambiguïté, cadastrant la durée de manière aussi compartimentée que l'espace : « Quatre heures sonnèrent au coucou de la salle du rez-de-chaussée... Et brusquement, ce fut Catherine qui se leva (...) Le coucou, en bas, sonna six heures. On entendit, le long des façades du coron, des bruits de portes... C'étaient les cribleuses qui s'en allaient à la fosse. Et le silence retomba jusqu'à sept heures »[8].

Et pourtant, la maison des Maheu, en dépit de son exiguïté, de son dénuement, et d'une division quasi militaire de la durée journalière, ne donne nullement l'impression d'un espace dépouillé, carcéral, invivable. L'entassement de trois générations, sans espoir d'issue, n'y est pas décrit comme totalement insupportable. C'est là qu'il convient d'être attentif à un aspect remarquable de la spatialisation narrative : tout ce qui concerne les phénomènes de contact et de communication des corps[9], en sus ou à la place du langage verbal — et de corps, bien entendu, placés mutuellement à distance d'intimité. Zola relève avec une acuité toute personnelle ces manifestations immédiates, sensorielles, et éventuellement libidinales, de la promiscuité : ce terme a pris dans notre langue un sens péjoratif et répulsif, mais la réalité qu'il dénomme est traitée ici à contre-courant du puritanisme et de l'hygiénisme victoriens. Elle recèle des valeurs d'euphorie et de jouissance. « Malgré le froid vif du dehors, l'air alourdi avait une chaleur vivante ». Les enfants regardent avec curiosité le corps nu de leurs frères et de leurs sœurs ; Lénore et Henri dorment « aux bras l'un de l'autre », Alzire se glisse dans « la place chaude de sa grande sœur » ; plus tard elle rendort

8. *Ibid.*, p. 1143-1204.
9. C'est-à-dire ce qu'on appelle maintenant la proxémique. Voir Edward T. Hall, *La Dimension cachée,* Éd. du Seuil, 1971. Voir aussi F. Poyatos, « Literary anthropology : a new interdisciplinary perspective of man through his narrative literature ». *Versusquaderni di Studi Semiotici.* No 28, 1980.

Estelle en lui donnant à sucer un doigt[10]. L'échange des regards, des gestes, des touchers, exclut toute retenue et toute honte ; on crie, on trépigne, on se gifle, on se mord, on se caresse, dans une proximité qui laisse libre cours aux pulsions naturelles, sans autres interdits que celui de l'inceste et celui qu'impose le manque d'argent. Le besoin qu'ont les corps de s'étreindre, de se tenir enlacés, pour la chaleur et pour la protection, se réalise sans entraves dans la réclusion de cet espace suroccupé et resté hors de portée des censures de l'éducation ; mais le besoin qu'ils ont de se nourrir se heurte douloureusement aux régulations impitoyables de l'économie.

L'espace bourgeois

Accompagnons maintenant la Maheude, le matin venu, chez les Grégoire (deuxième partie, chapitre I). Tous les signes de l'espace vont s'y trouver exactement inversés, à partir d'une donnée invariante, commune aux deux épisodes, qui est la description de l'espace domestique. L'espace Grégoire « est un espace à la fois vaste et douillet », note Colette Becker[11]. « Une grande maison carrée », entourée d'une trentaine d'hectares, avec verger, potager, petit bois, avenue de vieux tilleuls. Le rez-de-chaussée compte une salle à manger et un salon. La cuisine est « immense ». L'inventaire des lieux reste plus rapide et plus flou que pour l'espace ouvrier, précisément parce que les occupants ont de la place à profusion. Les domestiques évoluent à l'aise, les maîtres s'installent

10. *Germinal,* Bibliothèque de la Pléiade, p. 1205.
11. *Op. cit.,* p. 105.

dans « deux fauteuils profonds »[12]. Cécile, l'enfant unique, dispose pour elle seule d'une chambre, « luxueuse », où l'intimité de son sommeil est protégée par un rideau. Dans cet intérieur de riches propriétaires, le temps ne se mesure pas plus que l'espace. Inutile d'égrener les heures, qui ne comptent pas, et qu'on ne compte pas. C'est le temps du loisir : journal, tricot, conversation. Cécile « dort d'un trait ses douze heures »[13]. Les notations de durée indiquent un temps sans contraintes, aussi libre que l'espace où évoluent ces existences oisives.

L'inversion des signes vaut aussi pour les valeurs. Ce lieu spacieux respire peut-être une euphorie tranquille, mais ces « bonheurs », cette « félicité », cette « tendresse » et ces « petits soins » semblent bien exclure cette autre valeur qu'est le plaisir. M. Grégoire a épousé « une demoiselle laide, sans un sou, qu'il adorait et qui lui avait tout rendu, en félicité » : phrase admirable dans le balancement étudié de son vocabulaire et dans son ironie froide. « Un même idéal de bien-être confondait leurs désirs... C'était une existence réglée, les quarante mille francs mangés sans bruit... Toute dépense qui ne profitait pas leur semblait stupide »[14]. L'austérité économe et prudente de ces rentiers a asséché et asexué leur univers, qui flotte autour d'eux comme un vêtement trop large autour d'un corps sans chair. Espace confortable, mais vide, aride, solitaire, contraire à l'espace plein, fécond, convivial, mais problématique, des Maheu.

Deux habitats, et deux *habitus* différents. Deux modes opposés d'investissement et de consommation de l'espace privé. Il est difficile de dire si c'est la restriction de l'étendue vitale qui favorise chez les ouvriers la dominance des sens, de l'organique, tandis que

12. *Germinal*, Bibliothèque de la Pléiade, p. 1194.
13. *Ibid.*, p. 1196.
14. *Ibid.*, p. 1199.

son extension créerait entre les corps bourgeois une distance propice aux censures, ou si, au contraire, la promiscuité primitive et voluptueuse est une tendance naturelle du corps populaire, alors que la longue acculturation d'une généalogie bourgeoise aurait pour conséquence naturelle une castration des « bas instincts ». Le texte de *Germinal* reste à cet égard ambigu. En tout cas, il vaut la peine de le constater, c'est la première fois, dans l'histoire du roman français, que l'espace ouvrier et l'espace bourgeois sont ainsi exposés en partie double, selon une bipolarité que le discours implicite du narrateur fait paraître non seulement chargée de virtualités conflictuelles au plan social, mais, à un niveau plus profond, éthologiquement absurde. Prolétaires et bourgeois sont comme renvoyés dos à dos, dans « le néant de tout ». Les uns jouissent de leurs corps, de leur peau, de la chaleur de leur sexe, mais crèvent d'enfermement, de misère et de faim. Les autres prennent leurs aises dans un espace aux dimensions des longues digestions heureuses, mais leur corps est déjà mort, et n'a peut-être jamais vécu.

La régie du récit, elle-même, varie d'un espace à l'autre ; et ce n'est pas le phénomène le moins intéressant, car il engage la position même du narrateur, et les modalités de sa narration. Dans le chapitre 2 de la première partie, qui décrit le réveil des Maheu, le texte, dense, insistant, fortement saturé d'observations, repère et relève chaque geste, chaque attitude, et, au fur et à mesure, chacun des objets que les gestes font surgir, et qui donnent peu à peu à cet habitat populaire ses dimensions et ses formes. Tantôt le récit progresse comme s'il naissait du regard indiscret et curieux d'un étranger invisible, quelque peu voyeur, qui se serait glissé dans la chambre au moment où « quatre heures sonnaient au coucou de la salle à manger ». Cet intrus peut être le narrateur, mais tout aussi bien le lecteur, qui prend un plaisir trouble, un rien teinté de sadisme, à surprendre la tiède intimité de ces jeunes corps à la fois désirants, désirables et souffrants, avec un retour constant et insistant sur le corps de Catherine, comme en préfiguration des regards qu'Étienne portera sur lui un peu plus tard, dans cette chambre même. Tantôt la scène est focalisée par Catherine, qui devient, par ses regards et par ses déplacements, l'origine des informations dont se tisse le texte. « Comme elle passait devant le lit d'Henri et de Léonore, elle rejeta sur eux la couverture, qui avait glissé, et ils ne s'éveillaient pas, anéantis par le gros sommeil de l'enfance »[15] : c'est Catherine qui remarque que la couverture a glissé — mais c'est le narrateur qui à la fin de la phrase reprend le contrôle du commentaire. Peu importe que Catherine apparaisse ici comme ce « fonctionnaire de l'énonciation réaliste » dont parle Philippe Hamon[16], et qui justifie et authentifie l'accumulation des détails énoncés. Ce qui compte, c'est la complaisance du texte à s'attarder et à attarder le lecteur en ce lieu intime, et à multiplier les variations techniques du récit et de la description ; son insistance, aussi, à composer cet espace de telle façon que Catherine y apparaisse comme une figure ordonnatrice, douloureuse et tutélaire, et, déjà, comme l'emblème de la condition ouvrière. Plusieurs interprétations sont possibles : l'une, positive, reprenant les propos d'Erich Auerbach[17], louerait ici le roman naturaliste de prendre enfin au sérieux l'espace vital du peuple, et d'en proposer une vision attentive, généreuse et grave, l'autre, plus distancée, relèverait l'ambiguïté philistine, l'ethnocentrisme du sans-gêne avec lequel cette intimité ouvrière est pénétrée, ces couvertures et ces chemises relevées, cet ameublement inspecté, et le pullulement quasi-

15. *Germinal,* Bibliothèque de la Pléiade, p. 1144.
16. *Op. cit.,* p. 66.
17. Erich Auerbach, *Mimesis,* éd. Gallimard, 1968, *passim.*

animal du logement ouvrier mis à nu pour le plaisir du lecteur petit-bourgeois...

En tout cas, la plume du narrateur se retient bien davantage, lorsqu'il entre dans le domaine protégé de la Piolaine, au chapitre 1 de la deuxième partie : comme si le visiteur présupposé qui accompagne la Maheude devait ici s'intimider et se conformer lui aussi à un autre code d'intrusion ; ou plutôt comme si son désir, « de la grille au perron », s'émoussait un peu plus à chaque pas, anticipant sur les défenses qui lui seront opposées ; comme si, enfin, dans l'orchestration des « mondes » de *Germinal*[18], le monde bourgeois ne devait être traité que sur le mode mineur, face à la dominante du monde ouvrier, de telle manière que les modes du récit corrigent la symétrie que semblait instituer entre ces deux mondes la distribution des parties et des chapitres.

Le narrateur se garde en effet de surprendre l'intimité nocturne des Grégoire. Une seule phrase, au plus-que-parfait, condense l'instant du lever : « Ce matin-là, les Grégoire s'étaient levés à huit heures ». La chambre à coucher du couple reste interdite au lecteur. Espace sacré, fermé à tout regard, y compris et surtout à celui de Cécile (au contraire Catherine enjambe presque le corps de ses parents couchés, pour descendre dans la salle). Protégé contre la narration aussi. « Qui voit ? » se demandent les narratologues. Ici, personne n'a le droit de voir quoi que ce soit. Huis clos. Défense d'entrer. Le romancier respecte la loi du silence sur l'alcôve bourgeoise. L'espace des Grégoire relève d'une autre légalité textuelle que celle des Maheu. Et si l'on s'autorise à pénétrer au moins dans la chambre de Cécile, c'est avec la permission,

---

18. Voir les manuscrits préparatoires des *Rougon-Macquart*, Bibliothèque Nationale, Ms, Nouv. Acq, fr., 10345, f. 22 : « Il y a quatre mondes, Peuple (...), Commerçants (...), Bourgeoisie (...), Grand monde (...), Et un monde à part (...) ».

sous la conduite et sous la surveillance des parents : « Et ils montèrent ensemble (...) Tous les deux se penchaient, regardaient avec adoration, dans sa nudité de vierge, cette fille si longtemps désirée (...) Ils la voyaient parfaite, point trop grasse, jamais assez bien nourrie (...) Ils tremblèrent qu'elle ne s'éveillât, ils s'en allèrent sur la pointe des pieds »[19]. Impossible de s'attarder, et encore moins de surprendre le lever de Cécile. Si l'on retrouve partiellement en ce passage le procédé de la focalisation interne, le point d'origine de la perception n'est plus la jeune fille, dont il convient au contraire de protéger les regards, mais les parents, qui filtrent, épurent, sanctifient cette vision de jeune fille endormie : « Ils la regardaient avec adoration ». Une retenue toute religieuse se substitue à la spontanéité sauvageonne des enfants Maheu. La narration en perd, délibérément sans doute, de son aisance et de sa souplesse. Les personnages sont saisis dans l'immobilité et le silence plutôt que dans le mouvement et le bruit : Cécile dort, les Grégoire sont assis « dans les fauteuils de la salle à manger ». « Lui, avait pris un journal; elle, tricotait un grand couvre-pieds de laine... Pas un bruit ne venait de la maison muette »[20]. C'est le régime de l'économie, du refus de dépense. L'énonciation conforme sa propre règle à celle qui gouverne les sujets de l'énoncé. Curieux phénomène de mimétisme entre l'épargne, énoncée, de l'argent et du sexe, et l'épargne, énonciatrice, du langage...

Le capital humain

Pour finir, suivons la Maheude sur le chemin qui la ramène du coron, et rentrons avec elle dans sa maison, ou plus exactement dans la maison qui lui est louée par

19. *Germinal,* Bibliothèque de la Pléiade, p. 1196.
20. *Ibid.*

la Compagnie. On y verra, sans gêne, les enfants se déshabiller et se laver « tranquillement », se frotter le dos, puis « comme leur sœur, disparaître dans l'escalier, tout nus ». On y verra « le père » manger silencieusement, puis se laver à son tour dans le grand baquet, puis prendre sa femme, sur la table, « goguenardant en brave homme qui jouit du seul bon moment de la journée » : « un dessert qui ne coûtait rien »[21]... Une analyse grave se dissimule derrière ces épisodes breugheliens. Car ils dénotent à leur tour le caractère machinal, et, si j'ose dire, « machinique », d'un espace privé qui en fin de compte n'est pas fondamentalement différent de l'espace professionnel : fonctions complémentaires, pour une même nécessité économique. Espace machinal, parce que s'y ordonnent tous les jours, et aux mêmes heures, les mêmes changements à vue, la même succession des régimes d'occupation et d'usage : emplacement et temps du lavage, emplacement et temps de l'amour. Espace « machinique », parce qu'il permet, sur une surface et dans un volume calculé au plus juste, l'exercice de deux fonctions essentielles du corps-machine ouvrier : l'entretien (le lavage, la nourriture) et la reproduction — avec cette prime de jouissance qui rend supportable l'alternance répétitive entre la dépense des forces vitales (dans la mine) et leur reconstitution (dans la maison). L'espace des Maheu, comme celui des Bouteloup, comme celui des Pierron, comme celui de chacune des petites maisons du coron, est un espace économiquement, socialement et politiquement construit pour assurer au meilleur prix la survie d'un système de production[22]. Son emplacement, au sein de l'espace minier, résulte d'un calcul de coût et de

---

21. *Germinal*, Bibliothèque de la Pléiade, p. 1232 (deuxième partie, chapitre 4).
22. Voir Henri Lefebvre, *La Production de l'espace*, éd. Anthropos, 1970.

rentabilité qui prend en compte les phénomènes de zonage, les distances, les temps de déplacement, les commodités de services, les dispositifs de surveillance, etc. Ses fonctions en font une marchandise (le sommeil familial consomme de l'espace) et un agent de production. Par toutes ses caractéristiques, qui résultent d'une observation aiguë de Zola sur le motif, il joue son rôle dans un espace plus vaste, intégratif, et dont il dépend étroitement : l'espace industriel, l'espace de la production et du profit.

Cela, *Germinal* le dit, tantôt explicitement, tantôt implicitement, et c'est en soi une grande nouveauté dans la représentation romanesque de l'espace. C'est peut-être une grande nouveauté, pour l'époque, dans l'analyse sociologique. Encore conviendrait-il d'étudier plus à loisir les relations de cet espace économiquement délimité et organisé pour la maintenance et la reproduction du capital humain, avec les autres lieux où s'inscrit dans le roman un modèle de représentation de la société industrielle : lieux du travail, du savoir, du pouvoir, etc.

N'allons pas plus loin dans la lecture « mimétique », que certains soupçonneraient peut-être de céder par trop à « l'illusion réaliste ». Et prenons garde au fait que l'espace des Maheu, image de l'habitat ouvrier en région minière sous le Second Empire, est aussi, consubstantiellement, un espace sémiotisé. Ce que Zola a compris et montré c'est qu'il porte, dans ses formes mêmes, les germes d'une transformation, d'un bouleversement des structures constituées et de leurs signes, d'une contestation du système dans lequel il est pris. C'est un espace immobilisé, mais instable, et en quelque façon dialectisé. La possibilité d'un programme de péripéties violentes est inscrite dans la réalité – comme l'a déjà montré l'Histoire. Le roman construira un modèle imaginaire de ce programme, avec pour conséquences inévitables, et esthétiquement heureuses, un décalage, ou un décollage du texte au-delà de sa référence, et la fusion de ses données socio-économiques avec une logique narrative dont les contraintes sont immémoriales, et qui, en raison de sa propre finalité – terreur et pitié, on revient toujours à Aristote – va tendre au maximum les virtualités dramatiques de la situation.

C'est ainsi que, même si Étienne Lantier acquiert et exerce ses fonctions héroïques en d'autres lieux (les lieux professionnels et les publics), même si les violences de la tragédie sociale épargnent la demeure des Maheu (mais non pas ses occupants, puisque Maheu et Catherine périront, l'un dans l'affrontement avec la troupe, l'autre au cours de la catastrophe qui engloutit le Voreux), l'espace familial est moins marginalisé qu'il n'y paraît. Il est la cellule nourricière, génératrice, non seulement des forces du travail, mais aussi des forces de la révolte. C'est là qu'Étienne, au cours des veillées, complètra son éducation syndicale, politique, mystique même. Et c'est de là, de ce lieu-ventre où ils poussent et grandissent, corps contre corps, que partiront tous les petits Maheu, et, symboliquement, tous les enfants d'ouvriers, pour aller à leur destin de prolétaires, de victimes de la violence industrielle ou de la violence politique, de filles séduites et battues, de femmes résignées et pourtant indomptables, de « meneurs » et de meurtriers. « Classes laborieuses, classes dangereuses »[23]. La nudité inquiétante des meurt-de-faim, dans sa liberté et son défi, est montrée d'abord et surtout à l'heure du lever familial, à la lueur des bougies, comme une menace pour le jour qui commence. Dès les premières pages du roman, cette turbulence tiède, ensommeillée mais déjà chargée d'énergie, annonce la vision symbolique et épique des dernières lignes : cette « armée noire, vengeresse, qui germait

23. Voir Louis Chevalier, *Classes laborieuses, classes dangereuses au XIXe siècle,* Flammarion.

lentement dans les sillons, grandissant pour les récoltes du siècle futur, et dont la germination allait bientôt faire éclater la terre »[24]. Au creux du nid familial se préparent les futurs acteurs de ce mythe. Prenons bien garde aussi au fait que le réveil des Maheu, décrit dans le chapitre 2 de la première partie, est exactement simultané au long regard qu'Étienne, du haut du terri, jette sur le Voreux, à la fin du chapitre 1, après son dialogue entrecoupé avec Bonnemort. En ces deux chapitres apparentés, mais localement différenciés, Zola a réparti les rôles pour l'action qui va se mettre en place. D'un côté le Héros (à venir) et le Vieillard, qui dit le passé et déjà, par là-même, enseigne et guide ; de l'autre, ce compagnon d'importance majeure que sera Maheu (à la fois Mentor, Hôte, Protecteur, Donateur, substitut du Père...), et la fille de ce Roi au palais de misère : Catherine, l'Objet du désir, la figure à conquérir et à libérer, à la fois pour ce qu'elle est dans son sexe et pour ce qu'elle représente dans sa condition. Si l'on admet cette structure, mise en place par Zola avec une rapidité et une clairvoyance souveraines, la maison des Maheu, sur le lieu scénique où va se jouer *Germinal,* est à considérer comme une « mansion » (au sens que ce mot prenait sur les scènes médiévales) non moins importante que le Voreux. Espace privé et espace professionnel, espace de la nuit et espace du jour sont les deux faces d'une même médaille, non seulement au plan d'une lecture mimétique et documentariste, mais aussi au plan d'une lecture sémiotique.

Bien entendu, d'autres textes viennent se refléter dans ces chapitres de *Germinal.* On pourrait songer au prologue de *La Fille aux yeux d'or,* ou au bouge des Thénardier, dans *Les Misérables.* Il serait trop long d'entreprendre une enquête d'intertextualité, et

---

24. *Germinal,* Bibliothèque de la Pléiade, p. 1143.

au surplus on perçoit immédiatement les différences de traitement entre ces « intertextes ». On pourrait aussi s'interroger sur la fonction générative des métaphores animales qui passent sous la plume de Zola (le « bétail humain »), et sur leur relation au titre du roman, *Germinal.* Ce qui germe, ce qui pousse là, n'est-ce pas une portée malfaisante, au regard du *cant* et de l'eugénisme social? Il y a de cela. Pourtant, c'est M. Grégoire, qui n'est nullement le porte-parole du narrateur , qui tient avec candeur de tels propos : « Sept enfants, mais pourquoi? bon Dieu... Il faut dire, que les ouvriers ne sont guère sages »[25]. Et il ne suffit pas dire qu'une description actualise, projette sur le texte un système de dénominations et de qualifications fourni par le discours social : tout est dans la sélection des traits qui recevront une pertinence romanesque, et dans l'organisation de leur jeu de correspondances. Mais on proposera une autre suggestion, pour encourager une étude *formaliste* du roman zolien, à l'écart des banalités répandues sur le Naturalisme : demandons-nous en effet si les repérages et les inventaires auxquels se livre le romancier, sur les deux dimensions de l'inclusion et de la contiguïté spatiales, ne forment pas une sorte de reflet, d'auto-représentation de l'espace textuel, niche pour l'imaginaire créateur, réseau de parties, de chapitres, de séquences et de plans, qui sont construits comme on l'a souvent dit, avec une rigueur d'architecte. « Tout se place d'abord, écrivait le jeune critique Louis Desprez après une lecture de *Germinal,* il ne s'agit plus que de remplir le cadre »[26]. Cela vaut, chez Zola, pour l'espace représenté; mais cela vaut aussi pour l'espace de la représentation.

25. *Ibid.,* p. 1211-1212.
26. Lettre à Émile Zola, 8 mai 1885, dans Émile Zola, *Correspondance,* t. V, Presses de l'Université de Montréal et Éditions du CNRS., 1985.

10

Clinique du mariage :
Une vie

De tous les romanciers de la génération dite « naturaliste », si l'on met à part Émile Zola, un seul a su conserver un réel public : c'est Guy de Maupassant. Huysmans ne tient pas la distance sur le long terme romanesque. Edmond de Goncourt et Henry Céard se perdent dans la dentelle de l'écriture artiste. Paul Alexis et Léon Hennique sont impuissants et plats. Mais *Bel-Ami, Pierre et Jean* et *Une Vie* ne font pas mauvaise figure à côté de *Madame Bovary* ou de *La Curée.*

C'est que Guy de Maupassant a du métier, un regard, et un style. Le regard est lucide et féroce, ou lucide, donc féroce, le style est ajusté au ras de l'effet, avec une coupe d'excellent prêt-à-porter romanesque. La technique narrative a retenu de la triple leçon de Balzac, de Flaubert et de Zola les recettes qui assurent un amalgame harmonieux de l'intrigue, des portraits, de la description et du discours. Le tout donne une facture reconnaissable entre toutes, et qui n'est, d'aucun point de vue, négligeable — sauf à récuser le genre du roman, en tant que tel.

Une Vie, c'est d'abord une image de la campagne normande. Je n'ai pas le loisir d'examiner si elle est historiquement fondée. Mais elle s'impose. On la touche, cette campagne, et on la sent. Si le goût d'une madeleine trempée dans le thé, par une curieuse alchimie physiologique et cérébrale, peut faire renaître des souvenirs enfouis dans une lointaine enfance, quoi d'étonnant que la lecture d'un livre, activité toute mentale s'il en est, puisse déclencher, sinon des sensations réelles, au moins des images qui sont aux frontières de la sensation : images-toucher, images-odorat, images-désir? C'est un peu ce qui se passe avec les pages normandes d'*Une Vie.* Il y pleut, il y neige, il y fait froid entre les lignes, et nul ne sait, comme Maupassant, faire surgir chez le lecteur des visions de chemins détrempés, gorgés d'eau et de boue, d'hiver dégoulinant, de ciel « crevé, se vidant sur la terre, la délayant en bouillie, la fondant comme du sucre ».

Comment vivre gai dans un pareil paysage? Il pleut sans cesse sur le destin de Jeanne, comme sur l'automne et l'hiver normands. *Une Vie,* c'est une vie à l'eau, dès les premières lignes de ce roman. Et pourtant, les éclaircies sont belles sur la mer, lorsque celle-ci, « lisse comme une glace », miroite « dans la lumière ». Il faudra attendre la fin du roman, auquel Maupassant, en bon feuilletonniste mondain, refuse la fin malheureuse, pour qu'après les éblouissements illusoires des fiançailles, puis les déceptions et les tragédies de la vie conjugale, une lumière d'espoir éclaire la vieillesse commençante de Jeanne.

Ainsi, d'un bout à l'autre de son histoire, l'existence de cette femme, qui ressemble à tant d'autres — et dont nous avons failli ne connaître que le prénom —, est marquée, déterminée par les couleurs et l'atmosphère de sa terre d'origine. Elle échappe moins que d'autres héroïnes, ses contemporaines, à cette sorte d'envahissement, d'absorption de l'être par son milieu naturel.

Elle n'échappe pas davantage aux contraintes qui règlent les manières de vivre de son milieu social. Guy de Maupassant a situé le début du roman en 1819. L'essentiel de l'action se passe donc sous la Restauration. Les mœurs avaient-elles beaucoup changé en 1880 ? On peut en douter. Mais le recul dans le temps permet à l'auteur un tableau absolument sans indulgence de la petite noblesse provinciale. Et il faut bien dire qu'il n'y va pas de main morte. Élevée au couvent jusqu'à l'âge des fiançailles, livrée à un hobereau brutal, cupide et coureur, humiliée par son mari, ses parents, sa servante — qui n'en peut mais —, par les prêtres, par son fils même, Jeanne est la victime d'un code familial et social dont les règles ne laissent aucune place, aucune marge à la liberté individuelle — surtout pas à la liberté d'une femme. Tout est programmé par un jeu de conventions et de droits qui perpétuent la prééminence du titre, du rang, de la propriété, de l'argent, et de la domination masculine. La jeune femme épouse l'homme que lui ont choisi son père et son curé. Comment revendiquerait-elle quelque droit au choix personnel ? Au surplus, elle n'a jamais approché d'autre homme : celui qu'on lui destine fait aisément figure de prince charmant. Le viol légal est dérisoirement transformé en séduction. Et cette duperie initiale engage toutes les avanies ultérieures de cette vie saccagée. Rosalie, plus brutalement asservie au droit de cuissage d'un mâle titré et nanti, se tire mieux d'affaire, finalement : elle doit sa chance relative aux libéralités du père de Jeanne, mais aussi et surtout à une extraction populaire qui la préserve des ligotages de caste.

Filles mal mariées

Une vie de femme, dans ce monde de préjugés et

de pouvoirs archaïques, c'est donc en fait la mort à petit feu, par étouffement, par asphyxie progressive de la sensibilité, de la confiance, par mutilations successives de l'envie de créer, du désir de donner et de recevoir le plaisir, d'être heureux. Le titre est à prendre comme une antiphrase.

Ce réquisitoire contre le mariage arrangé pour les besoins de la respectabilité, aristocratique ou bourgeoise, n'est pas absolument original en soi. Mais Maupassant l'a instruit selon une trame qui lui est propre. Que l'on songe en effet aux autres femmes mal mariées du répertoire contemporain. Emma Bovary, Thérèse Raquin, Renée Saccard, Gervaise Macquart sont à leur manière des *héroïnes,* au sens dynamique du terme. Elles agissent, elles mènent combat pour une idée qu'elles se font du bonheur. Emma croit follement en la sincérité de Rodolphe, puis de Léon, à qui elle s'est donnée ; Thérèse se rend complice d'un meurtre pour garder son amant ; Renée mène à sa guise sa vie de mondaine. Même Gervaise tentera longtemps d'éloigner le mauvais sort, à la façon des simples gens, par le travail, l'économie, l'amitié. *Une Vie* est d'une certaine manière conçu sur le même modèle que les romans de Flaubert et de Zola : la biographie d'une femme – *La Simple Vie de Gervaise Macquart,* tel était le premier titre de *L'Assommoir.* Cependant, alors que ses deux maîtres et amis ont privilégié pour leurs personnages, de façon somme toute assez classique, un parcours héroïque – en dépit du destin contraire qu'ils leur ont réservé sans faire d'exception –, Maupassant fait de Jeanne une sorte d'anti-héros, ou d'anti-héroïne, avant la lettre. Sa destinée suit une courbe en creux, au contraire de celle des femmes que je viens d'évoquer. Thérèse Raquin et Renée Saccard ont été bridées, brimées ou brisées avant même que ne s'ouvre l'action, chacune pour des raisons différentes ; mais une conduite active et délibérée infléchit leur existence selon un mouvement ascendant au cours de la première partie du roman, et c'est la dernière phase de celui-ci qui les fait dégringoler, sans espoir de revirement, jusqu'à la déchéance et à la mort. A l'inverse le début d'*Une Vie* s'ouvre sur les douceurs de la vie de château, des promenades en mer et des fiançailles, puis l'existence de Jeanne ne cesse plus de déraper le long d'une pente où s'accumulent les humiliations et les drames, et au terme de laquelle on n'aperçoit plus, selon toute vraisemblance, que la solitude, le dénuement et la mort; et c'est au moment où l'on s'y attend le moins que cette courbe se relève, pour laisser survivre Jeanne dans une vieillesse qui apparemment s'annonce sereine, et pour justifier la dernière réflexion de Rosalie : « La vie, voyez-vous, ça n'est jamais si bon ni si mauvais qu'on croit. »

Cela fait qu'*Une Vie,* malgré la présence constante du malheur et de la mort, et malgré une exceptionnelle dureté du reportage psychologique et social, n'est pas un roman tragique, à la différence de *Madame Bovary,* de *La Curée* ou de *L'Assommoir.* Car son principal personnage ne s'y défend pas contre l'adversité; il subit dans la passivité, sans autres réactions que celles, purement réflexes, de son corps, toutes les méchancetés du destin, et aussi bien leur envers, les compensations qui rééquilibrent la logique du mal. Il est totalement patient, totalement joué. Pas de pathétique.

On le mesure mieux encore si l'on songe au rôle que jouent, pour le salut de Jeanne, le personnage stéréotypé de la servante au grand cœur (antithèse des domestiques de *La Curée*), qui vient tout droit des feuilletons bien-pensants, et celui qui intervient dans les toutes dernières lignes : le bébé, la petite fille, dont l'arrivée, dans les bras de la servante, annonce, avec le retour du fils prodigue, la reconquête d'une sorte de bonheur — et fait couler chez les lectrices des larmes de soulagement et de purification : d'où, entre autres raisons, le succès de Maupassant dans le public féminin... Témoignant, avec cruauté souvent, sur la triste condition des filles de bonne famille mal mariées, Maupassant n'a pu s'empêcher pour autant de terminer son roman sur un mode un peu « jean-jean », pour employer le mot qu'utilisait Zola à propos d'*Une Page d'amour*.

De ce fait, *Une Vie* pourrait sembler une œuvre de second rang, si l'on ne pensait qu'après tout, son refus de l'issue tragique, son souci de tirer d'affaire la malheureuse Jeanne, après lui avoir fait endurer bien des misères, peut aussi s'interpréter comme le refus du modèle « naturaliste » dominant, au moins chez le prédécesseur immédiat, Émile Zola, qui n'a jamais fait un tel cadeau à aucun de ses principaux personnages. Une convention chasse l'autre.

Le sexe et l'argent

Une Vie se distingue de ses modèles, ou de ses contre-modèles, par un autre trait, qui a contribué peut-être à son succès, et qui en tout cas lui rend la force qu'aurait pu lui faire perdre la linéarité de sa trame narrative : la franchise dans l'évocation du plaisir érotique. Là-dessus, Maupassant en sait et en dit plus que le Flaubert des « baisades » d'Emma, et que le Zola des « ruts » de *La Curée* ou de *Nana*. Son évocation du désir est moins poétique et moins sensuelle que celle de Flaubert, moins flamboyante ou moins provocante que celle de Zola, mais plus exacte, et plus crue. Pour lui aussi, le sexe et l'argent conduisent le carnaval social. Julien Delamare, comme son compatriote Rodolphe Boulanger, est un séducteur solide et efficace, qui, après une nuit de noces, il faut le dire, sans nuances, ne décevra au lit ni sa femme, ni ses maîtresses. Et c'est d'être, à cet égard précisément, délaissée par Julien, que Jeanne souffrira d'abord le plus. Auparavant, elle aura connu entre ses bras — lors du voyage en Corse — toutes les « sensations » qu'une femme peut souhaiter de l'intimité masculine. La plupart des romanciers de l'époque, parvenus à ce point précis de l'action, s'en tirent prudemment, comme plus tard les cinéastes pudiques, par un panoramique sur les arbres de la forêt, ou par une sortie de champ... Maupassant, lui, voyeur impénitent, reste dans le champ, ou plutôt y laisse ses personnages : « Il s'abattit sur elle, l'étreignant avec emportement. Elle haletait dans une attente énervée, et tout à coup elle poussa un cri, frappée, comme de la foudre, par la sensation qu'elle appelait. »

Cette aptitude naturelle de Jeanne à jouir de ses sens, une fois ceux-ci, comme dit le texte, « éveillés », se trouve mutilée, anéantie par la goujaterie du mari. Il y a là une amorce de réflexion — que Maupassant laisse dans l'implicite — sur la castration des filles et des femmes dans cette société provinciale de hobereaux, d'ecclésiastiques et de paysans lourdauds. Ailleurs, dans un autre monde, selon un autre code, ou du moins selon les usages tacites d'un autre code, Jeanne aurait fini par rendre à Julien la monnaie de sa pièce. Ici, son abandon et sa frustration sont sans rémission.

Elle ne mourra pas de n'être plus désirée, de n'être plus comblée. En revanche, Julien mourra de sa gourmandise du corps des autres femmes — assassiné par un mari que la jalousie a rendu fou. L'adultère tue : la morale est sauve. Et l'on constate l'ambiguïté d'une œuvre qui, d'un côté, évoque avec complaisance et complicité les pulsions et les jouissances du sexe, et de l'autre condamne la femme et le mari adultères à une mort aussi atroce que ridicule, dans des conditions narratives telles qu'à aucun moment le lecteur n'est conduit à plaindre les deux victimes. Au contraire : bien fait pour cette brute de Julien ! Et l'on revient bien vite aux malheurs de Jeanne.

Au fond, c'est le curé Tolbiac qui a raison, lorsqu'il tonne contre les « liaisons indignes » et appelle à « porter le fer rouge dans les plaies ». Maupassant, qui s'y connait en amours adultères, mais qui n'échappe pas aux interrogations victoriennes de son temps sur les taraudages du désir, et qui est peut-être aussi mal à l'aise que les autres pour les vivre et les conter, fait de Julien une sorte de victime expiatoire pour toutes les fredaines de son propre monde. L'infidèle est cruellement puni. Tout compte fait, on n'est pas tellement loin de la comtesse de Ségur.

Ainsi, ce roman, par sa composition narrative et par le choix de ses motifs clés, exploite à plein les conventions d'un genre et d'une morale, en même temps qu'il met à distance, par ses références, les habitudes d'un groupe social : celles qui y règlent le commerce des femmes, l'échange des propriétés, l'éducation des enfants, le rôle des prêtres, etc. Il participe, pour une part, des codes idéologiques qu'il dénonce ou qu'il raille. De cette hypocrisie habile, il tire la certitude de ses effets. La casuistique désabusée de l'abbé Picot et le sectarisme dément de l'abbé Tolbiac affermissent les convictions du lecteur anticlérical ; les brèves voluptés de Jeanne et les fredaines des paysans normands — « à tout moment, on apprenait une grossesse nouvelle » — satisfont, si j'ose dire, l'amateur de paillardises ; mais les esprits bien-pensants se rassurent devant le châtiment du méchant et le triomphe ultime de la vertu, du sacrifice et de la maternité. Chacun trouve ici son compte, y compris le psychocritique, qui, si l'on en croit Armand Lanoux, repère dans cette histoire tous les affects de Maupassant : le mépris du père, le pessimisme fondamental, l'amour du pays natal, l'attrait de l'eau, la hantise de la mort, la bâtardise, la découverte de l'impureté de la femme dans la mère. Mais ne boudons pas notre plaisir, qui résulte sans doute de toutes ces attentes comblées à la fois et aussi des qualités littéraires d'un récit rapide, dense, à l'écriture taillée court, et dont les péripéties les plus dramatiques comme les plus heureuses échappent à la stéréotypie par l'humour, et par une extraordinaire richesse de l'observation ethnographique.

TROISIÈME PARTIE

Signes de la vie sociale

II

Sémiologie flaubertienne
Le Club de l'Intelligence

Que Flaubert se soit constamment tenu à l'écoute
de la parole, pour en déceler les codes, les rites, les
manières, pour en montrer les contraintes qui la régis-
sent, les situations qui la canalisent et l'orientent, on
devrait mieux le comprendre depuis le développement
de la pragmatique, cette discipline dérivée de la linguistique qui étudie précisément le langage en acte[1]. On
pourrait ainsi découvrir, dans l'auteur de *L'Éducation
sentimentale,* le meilleur linguiste de son siècle, sinon
de nos deux siècles : le véritable fondateur de ce qu'on
appelle de nos jours l'analyse du discours. Une analyse
du discours qui informe la fiction et fournit la matière
d'un style, mais qu'on gagnerait beaucoup, me semble-t-il, à étudier pour elle-même, une fois décanté le
roman (par un coup de force certes contestable). Certaines pages de *L'Éducation sentimentale* fournissent
à cet égard des exemples grandioses : entre autres, la
réunion du Club de l'Intelligence, le dîner chez les
Dambreuse, les obsèques de Dambreuse.

1. Voir *Langue française,* No 42, mai 1979 (« La Pragmatique »); *Communications,* Nos 30 et 32 ; L. J. Austin, *Quand dire c'est faire,* Seuil,
1970 ; O. Ducrot, *Dire et ne pas dire,* Hermann, 1972 ; J. R. Searle,
Les Actes de langage, Hermann, 1972 ; A. Berendonner, *Éléments de
pragmatique,* Seuil, 1982.

Examinons donc comment, dans la longue scène du Club de l'Intelligence, Flaubert met en scène les rituels de la parole d'assemblée, puis organise un programme d'interventions qui, tout en respectant pour une part les contraintes de la liturgie parlementaire, les exploite, les pervertit aussi, et inscrit dans la situation une structure dramatique où se révèle le caractère de deux des principaux protagonistes du roman, et où se profile leur destin.

Règles et dérèglements de la parole

La scène se passe au printemps de 1848, avant les élections à l'Assemblée. Lendemains de révolution, agitation des clubs, grande peur de la bourgeoisie. Frédéric, partagé entre l'ambition politique et l'indécision, confiant à la fois dans la démocratie et dans les ennemis de la démocratie, se rend au Club de l'Intelligence dans l'espoir de recevoir une investiture populaire pour la prochaine campagne électorale. Mais au lieu de trouver un soutien en Sénécal, son ancien camarade, qui préside la réunion, il trouve en lui un adversaire, et il doit finalement quitter les lieux sous les huées du public. Il n'y a pas de place pour un être de sa sorte dans ces enceintes. Il déplaît au peuple par son aisance et ses allures de jeune rentier, et aux carriéristes cyniques par sa bonne foi. Il n'en conservera pas moins sa bonne conscience, aux frontières de l'inconscience politique. Cette visite est pour Flaubert le prétexte à monter un véritable opéra-bouffe électoral, avec ses ténors et ses chœurs. C'est aussi l'occasion d'une magistrale analyse des procédures de la manipulation politique, dans une triple et risquée manœuvre de composition et d'écriture : la conduite d'une manifestation collective, dont la progression est réglée mais toujours menacée de dérapage, le montage de la performance manquée de Frédéric, et le calcul des objectifs et de la performance réussie, ou à demi réussie, de Sénécal. Plusieurs paroles — de diverses sortes, individuelles et collectives, habiles et débiles, sincères et truquées, délibérées et naïves — s'entremêlent, se croisent, s'échangent, s'affrontent ici, et forment une structure élocutoire complexe, plurielle, dont Flaubert est l'orchestrateur inégalable.

Pour tenter d'en saisir les composantes, considérons d'abord le lieu et l'espace de la séquence. De fait, la parole, l'échange et la succession des paroles et des discours, c'est d'abord affaire de dispositif, de places[2], de positions, de distances, et de points de vue. Flaubert y est fort attentif. On se souvient du soin qu'il met à placer les convives de madame Dambreuse autour de la table du dîner : la mise en scène de cette soirée est d'abord une mise en places (au pluriel), capitale pour le déroulement, la logique, les variations des échanges de propos, et pour la création de l'« effet de dîner-en-ville ». L'espace est traité avec la même attention au Club de l'Intelligence, mais ici pour l'effet de réunion publique : chaque place induit un rôle, et un type de discours. La situation même du Club, rue Saint-Jacques — dans un quartier excentré — et au fond d'une allée, dans un local nullement fait pour les grands débats politiques (« à usage de menuisier sans doute »), montre dès les premières lignes l'inanité des discours qui vont s'y faire entendre : ce n'est ni le lieu de la délibération, ni le lieu du pouvoir — même si « un nom pareil donnait bon espoir » !

La disposition de la salle « figure » celle d'une assemblée parlementaire : une estrade au fond, « un bureau avec une sonnette », « en dessous une table figurant la tribune, et de chaque côté deux autres plus basses, pour les secrétaires », et puis les bancs, pour l'auditoire. Tout cela se prend terriblement au

2. Voir François Flahaut, *La Parole intermédiaire*, Seuil, 1978.

sérieux, dans l'imitation, sur le mode dégradé et burlesque, des grands clubs de la première Révolution; ce n'est pas un haut-lieu de l'histoire, ce n'est plus qu'un théâtre, illusoire et dérisoire. C'est un espace de jeu plus que d'enjeu. On va y jouer à la Révolution, ou, plus pacifiquement, on va y jouer au débat et au combat politique; mais aucun des protagonistes ne compte; les véritables enjeux sont en d'autres mains et en d'autres lieux; ne restent là que les enjeux rétrécis des petites ambitions individuelles et d'une médiocre comédie sociale.

Cela suffit pourtant pour que certaines places, dans la salle, aient une importance stratégique: notamment la présidence, et la tribune. « Au bureau du président, Sénécal parut. » Quelle majesté dans cet effet de phrase, isolé entre deux alinéas! Et quelle gravité, quelle autorité, quelle solennité dans la physionomie et dans la posture! « Il tâchait de ressembler à Blanqui, imitait Robespierre. Ses gants noirs et ses cheveux en brosse lui donnaient un aspect rigide, extrêmement convenable. » Mais quelle inadaptation à la réalité du lieu et du public, quel contraste entre le trop-plein des signes affichés et l'insignifiance de l'événement!

Voilà donc installés les acteurs du spectacle qui va se donner. Le public, « vieux rapins, pions, hommes de lettres inédits » : divers types d'illuminés au fond de la salle, des ouvriers, « venus là sans doute par désœuvrement, ou qu'avaient introduits des orateurs pour se faire applaudir ». Un auditoire respectueux du président de séance, du moins dans un premier temps. Un auditoire à la fois destinataire et destinateur de l'allocution; c'est en effet de son sein que jaillissent les orateurs : un « petit vieillard », qui lit un mémoire sur la répartition des impôts, un « homme en soutane », qui s'intéresse aux engrais, un « patriote en blouse », qui annonce « le règne de Dieu », etc. Tous, visiblement, sont des solitaires, des marginaux, que poussent

174

à la tribune un désir éperdu de parole, de contact, de rôle, et l'espoir fou de s'exprimer et de convaincre. Chacun campe et théâtralise la figure de son rêve, chacun tente de se faire connaître et reconnaître, de faire admettre la légitimité de sa prise de parole, de conquérir une place sur l'estrade de l'appel au peuple. Et pourtant l'effet obtenu n'est jamais l'effet attendu, espéré ; la performance oratoire est manquée. On siffle le vieillard, on renvoie l'homme en soutane « vers un cercle horticole », on expulse de la tribune l'ouvrier « calotin », non sans mal. Nul ne passe la rampe, nul ne réussit à légitimer son propos, à en faire proprement un acte, à lui donner cette force « conative » dont parle Jakobson, ou cette valeur « illocutoire » dont parle Austin[3]. C'est que ces orateurs de clubs ignorent les techniques de la séduction oratoire : le contenu de leurs discours est désaccordé d'avec les attentes de la foule, et leur compétence communicative est inexistante : « Les chiffres découlaient, cela n'en finissait plus... » ; un autre bredouille, le troisième prêche. De là le chahut.

Et cependant, le scénario de ce cérémonial semblait parfaitement rodé, pour ses deux aspects essentiels : le programme qui règle le déroulement de la séance, et le code de conduites verbales qui permet à chacun d'entrer dans le jeu des discours.

On a beaucoup étudié, après 1968, les procédures langagières du débat, de l'assemblée générale. Il est vrai que les multiples réunions de « Mai » fournissaient à l'analyse une matière abondante, et que les chercheurs commençaient alors à disposer des modèles fournis par la théorie des actes de parole, de l'énonciation, et de la pragmatique. On est frappé à la lecture de *L'Éducation sentimentale* par les analogies qui rapprochent, par exemple, le Club de l'Intelligence, en 48, et les

3. L.J. Austin, *op. cit.* – *Linguistique et sémiologie*, No 4, 1977 (*L'Illocutoire*), Presses Universitaires de Lyon.

nuits de l'Odéon, en 68, tout autant que par la précision et la modernité du modèle analytique que fournit Flaubert pour l'étude des performances d'assemblée...

C'est ordonné comme une liturgie, avec des phrases sacramentelles, imposées dans leur nature et dans leur succession. D'abord, l'apparition du président. Puis « l'acte de foi habituel » : la lecture de la déclaration des Droits de l'homme et du citoyen. Suivent les chants républicains et démocratiques. La première partie de la séance s'achève par le « dépouillement des lettres », opération confiée aux secrétaires. Vient alors le deuxième grand moment : la lecture des mémoires par leurs auteurs, les propositions de candidatures au mandat populaire et les professions de foi des premiers candidats, dans l'excitation grandissante des assistants. Et c'est alors qu'après avoir laissé un moment « s'échauffer la multitude », le président reprend le contrôle de l'assemblée, et définit ce qu'en d'autres temps on appellera « la ligne », ainsi que le profil du candidat-type. On voit fonctionner ici des procédures de régulation oratoire qui n'ont pas beaucoup changé depuis 1848 et qui sans doute étaient déjà fixées depuis les clubs de 89. Il existe une vulgate, à la fois paradigmatique et syntagmatique, des modèles institutionnalisés de l'enchaînement des discours en situation parlementaire, qui est aussi contraignante que la vulgate des lieux communs alimentant le contenu même du discours, et dont Flaubert offre ici un modèle à peine parodique.

Il en va de même pour les règles qui gouvernent l'insertion des interventions individuelles dans le flux des échanges. Le Club de l'Intelligence en fournit plus d'un spécimen. En stricte observance, on n'élève pas la voix sans avoir réclamé la parole : « Un petit vieillard (...) réclama la parole pour une communication urgente. » C'est affaire de geste . « Un homme en soutane (...) avait déjà levé la main. » On se lève.

« Frédéric se leva ». On se présente à l'auditoire :
« (L'homme en soutane) déclara, en bredouillant,
s'appeler Ducretot, prêtre et agronome. » On est admis
ou non à parler. Chaque type a son langage, ses objectifs, ses thèmes, son style : le petit vieillard n'en finit
plus d'énumérer des chiffres, le patriote en blouse
prophétise un nouvel évangile social, le placeur d'alcools
est possédé par la fureur anti-cléricale. Celui qui lit son
discours est assuré d'impatienter le public : « L'insuccès de cette lecture déconcerta Frédéric. Il avait son
discours dans sa poche, mais une improvisation eût
mieux valu ». — Le malheureux n'aura le loisir ni de
lire, ni d'improviser.

Il appartient au président de réglementer les interruptions, de discipliner l'ordre des exposés comme
celui des matières. Mais Sénécal a affaire à un auditoire à tout moment possédé par l'anarchie. Le *bruit,*
dans l'acception qu'en donne la cybernétique, recou-
vre la parole et perturbe le code. On siffle, on appelle
l'orateur « Azor » : « Sénécal gourmanda le public...
La sonnette du président tintait sans discontinuer. »
L'orateur digresse, s'accroche à la tribune, les assistants grimpent sur les bancs et, le poing tendu, voci-
fèrent. « Un citoyen couvert de plâtre » vomit des
injures, veut se battre, se cramponne à son banc.
Trois hommes ne sont pas de trop pour le mettre
dehors. Le passage au geste, à l'acte musclé, ruine la
parole et en atteste le caractère dérisoire. Le rituel
vole en éclats, le programme se détraque, un vent de
folie parcourt l'assemblée. L'intercompréhension et
l'intercommunication se bloquent, les personnalités
se heurtent, les dogmatismes s'entrechoquent, les
rôles se théâtralisent jusqu'à l'outrance, personne
ne parle la même langue que son voisin. C'est la Tour
de Babel. Non seulement les intervenants ne connais-
sent pas les procédés rhétoriques qui assurent à un discours l'attention, voire la persuasion du public, mais

encore ils ignorent ou refusent la déontologie parlementaire : « L'ouvrier se tenait à la tribune. Les deux secrétaires l'avertirent d'en descendre. Il protesta contre le passe-droit qu'on lui faisait. »

Chacune des phases de la réunion se solde donc par un échec. Ni les discours, ni les attitudes, ni les postures, ni les gestes, ne sont pertinents à leur objet. La discussion sur l'unité européenne — déjà — devient « tellement fastidieuse que beaucoup s'en allaient ». Le défilé des candidatures tantôt tourne au pugilat, tantôt se perd dans un déluge de revendications irréalistes : « Plus de directions, plus de privilèges... Plus d'académies ! Plus de missions ! Plus de baccalauréat ! A bas les grades universitaires ! » Aucun objectif n'est assimilé, ni même défini. Ces gens sont politiquement et caractériellement infirmes, ils vivent la situation historique sur le mode du fantasme et de la déraison. Le Club de l'Intelligence illustre ainsi à la fois le fonctionnement typique d'une assemblée populaire dont l'ordre du jour s'est calqué sur le modèle parlementaire, et la tendance permanente de cette sorte d'enceinte au dérèglement, à l'extravagance — au sens étymologique du terme — et à l'entropie, à la déperdition irrémédiable de toute énergie. A l'autisme aussi : ce ne sont, au lieu de la délibération attendue, que monologues juxtaposés, enfermés en eux-mêmes, proprement déments. Pas de projet commun, ni de loi commune, ni de langue commune. Bien entendu, si le Club de l'Intelligence roule vers le désordre généralisé, dans une espèce d'auto-destruction, c'est, pour Flaubert, à l'image de la Révolution, de la démocratie, et peut-être, tout court, du Verbe même.

Persuasion et perversion

A milieu de ce tohu-bohu, un homme semble lucide

et calculateur. C'est Sénécal. Il domine momentanément le brouhaha. Les voix anonymes de « la multitude » s'apaisent et lui laissent le monopole de la parole. A partir du moment où il se sert du privilège de la présidence pour parler à son tour, la réunion change de tempo. Et, de même, la démonstration flaubertienne change de sens.

Sénécal est le seul véritable orateur parmi cette foule. Il est aussi le seul technicien de la conduite des réunions. Tout se passe comme si, ayant laissé se défouler les esprits simples qui peuplent la salle, il les reprenait en mains à ses propres fins : développer, et si possible faire entrer dans les cervelles les thèses socialistes, et éliminer Frédéric.

Il commence par affirmer son autorité sur l'assemblée, à l'aide de propos apparemment révolutionnaires et en tout cas gratifiants, qui l'impressionnent et la séduisent, et réconcilient toutes les factions de l'auditoire : appel au Peuple, malédiction des « riches », énoncé d'un programme radical de réappropriation sociale. La présidence lui assure un pouvoir de fait, la rigueur de ses oppositions historiques lui confère l'apparence du savoir, la netteté du ton donne l'impression d'un vouloir indomptable, et il suffit de l'austérité de son costume, de ses attitudes et de ses mimiques pour en faire l'incarnation même du devoir... Son langage multiplie les marques modales de la nécessité et de la certitude, « en phrases impérieuses comme des lois » : « Il fallait d'abord passer le niveau sur la tête des riches... L'État devait s'emparer de la Banque et des Assurances. Les héritages seraient abolis. »

« L'art de persuader », écrit Pascal, « consiste autant en celui d'agréer qu'en celui de convaincre, tant les hommes se gouvernent plus par caprice que par raison. » Catherine Kerbrat-Orecchioni, dans une étude sur les stratégies discursives, distingue entre le discours « terroriste » et le discours « démagogique ». Le discours terroriste est celui qui tire son apparence de vérité et sa puissance de persuasion de la position de pouvoir qu'occupe le locuteur : « Vous pouvez me croire parce que j'ai les moyens, juridiques et autres, d'imposer mon point de vue », ou encore : ... « Il a raison puisque c'est de là qu'il parle »... Le discours démagogique est celui qui acquiert sa force de conviction en tenant les propos qui répondent à l'attente et aux désirs des interlocuteurs : « Ce que je dis est vrai puisque je dis ce que vous pensez. » Sénécal tient à la fois l'un et l'autre de ces deux discours : on l'écoute parce qu'il est le président et qu'au surplus il fait partie de ceux qui se sont illustrés le 25 février ; et on l'applaudit parce que les thèmes de son discours satisfont le besoin de revanche sociale des pauvres diables qui l'entendent, et qui, pas une seconde, ne distinguent entre l'utopique et le possible[4].

Une fois conquis son ascendant sur le public, Sénécal peut régler son compte avec Frédéric. Il mène l'opération avec une remarquable maîtrise tactique, que renforce, il est vrai, la totale incompétence de Frédéric. La scène a changé de bases et de structures. Elle s'est comme épurée, et fonctionnalisée. A une sorte d'oraison collective plus ou moins délirante, a succédé une confrontation polémique, l'affrontement mutuel de deux postures et de deux voix. Flaubert construit et conduit désormais non plus une polyphonie volontairement discordante, mais un dialogue interactionnel, pour lequel il mobilise un tout autre type d'intuition linguistique et pragmatique. Et c'est dans cette substitution de « modèle » que réside l'ironie du texte. En effet, l'habileté consommée et cynique de Sénécal consiste à renverser subrepticement les « maximes » implicites de la relation entre président de séance et

4. Catherine Kerbrat-Orecchioni, « Déambulation en territoire aléthique », pp. 53-102, *Stratégies discursives,* Presses Universitaires de Lyon, 1977.

intervenants, et à transformer son rôle et son devoir de coordonnateur, de modérateur des débats, en un rôle de procureur, à la fois interrogateur et accusateur public. « Frédéric se leva (...). Mais Sénécal, prenant une figure à la Fouquier-Tinville, se mit à l'interroger sur ses nom, prénoms, antécédents, vie et mœurs. » Interroger, ordonner, juger, c'est donner *ipso facto* à son discours la force du droit, si du moins l'interlocuteur accepte sans broncher l'usage de ces modalités ; c'est lui donner valeur d'illocution. Sénécal, visiblement (et Flaubert, donc !) connaît bien ces emplois performatifs du langage. Voilà un tour de passe-passe qui bouleverse toute la dynamique et le sens de la scène, sans que personne s'en rende compte — Frédéric moins que les autres —, sans que personne songe à invalider ce coup de force interlocutoire. Une parole judiciaire, inquisitoriale, s'est substituée à une parole qui en droit aurait dû demeurer impartiale, arbitrale. L'assemblée est devenue un tribunal, et qui plus est un tribunal révolutionnaire, un tribunal d'exception, où la foule est à la fois en position de spectateur et de jury, et où le président se fait alternativement procureur et juge : « Sénécal demanda si quelqu'un voyait un empêchement à cette candidature. — Non ! Non ! — Mais lui il en voyait. »

Quant à Frédéric, il se retrouve en un tour de main en posture d'accusé, ayant perdu toute initiative. Le « montage » flaubertien de cette situation, ou plus exactement de ce renversement de situation, est magistral. Frédéric avait imaginé séduire le peuple par un discours sans réplique ni contestation. Le voilà maintenu à distance, spolié de son exposé, spolié de la discussion, contraint de répondre à un interrogatoire de police, de réfuter un réquisitoire. Il espérait sortir de cette enceinte en élu à la candidature législative le voilà bientôt expulsé, proscrit, ses rêves de députation mis en déroute. « A la porte ! à la porte ! — Qui ? moi ?

demanda Frédéric. — Vous-même! dit majestueusement Sénécal. Sortez! »

Ce renversement est sémiotique autant que discursif. On peut songer ici aux schémas narratologiques proposés par A. J. Greimas[5], et tenter d'en croiser le modèle avec ceux qu'offre la pragmatique. Dans une certaine mesure, la relation attendue entre Frédéric et Sénécal était celle du sujet-héros et du « destinateur-mandateur ». Par sa position, Sénécal se trouvait en mesure de désigner, ou de faire désigner Frédéric pour porter le drapeau des aspirations populaires, pour être le « représentant du peuple », le chevalier des idées nouvelles... Il se trouvait au moins en mesure d'aider Frédéric à faire valoir sa brigue. « Adjuvant » pour le moins, et « mandateur » dans le meilleur des cas. Il restait à Frédéric, pour mériter son investiture, à subir sans encombre l'épreuve de qualification que constituait le discours de profession de foi. C'est ce schéma idéal, « héroïque », et euphorique, que jette à bas la trahison méthodique de Sénécal. Frédéric attendait un Sénécal-Grouchy; celui-ci s'est mué en un Sénécal-Blücher. Et dans le Club de l'Intelligence Frédéric trouve son Waterloo politique...

De héros virtuel, il se retrouve en situation de non-héros, de candidat déchu et malheureux. Il a raté son épreuve de qualification, à la fois parce que le présumé mandateur-auxiliaire s'est transformé en antagoniste — toujours selon le schéma actanciel proposé par la sémiotique narrative —, et parce que lui-même, présumé héros, manque et manquera toujours de toutes les compétences indispensables au débat et au combat politiques : la détermination, l'esprit retors, la technique de la polémique et de la manipulation. Il n'a même pas songé, comme on dit, à « faire la salle », à s'y

6. A. J. Greimas, *Sémantique structurale,* Larousse, 1966; *Du sens I,* Seuil, 1970; *Du sens II,* Seuil, 1983; *Sémiotique* (en collaboration avec J. Courtès), Hachette, 1979.

ménager des points d'appui. Il ignorait la puissance que Sénécal avait conquise dans ce club. A la différence de ce routier de l'intoxication qu'est le futur commissaire de police de Napoléon III, il ne voit malice en rien. Il accumule les maladresses : il se présente au lieu de se laisser porter en avant par ses amis ; il « réclame » la parole au lieu de s'en emparer ; il « exaspère » la foule. Il est proprement réduit au silence par son ignorance des recettes parlementaires, et par le piratage auquel s'est livré Sénécal.

Cela dit, en fin de compte, Sénécal lui-même, quoique apparemment fort versé dans l'art de truquer les débats, semble bien ne pas rester maître du jeu. Car voici que malgré lui entre en scène un personnage qui va involontairement faire basculer la scène de l'odieux dans le bouffon : le « patriote de Barcelone ». Celui-là est le stéréotype du révolutionnaire espagnol, avec ses gestes emphatiques, ses attitudes romantiques, ses mimiques terrifiantes, son éloquence fleurie et solennelle. Il ravit la parole non seulement à Frédéric, mais aussi à Sénécal. Sourd à toutes les interruptions — qu'il ne comprend pas — il poursuit dans sa langue — que personne autour de lui ne comprend — un développement imperturbable autant qu'enflammé, qui roule comme une machine monologique, totalement désadaptée à la situation, un torrent de signifiants sans signification pour l'auditoire, une incongruité absolue et sans contrôle, qui achève de détruire l'autre machinerie, celle qui en principe était institutionnellement montée pour l'échange et le dialogue.

Sénécal se tait, sachant sans doute que ce genre de tourmente verbale est irrépressible. Frédéric, étouffé par le flot hispanophone, mais qui n'a toujours pas compris le fonctionnement du système, lequel n'est plus qu'une foire d'empoigne de la parole, tente plusieurs fois de revenir à la surface et de « se faire entendre ». En vain, doublement en vain : l'autre ne l'entend pas, ou ne le comprend pas, et la foule lui devient hostile. C'est que pour un tel auditoire, l'essentiel n'est pas de comprendre, mais d'écouter : d'écouter une voix de « patriote ». Seule compte l'identité du parleur, non son message. Comme le discours du conseiller Lieuvain en une autre circonstance, le discours de l'Espagnol est pure expression, sans contenu ni référent : mais c'est paradoxalement à ce titre qu'il séduit la multitude.

Pourtant, il faudrait « entendre » le patriote espagnol. Car ce qu'il évoque, c'est la défaite de la révolution espagnole, ce sont les martyrs, l'exil, l'oraison funèbre de la liberté. Son discours est un mauvais augure, et lui-même — autre stéréotype national — porte la mort dans son discours, qui dénote symboliquement, par incompréhensibilité babélique, l'impuissance des républicains à s'entendre, et qui prophétise par son contenu, pour qui saurait le déchiffrer, les futurs morts de juin 1848 et la déroute de la nouvelle Révolution française.

Pour l'heure, ce n'est que la déroute de Frédéric. « Aristo ! glapit un voyou, en montrant le poing à Frédéric, qui s'élançait dans la cour, indigné. » Sa candidature est mort-née. Il s'est comporté comme un étourneau. « Quelle fatale idée que cette candidature ! Mais quels ânes, quels crétins ! Il se comparait à ces hommes, et soulageait avec leur sottise la blessure de son orgueil. » On peut percevoir ici deux langages : celui du personnage, rapporté au style indirect libre pensé, et celui du narrateur, qui, exceptionnellement, juge. Flaubert renvoie dos à dos Frédéric et ceux qu'il n'a pas su convaincre : ils sont sots, mais ils ont raison : « Les accusations portées contre lui étaient justes, après tout ». Il est sincère, mais il a tort.

La société de discours

Ainsi se dissout dans l'incohérence la société révolutionnaire, qui est une « société de discours »[6], et qui deviendra, après l'inévitable Restauration, une société du silence. L'écoute de Flaubert est une écoute à la fois rieuse et désespérée. Peut-on être à ce point prisonniers des procédures et en même temps incapables de les optimiser ! Peut-on à ce point se laisser duper par les idées reçues ! Peut-on dépenser tant d'énergie verbale sans produire autre chose que du verbe !

La suspicion frappe ici, au premier chef, le discours politique et ses espaces privilégiés : le club, l'assemblée, le parlement. Il existe, en réalité, des lieux où la parole politique n'est pas le substitut de l'acte, mais l'acte même, la décision : ce sont les lieux où l'on ne se paie pas de mots, mais où s'exerce l'endroit du pouvoir. Flaubert le sait, et *L'Éducation sentimentale* entrouvre le rideau sur certains de ces lieux. L'inutilité et la sottise du Club de l'Intelligence n'en sont que plus pitoyables. Les malheureux qui s'y agitent sont à la fois les dupes de leur propre langage, et les dupes des puissances qui de loin ont réglé la mécanique du club républicain pour que la fête de la parole pseudo-révolutionnaire n'y ait d'autre valeur que libidinale, en quelque sorte, et y demeure politiquement inconsistante et inoffensive.

Si l'efficacité politique des orateurs du Club de l'Intelligence est nulle, il n'en va pas de même, au second degré, de leur efficacité romanesque.

Revenons au début de l'analyse. Il ne faut pas hésiter à tenter de mettre au clair une *compétence* métalinguistique de Flaubert, et à tirer d'elle tout le capital qu'elle dissimule sous les fantaisies de la fiction. Flaubert a parfaitement observé les coutumes contraignantes qui surdéterminent la distribution des échanges dans une assemblée de cette espèce. Il a bien repéré

6. Voir Michel Foucault, *L'Ordre du discours*, Gallimard, 1971.

aussi toutes les sources et les formes possibles de dérèglement, tous les facteurs de dispersion, voire de dissolution. On trouve dans cette grande séquence un échantillonnage de toutes les conduites langagières en public, ou, plus exactement peut-être, de toutes les positions, postures et règles de langage : car Flaubert relève non seulement un vocabulaire, des thèmes de discours, mais aussi et surtout des manières de saisir la parole, de prendre part à un débat, de projeter et de réaliser un programme d'actes de langage. Il sait et montre où sont les points stratégiques et comment on y prend appui, quelles sont les fautes tactiques à éviter, les habiletés à mettre en œuvre, les perturbations à désamorcer ou à contrôler. La parole, pour lui, est bien un contrat et une épreuve, sanctionnés par la réussite ou l'échec : la destinée politique de Frédéric − à supposer que son ambition ait été solidement amarrée, ce qui n'est rien moins que certain − s'est jouée sur son inaptitude technique à retenir l'attention d'un public de quartier... Flaubert sait, et nous montre, que c'est tout autant affaire de costume, d'attitude, de port de tête, de gestes, de voix, de mimique, d'énergie, d'audace, que de pertinence du propos.

On ne connaît pas dans le roman français du XIXe siècle, pas plus que dans les textes contemporains à vocation immédiatement sociologique, ethnographique ou linguistique, plus grande maîtrise et plus grande acuité d'observation et de modélisation. Car la scène du Club de l'Intelligence offre ce que nous appellerions de nos jours un modèle, c'est-à-dire la reconstitution, à des fins descriptives, analytiques et interprétatives, d'un système cohérent de faits et de relations. Tout s'y associe, dans une sémiologie totale de la communication : la linguistique au sens strict du terme, la rhétorique et la stylistique, qui relèvent les registres et les procédés typiques d'un sujet d'énonciation ou d'un projet d'énoncé, la kinésique et la proxémique, qui observent le rôle des signes émanant directement du corps, la pragmatique, qui dégage des stratégies et des tactiques de discours, la sémiotique enfin, qui montre la confrontation des rôles et l'enchaînement des épisodes communicatifs. Nul ne fera mieux, dans l'histoire de la linguistique, en France, avant longtemps...

Mais on voit par là, inversement, que les recherches modernes sur la communication, ses circonstances, ses conditions et ses contraintes, peuvent apporter une utile contribution à l'étude de la mimesis et de la « semiosis » romanesques. Dans la conversation et le débat, les personnages du roman mettent en jeu toutes sortes d'actes de langage, en référence à l'action dans laquelle ils se trouvent engagés, et à destination de leurs interlocuteurs : verdictifs, exercitifs, promissifs, et j'en passe... Ils mettent en jeu, séparément, alternativement ou simultanément, les diverses fonctions du langage : référentielle, impressive, expressive, phatique, affective, idéologique, rhétorique, etc. Ils mettent en œuvre toutes sortes de stratégies et de tactiques, à la fois pour la réalisation de leurs objectifs et pour la conduite de leur discours. Ils utilisent avec plus ou moins d'adresse les rituels du contact, de l'échange, c'est-à-dire de ce que le sociologue américain Erving Goffman appelle l'« interaction »[8]. Leur compétence communicative est un constituant de leur compétence actancielle ; leur « faire » verbal est partie intégrante de leur faire « héroïque ». Il revient donc à l'analyste de repérer non seulement les marques de cohérence thématique et stylistique du dialogue romanesque, mais aussi les codes externes, ethnographiques, qui gouvernent sa genèse et sa composition. Il lui revient également, bien entendu, d'examiner à quel degré, et de quelle manière intervient, dans le sous-texte du dialogue, l'idéologie propre à l'auteur, en particulier

7. Erving Goffman, *Les Rites d'interaction*, Minuit, 1979.

ce qu'on pourrait appeler sa pensée du langage, le degré de confiance qu'il accorde aux puissances de la parole. Nous venons de constater qu'à cet égard la dérision de Flaubert est sans limites.

L'analyste doit enfin, puisqu'il s'agit de littérature, et de fiction, apprécier la part et les formes d'une esthétisation qui, tout en respectant la vraisemblance, dans le cadre du « cahier des charges réaliste », crée et rend perceptibles l'artifice, et l'art. C'est que dans ces grandes scènes de *L'Éducation sentimentale* ou de *Madame Bovary,* où se déploient les formes reçues de la parole, et où consubstantiellement se manifestent les manières reçues de séduire, de persuader ou d'intimider, nous entendons, au-delà ou en deçà de la parodie, les accents et les cadences d'une prose ajustée avec un raffinement sans égal. Chacune des tirades est à la fois plus vraie que nature et aussi belle que la musique. C'est si vrai qu'on se prend à l'envie de les dire, de les jouer, ou au moins d'entendre se moduler chacun des tons de la polyphonie. Mais entendre ne suffit pas, puisqu'il y a aussi le geste, et, dans les séquences de récit qui entrecoupent les tirades, les effets de mots et de rythmes, qui font écho, sur leur propre portée, aux déclamations des personnages, avec d'infinies variations de la distance et de la durée. Dans la matière mouvante du texte, toutes sortes de correspondances jouent ainsi entre le dialogue pur et le récit pur, avec un subtil entrelacement du discours direct, du discours indirect, de l'indirect libre, du résumé de paroles, du style narré-parlé, du polylogue, et d'autres combinaisons encore plus malaisément saisissables, multipliant les périodes goguenardes et les coupes meurtrières, et créant un réseau raffiné d'harmoniques verbales et prosodiques. Au Club de l'Intelligence comme au dîner Dambreuse, comme dans le discours de Lieuvain ou dans les articles de Homais, les accords du texte, sources d'un intense plaisir pour le lecteur, sont tissés des discords de la parole-origine. La faute contre l'oreille commise par un orateur malhabile se transforme en une séquence rythmique essentielle au grain du texte et à l'effet de lecture. C'est le paradoxe de l'ironie flaubertienne. Et c'est ce qui fait que chez Flaubert mimétique et poétique sont aussi inséparables que les deux faces d'une même médaille, et qu'il faut, à l'évidence, pouvoir l'*entendre* pour savoir le *lire*.

Typologie du politique :
Son Excellence Eugène Rougon

Existe-t-il une variété du roman qu'on pourrait appeler le roman politique? Si oui, *Son Excellence Eugène Rougon* est peut-être le meilleur modèle du genre. Ou le moins mauvais.

« La politique au milieu des intérêts d'imagination, écrit Stendhal dans *Le Rouge et le Noir* (II, chap 22), c'est un coup de pistolet au milieu d'un concert. » Et ce coup de pistolet, si on l'entend trop fort, peut bien être fatal au concert. Car le roman politique, c'est-à-dire le récit de fiction qui fait de l'action politique le principe de ses personnages principaux et des ressorts de leur action, oscille naturellement entre plusieurs périls : ou bien il verse dans le roman historique au sens superficiel du terme, celui qui prend pour héros et pour matière des personnages et des affaires « réels »; ou bien il perd son âme de roman dans la thèse, ou dans le débat polémique, ou dans le reportage technique. La peinture de l'institution politique, dans la perspective du roman réaliste, ne se prête guère au roman, à ce qui fait, pour le public, l'attrait du genre. A moins de tomber dans la politique-fiction. Car la vie politique, si l'on y voit essentiellement l'exercice du pouvoir, ou les luttes pour le pouvoir, est rarement le lieu de grandes passions ou de tragédies.

Le théâtre cornélien est à cet égard illusoire. La réalité profonde de la politique n'est pas du côté de la crise violente, du sang; elle est pétrie de l'idée et du verbe, du dogme, de l'éloquence et de la combinaison, des mécanismes parlementaires et de l'administration des choses, des opérations longuement préparées, et des lents mouvements d'opinion. Comment écrire un roman politique qui soit politiquement authentique et esthétiquement romanesque? Si une grande œuvre romanesque a des vertus politiques, c'est par surcroît, et non pas par définition. Tous les grands romanciers du XIXe et du XXe siècle l'ont bien senti, qui n'ont abordé les affaires de gouvernement que par la bande.

Zola est bien un des rares à s'être aventuré à prendre pour personnage principal d'un de ses *Rougon-Macquart* un Premier ministre — ou son équivalent —, un professionnel de l'action politique. Et *Son Excellence Eugène Rougon* n'échappe pas aux maux que j'évoquais à l'instant. Il suffit d'en comparer la donnée à celle des romans qui le suivent ou qui le précèdent pour y mesurer une sorte d'affaiblissement de la tension pathétique. Sur Eugène Rougon, l'événement reste sans prise : sa carrière se déroule avec des aléas, certes, mais aucune des péripéties qui la jalonnent n'engage la vie ou simplement le bonheur de ce héros du maroquin ministériel. Dans *La Faute de l'abbé Mouret*, Albine meurt d'un amour perdu. Dans *L'Assommoir*, Gervaise descendra tous les degrés de la misère, après avoir failli vaincre l'adversité. Mais l'héroïne de *Son Excellence Eugène Rougon*, Clorinde Balbi, poursuit son chemin d'aventurière en toute quiétude. Le seul personnage qui paye de sa vie sa participation à l'action est une figure d'arrière-plan, le notaire Martineau, victime des manigances de sa belle-sœur, Mélanie Correur, autant que de la répression policière. Il n'est rien, dans le destin des personnages de ce roman, qui puisse inspirer la terreur ou la pitié; rien non plus, dans le dessin de l'intrigue, qui puisse fonder une péripétie ou un suspense.

Zola ne construit pas une tragédie, mais étudie des mœurs : celles de l'espèce politique, à la fois tout en haut, dans les conseils de l'Empire, le cabinet des ministres, la salle des séances ou les couloirs du Corps législatif, et tout en bas, dans les mansardes des dénonciateurs et les boudoirs des intrigantes. Il dépeint le fonctionnement d'une machinerie, celle d'où naissent les lois et les décrets, et aussi la machinerie policière, d'où naissent les « coups », les opérations d'intimidation, les indispensables achats de conscience. En cela, *Son Excellence Eugène Rougon* est peut-être le plus naturaliste de ses romans : celui où la scène se transforme le plus irrésistiblement en tableau, à la manière de cette peinture d'histoire ou de genre pour laquelle, cependant, il n'éprouvait que mépris.

Modèles de carrière

Derrière tous ces tableaux, la séance à l'Assemblée, le baptême du Prince impérial, les conciliabules chez Rougon ou chez Clorinde, le conseil des ministres à Saint-Cloud, on trouve une thèse, et un règlement de comptes, mêlés. Le règlement de comptes, d'abord. Zola se purge de dix ou douze années d'hostilité — devenue peu à peu militante — au régime de Napoléon III. Ce n'est pas ici le lieu de s'interroger sur les origines et les causes des choix politiques de Zola entre 1860 et 1870. Mais ce qui est clair, c'est qu'il a très tôt choisi son camp, idéologique d'abord, puis directement politique plus tard. Son admiration pour Hugo vers 1860, ses lectures de Michelet et de George Sand, sa collaboration avec Louis Hachette et peut-être avec Pierre Larousse, l'appui que lui a apporté

193

l'éditeur Jules Hetzel, ancien émigré de Bruxelles, l'enseignement qu'il a reçu de *La Comédie humaine,* de Stendhal et de Taine, son dédain de l'académisme en littérature et en peinture, son refus des censures, et aussi son expérience de la pauvreté, du déclassement, l'ont situé très tôt, et définitivement, dans l'opposition à l'Empire. Il s'est même transformé, de 1868 à 1870, dans les colonnes de *La Tribune,* du *Rappel* et de *La Cloche,* en un pamphlétaire à l'affût de tous les thèmes dont l'évocation persifleuse pouvait affaiblir dans l'opinion l'image de l'Empereur, de l'Impératrice, de la Cour, des ministres et des agents du gouvernement. Et puis l'Empire est tombé. Mais il est tombé sous les coups d'une armée étrangère plus que sous ceux de son opposition intérieure, à Sedan plutôt qu'à Paris. Et il se peut que Zola, à cinq ou six ans de distance — et alors que Napoléon III est mort depuis 1873 — ressente le besoin d'une mise en question globale et radicale du phénomène bonapartiste, le besoin d'une critique proprement politique, touchant aux racines mêmes de l'institution et de ses pouvoirs, que la guerre et la défaite ont escamotée. C'est aussi qu'en 1875, le pouvoir appartient encore à un ancien maréchal de Napoléon III, et aux mêmes castes qui ont porté et soutenu l'Empire — seuls les porte-parole ont changé —, et qu'aux yeux de Zola, la vitupération de l'ancien régime n'a pas encore épuisé ses vertus d'avertissement. L'Empereur est mort, mais ses « excellences » demeurent, dans l'ombre ou dans les allées mêmes de l'État, avec leurs rêves de revanche. Pour un Rougon, seul compte le pouvoir ; et pour ses séides, la fortune et les honneurs : ce que la défaite d'un Bonaparte vous a retiré, le retour d'un Chambord ou d'un Orléans, voire la dictature larvée d'un maréchal, pourra vous les rendre. *Son Excellence Eugène Rougon* n'est pas qu'une satire à retardement ; c'est aussi une mise en garde. Donc, une œuvre de circonstance.

Et une thèse, disions-nous. A l'arrière du discours polémique, se cache toujours le discours dogmatique, ou didactique. Avec ce roman, Zola entreprend, de démontrer — expérimentalement — ce qu'a été le Second Empire, ce qu'il ne pouvait pas ne pas être. La « méthode » suivie par le romancier n'est autre que celle qu'il décrira quatre ans plus tard dans *Le Roman expérimental* en prenant l'exemple de *La Cousine Bette* et en cherchant appui auprès de Claude Bernard. Il suffit de placer au contact les uns des autres, au service les uns des autres, un bourgeois ambitieux, sans scrupules, versé dans l'intrigue politique, bon stratège, bourreau de travail, connaisseur des faiblesses humaines, éloquent, excellent technicien des procédures parlementaires et ministérielles, et une équipe d'affidés dont il sera à la fois le protecteur et l'obligé, puis de développer la logique de leurs relations mutuelles, pour fournir un modèle de la pratique politique sous l'Empire : pratique de la protection et du chantage, de la clientèle et de la lutte d'influences, de la police privée et de la provocation, du copinage et de la corruption, de l'achat des suffrages et de la distribution des places, de la solennité lénifiante et des rivalités féroces. La puissance absolue d'un homme est toujours la puissance d'une bande, l'un tenant l'autre, et tous tirant profit du travail d'un peuple intimidé et dupé.

Or tout cela ne suffit pas à faire un roman, du moins selon l'efficace des meilleurs romans zoliens. Zola a fort bien perçu le handicap d'un thème qui le tirait en permanence vers le pamphlet romancé, vers la fresque historique plutôt que vers un drame fortement vécu par des personnages auxquels les lecteurs puissent imaginairement s'identifier. A tout moment l'action est stoppée, suspendue, dissoute en d'interminables entretiens : Rougon avec Clorinde, les séides entre eux, chacun d'eux avec Rougon. La plupart des situations sont des situations de parole. Comment échapper à ces poussées vers l'histoire, vers la comédie, ou vers la rhétorique ? Zola a tenté de se tirer de la difficulté, de deux manières : en donnant à Rougon une carrière en dents de scie, qui ménage des retournements de situation et des changements de stratégie politique, et laisse une part d'inattendu au déroulement des faits, condition première du plaisir de la lecture romanesque, et en lui opposant un rival, ou plutôt une rivale, un challenger féminin dans l'art de la combinaison politique et du combat pour le pouvoir, Clorinde Balbi.

Mais l'arrangement ainsi imaginé a peut-être péché par excès de logique et de subtilité, et il ne suffit pas à muscler l'action proprement dite. On attendrait une liaison amoureuse entre Rougon et Clorinde, qui ferait de ces deux personnages deux amants avant d'en faire deux adversaires. On attendrait aussi que Clorinde se batte pour elle-même, pour une participation directe à la puissance d'État. Dans les deux cas, il n'en est rien. Il n'y aura entre Clorinde et Rougon ni lien de maîtresse à amant, ni affrontement politique ouvert, et si Clorinde réussit enfin, après avoir tiré de Rougon le maximum, à l'écarter — grâce aux attentions toutes particulières de l'Empereur —, ce n'est que pour placer son mari, concurrent assez falot de Rougon, dans le fauteuil de ce dernier. Zola est passé à côté d'un beau duel ; et sans doute volontairement : car il a mesuré les obstacles que plaçait devant cette solution romanesque le souci de la vraisemblance politique. L'invention de Clorinde Balbi, si elle fournissait au roman le minimum de présence féminine qui lui était indispensable selon les conventions du genre, n'allait pas en effet sans dangers. Prêter à Rougon une aventure amoureuse qui l'aurait montré à la merci d'un élan sensuel ruinait l'homogénéité, la massivité d'un personnage tout de tête, d'ambition froide, d'intelligence dominant les sens. « Tout le drame de ce personnage se passe dans le crâne », lit-on dans l'*Ébauche*. Point d'amours, donc, ou seulement des envies rapidement réprimées et contraintes ; mais partant, point de conquête, point de rupture, point de plaisir et point de malheur. Le parti pris politique écarte la convention sentimentale qui fait de l'amour un ressort obligé de la structure romanesque ; il fait ainsi de *Son Excellence Eugène Rougon* une œuvre plus moderne que les autres romans de l'époque, et même que les autres romans de Zola, mais il oblige évidemment le lecteur à une ascèse qui peut facilement le lasser ou le détourner.

La vérité politique voulait d'un autre côté – et Zola s'est plié également à cette exigence – que Clorinde Balbi ne fît pas campagne pour elle-même, mais pour un autre homme. Car une femme d'intrigue, en 1860, peut tout au plus accéder au lit de l'Empereur, et devenir, quelque temps, une favorite ; elle peut, par les protections acquises et par son intuition des objectifs, des enjeux et des chances, orienter dans un sens favorable la carrière de l'homme qu'elle soutient ou qu'elle pousse, ou la cause à laquelle elle s'est vouée. Ainsi Clorinde aura fait de Delestang, son mari, un ministre de l'Intérieur, en même temps qu'apparemment elle aura servi les intérêts de Cavour et de l'unité italienne. Mais il n'est pas question qu'elle s'élève au-dessus de ce rôle d'agent, d'entremetteuse des intérêts politiques. Du même coup disparaît l'affrontement qu'on attendrait, et qui donnerait au roman son équilibre, son intensité et ses péripéties : parce qu'alors, à armes égales, une chance serait laissée à l'imprévisible, Rougon pourrait échouer, le destin pourrait vraiment se retourner. Or, Clorinde, parce qu'elle est femme, et si puissants que soient ses atouts de femme – et en particulier l'habileté à séduire –, ne peut prétendre à se poser en rivale de Rougon ; elle est contrainte de mettre en avant Delestang, qui n'est qu'un fantoche manipulable à merci, et de toute manière à aucun moment un personnage dramatique de premier plan. Certes, à la fin, c'est « une intelligence féminine qui bat une intelligence masculine » (*Ébauche*). Mais il n'y a pas eu de véritable combat. Il est très clair d'ailleurs que Rougon a créé lui-même les conditions de son éloignement momentané, par la dureté de sa répression et par les malversations de ses protégés, en un moment où l'Empire va devoir changer de politique.

Non, Clorinde n'est pas Milady ; ni Rougon un cardinal Mazarin à la Dumas. Refusant la vision romantique, ou tout simplement feuilletonesque, de l'histoire politique, pour s'approcher autant que possible des jeux authentiques de la politique impériale, Zola est resté prisonnier de ses présupposés, qui l'ont tenu en deçà des effets romanesques attendus. Il ne faut pas chercher plus loin la raison de l'insuccès relatif – et prolongé – de *Son Excellence Eugène Rougon,* qui est toujours resté, au « hit parade » des *Rougon-Macquart,* le dernier de la liste (avec un autre roman de la manigance politique : *La Conquête de Plassans*).

Les « affaires »

Et pourtant, *Son excellence Eugène Rougon* devrait de nos jours reconquérir un public, en raison même de cette sorte de vice de forme qui l'empêche de s'assurer les attraits attendus et le laisse en deçà du roman, en quelque sorte à l'état de méditation romancée sur le métier politique.

Le livre peut ainsi se lire à différents degrés, dont chacun témoigne de la distance prise par Zola, en 1875 – il a trente-cinq ans – non seulement à l'égard d'une époque et d'un régime révolus, mais aussi, de manière plus générale, à l'égard du gouvernement d'une société moderne. On pourrait dire que ce roman propose des modèles, emboîtés, intégrés les uns aux autres, étroitement interdépendants, du comportement d'État, et des images que l'opinion se forme de ce comportement : images du chef de l'État, de l'homme d'État, des affaires d'État... Et à cet égard, on serait tenté de souscrire à l'exclamation d'Hubert Juin dans la préface qu'il a écrite pour l'édition des *Oeuvres complètes* : « Rien n'a vieilli dans *Son Excellence Eugène Rougon*. Hélas ! »

Au premier degré, c'est la chronique anecdotique, et par moments scandaleuse, des petits côtés de l'Empire, de l'Empereur, et de ses proches. A chaque époque ses « affaires », à chaque chef d'État les échos indiscrets de sa vie privée. On a peut-être prêté à Napoléon III plus de conquêtes féminines qu'il n'en a eues ; adroitement, et sans forcer le trait, laissant deviner plus qu'il ne dit, Zola inscrit le succès d'intrigue de Clorinde sur fond d'alcôve impériale. L'histoire politique de la France abonde en situations de ce genre, et c'est un motif à peu près inévitable pour le romancier qui aventure son sujet jusqu'au plus haut de l'État.

Il en va de même pour le scandale policier et pour le scandale financier. Le personnage de Gilquin, malgré ses côtés carnavalesques, est bien vu. Humainement et socialement plus vrai que le Javert des *Misérables* — qui n'est que l'incarnation incorruptible d'un principe abstrait de surveillance et de répression, un personnage d'Orwell autant que de Hugo — il est la « barbouze », le flic à tout faire de cette police, tantôt parallèle, tantôt officielle, qui sert de force d'exécution (souvent au sens spécial du terme) aux autorités en place. Sa gouaille, son cynisme jouisseur, son rôle multiple d'espion, de provocateur, d'exécutant, sont bien un peu caricaturaux ; mais après tout, si c'est aux historiens d'apprécier s'il ressemble à des policiers types du Second Empire, il paraît assez vraisemblable au lecteur moderne qui n'est pas tout à fait ignorant des faits divers politico-policiers de la Ve République — par exemple. Quant aux appuis mutuels des centres de décision politique et des entreprises de l'industrie privée (« Heureux les rentiers qui avaient pu placer leur argent dans une entreprise à laquelle son Excellence le ministre de l'Intérieur voulait attacher son nom ! »), le projet de chemin de fer de M. Kahn en fournit un exemple qui a eu des répondants sous tous les régimes postérieurs au Second Empire.

Galanteries du prince, opérations de basse police, patronages équivoques, ce sont des thèmes pour dîners en ville dans l'opposition, ou pour la petite presse de ragots, quand elle est autorisée, ce qui n'était pas le cas sous Napoléon III ; mais ce sont aussi des fautes, des écarts dangereux, qui rongent peu à peu la faveur dont un homme ou un système de gouvernement ont pu jouir à l'origine auprès du public ; et Zola ne manque pas de lucidité lorsqu'il fait de Clorinde, de Gilquin et de Kahn, chacun pour ce qu'il symbolise, des créatures typiques des beaux jours du Second Empire. Leurs apparitions dans le roman sont traitées sur des tons différents. Admiration quelque peu effrayée pour Clorinde, humour froid et grinçant quand il s'agit de Gilquin, ironie joyeuse pour Kahn et ses combinaisons. Chacun, à sa manière, représente une des colonnes qui soutiennent l'institution, et sur lesquelles Rougon assoit son propre règne : l'intrigue, l'espionnage policier, le trafic. Mais si l'un d'eux, Gilquin, doit inspirer aux lecteurs, au-delà de ses facéties, une belle répulsion, les deux autres prêtent plutôt à sourire. Et cela laisse penser que Zola a été encore plus sensible aux côtés ridicules des *manières* du régime qu'aux violences inhérentes à sa nature dictatoriale.

Une ethnographie politique

De là — et ce serait le deuxième degré d'une analyse

politique de ce roman − l'attention amusée qu'il a portée aux rituels, aux solennités, à tous les « signes extérieurs » par lesquels cette société et ses « barons » ont cherché à manifester, à rendre indiscutable, à sacraliser aux yeux de la foule leur souveraineté, leur « impérialité ». On revient ici précisément à Kahn, et notamment à l'inauguration, par son excellence Rougon, en personne, de la ligne Niort-Angers. La scène est pour une part un « remake » des comices agricoles de *Madame Bovary*, et l'on entend, en écho, dans le discours de Rougon, celui du conseiller de préfecture qui harangue les paysans normands. C'est la même disposition, les mêmes champ/contre-champ de l'orateur sur le public et du public sur l'orateur, les mêmes clichés, la même coupe rhétorique, la même dérision.

Flaubert :

Il y eut une agitation sur l'estrade, de longs chuchotements, des pourparlers. Enfin, M. le conseiller se leva. On savait maintenant qu'il s'appelait Lieuvain, et l'on se répétait son nom l'un à l'autre, dans la foule. Quand il eut donc collationné quelques feuilles et appliqué dessus son œil pour y mieux voir, il commença :

« Messieurs,

Qu'il me soit permis d'abord (avant de vous entretenir de l'objet de cette réunion d'aujourd'hui, et ce sentiment, j'en suis sûr, sera partagé par vous tous), qu'il me soit permis, dis-je, de rendre justice à l'administration supérieure, au gouvernement, au monarque, messieurs, à notre souverain... ».

Zola :

« Messieurs, permettez-moi de franchir ces coteaux par la pensée, d'embrasser l'Empire tout entier d'un coup d'œil, et d'élargir ainsi la solennité qui nous rassemble, pour en faire la fête du labeur industriel et commercial » (...). Sur le coteau, les spectateurs avaient fini par se mettre à leur aise; les dames s'étaient accroupies, après avoir étalé leur mouchoir à terre (...). Et la voix de Rougon montait peu à peu ...

Peut-on être à la fois satiriste et ethnographe ? C'est

le cas dans ce chapitre, et c'est le cas aussi dans le chapitre sur Compiègne, dans celui sur la vente de charité, et aussi dans les deux chapitres dont l'action se passe au Palais-Bourbon. Zola y compose en somme une *ethnographie* politique du Second Empire : ses codes et ses usages, la liturgie qui règle les rapports de préséances entre les porte-parole du gouvernement et les députés, l'Empereur et les courtisans, le ministre venu de Paris et les fonctionnaires de la province, etc. Toutes circonstances où doit s'attester, comme le dit Rougon, « la grandeur du règne ». A Niort, encore, « le maire, le procureur impérial, le colonel du 78e de ligne, hochaient la tête, en écoutant le député s'émerveiller à demi-voix, de façon à être entendu du ministre. Mais le plus enthousiaste était sûrement l'ingénieur en chef des Ponts et Chaussées ; il affecta une servilité extraordinaire, la bouche tordue, comme foudroyé par les magnifiques paroles du grand homme ». A Niort, au Palais-Bourbon, à Saint-Cloud, à Notre-Dame, c'est la grande « pantomime des gueux », déjà singée un siècle plus tôt par *Le Neveu de Rameau*... Diderot et Daumier rejoignent Flaubert et Zola dans les meilleures pages de *Son Excellence Eugène Rougon*, celles où l'auteur campe avec une verve impassible la hiérarchie des obéissances, et toutes les figures imposées qui organisent le ballet des pouvoirs et des honneurs, définissant, en même temps que l'« étiquette », l'éthos d'un régime.

Rien de tout cela ne paraît encore atteindre aux racines profondes du politique. Kahn n'est qu'une silhouette de vaudeville. Et ce n'est pas en lisant *Son Excellence Eugène Rougon* que nous apprendrons quels sont les soutiens économiques et financiers dont a bénéficié le gouvernement impérial pour ses décisions, ni quels étaient les liens d'intérêt mutuel, de collaboration, d'amitié, qui pouvaient unir les hommes des équipes gouvernementales et ceux des états-majors industriels. Nous n'y apprenons pas non plus quelles étaient les corrélations entre les textes fondateurs du régime, les mesures prises par ses dirigeants, et la vie privée des citoyens, dans leurs conditions de travail, leur niveau de vie, l'étendue de leurs libertés, etc. De ce point de vue, il ne fait pas de doute que Balzac et Stendhal, si l'on s'en tient à la littérature de fiction, fournissent des modèles plus assurés, plus fouillés que ceux de Flaubert et de Zola. Mais le discours du conseiller, à Yonville, et celui d'Eugène Rougon, à Niort, ne sont pas pour autant négligeables. Il apparaît même que si Zola n'aborde pas l'étude d'une société et de son régime de gouvernement sous le même angle que l'auteur de *César Birotteau* et de *La Maison Nucingen,* il n'en touche pas moins à une composante essentielle du politique : l'appareil institutionnel et idéologique, qui tout d'abord assure la cohésion, la solidarité, la complicité explicite ou implicite du personnel des quatre ordres — l'exécutif, le législatif, le judiciaire et l'administratif —, et en second lieu met en condition favorable l'opinion publique.

C'est pourquoi, au fond, il serait bien inexact de dire que Balzac est plus « réaliste » que Zola — ou l'inverse. Il existe plusieurs focales et plusieurs visées pour une représentation réaliste des forces qui conduisent la cité, et des moyens dont elles usent. On peut concevoir, pour parler en termes marxisants, un réalisme des infrastructures, attaché à l'observation des forces productives et des rapports de production, et un réalisme des superstructures, s'intéressant plutôt au jeu des signes et des langages ; à chacun ses découvertes, ses techniques, ses styles et ses effets. Le second est plus à l'aise pour travailler dans la satire et le comique. C'est à cette dernière famille que se rattache *Son Excellence Eugène Rougon,* par l'insistance qu'y met son auteur à désacraliser le discours du pouvoir : et nous entendrons encore une fois par *discours* non seulement l'éloquence verbale, mais aussi l'ensemble des manifestations par lesquelles le pouvoir entend signifier son existence et sa prééminence, se donner pour un fait et un bienfait de nature, et annihiler par avance, chez ceux qui contemplent ses hommes et ses symboles, tout esprit de mise en question. On ne met pas en question l'évidence, sauf si l'on a mauvais esprit. *Son Excellence Eugène Rougon* est un roman de mauvais esprit.

L'appareil et l'appétit

C'est enfin, d'une certaine manière, un roman d'aventures. Mais ce n'est pas seulement affaire de compétence narrative. Voilà un personnage, Eugène Rougon, qui joue tout son destin sur la conquête de la puissance politique, mais qui, à deux reprises, décide le quitte ou double, au risque de perdre tout, tout de suite et définitivement. L'équilibre et la symétrie du roman reposent sur ces deux « bancos » successifs. Le premier réussit : démissionnaire de la présidence du Conseil d'État, Rougon se retrouve deux ans plus tard ministre de l'Intérieur, investi de l'autorité absolue d'un homme qui a reçu pour mission de faire trembler le pays. Sa « traversée du désert » n'a pas duré longtemps — même si elle occupe plus d'un tiers des chapitres du roman (du chapitre 2 au chapitre 7). Et l'on devine que le second pari, plus audacieux encore, prépare une rentrée plus spectaculaire encore, puisqu'elle s'accompagnera d'une conversion sans réticence à la nouvelle politique impériale. Rougon, qui fut l'homme de la « répression à outrance », « du refus de toutes les libertés », du « gouvernement absolu », deviendra, sauf imprévu, au-delà des limites du roman, et dans la logique de son dernier chapitre, le porte-parole des libertés — des « sages libertés » s'entend... A deux reprises, il s'est mis en réserve de l'Empire, pour apparaître comme un recours et rendre plus évidente, le moment venu, la nécessité de son rappel aux affaires. Le mot *aventurier* n'est pas déplacé, si on le prend dans son sens étymologique : celui qui court aventure, celui qui ne craint pas de remettre en jeu ou de sacrifier les certitudes et les avantages d'un ordre présent, dans l'espérance ou le calcul d'un plus grand profit à venir. L'histoire récente nous fournit l'exemple d'« aventures » identiques, dont les héros sont parvenus, par cette voie même, et justement parce qu'ils avaient su prendre de tels risques, au plus haut poste de l'État.

La « traversée du désert », en pareil domaine, n'est jamais une traversée solitaire. Elle se caractérise par la patiente élaboration d'un système de points d'appui, de bases de retraite et d'offensive, de centres d'information et de décision, d'instruments de pesée sur l'opinion. Passons donc sur l'aspect forcé des surabondantes réunions de la bande autour de Rougon. Zola a très bien compris qu'il n'est pas d'aventure réussie, au plus haut niveau d'une carrière politique, sans l'existence de ce que le vocabulaire moderne appelle un « réseau ». On perçoit ici la problématique de l'appareil. Celui dont dispose Rougon est léger. Point de parti qui l'ait porté à sa tête, et qui puisse devenir l'instrument électoral de ses conquêtes. Tout se joue au plan des services rendus. Rougon a fait partie autrefois du réseau bonapartiste ; parvenu à ses fins, Louis-Napoléon l'a à son tour hissé à ses côtés ; c'est la démarche naturelle qui suit les prises de pouvoir, en régime oligarchique ; le conquérant place ses fidèles, qui à leur tour placent leurs créatures, couvrant le pays d'un filet de sécurité qui interdit ou contient les sursauts populaires. Le pouvoir fait de la sorte, dans une certaine mesure, l'économie des machineries électorales. Chacun de ceux qui l'ont en partage est un chef de clan, non pas un chef de parti.

Que les républiques parlementaires et démocratiques, et les états socialistes, fonctionnent à l'opposé ou à l'écart de ce modèle, rien n'est moins sûr. Nous le savons encore mieux que Zola, plus d'un siècle après la publication de *Son Excellence Eugène Rougon*. Mais lui s'en doutait déjà après seulement quatre ou cinq années d'expérience de la république qui avait succédé au Second Empire, et alors que, trop jeune, il n'avait pas pu observer la république précédente. Il nous fournit en tout cas une image qui demeure fiable de cette relation d'engendrement et de solidarité mutuels entre le leader et son réseau, qui est au cœur de la société politique.

Il nous aide enfin à réfléchir sur les traits caractérologiques qui sont la condition nécessaire d'une grande réussite politique. Paul Alexis écrivit en 1882 qu'Eugène Rougon, c'était Émile Zola ministre. Peut-être ce dernier, par son propre profil de carrière, était-il mieux en mesure que d'autres romanciers de son temps, de saisir ce qu'il faut d'intelligence calculatrice, de patience obstinée, de sens des opportunités, d'entregent, d'habileté dans l'usage du langage, de constance et de pragmatisme dans la réalisation des objectifs, d'intuition psychologique, notamment dans la connaissance des partenaires et des adversaires, pour imposer son personnage, obtenir qu'on vous écoute, qu'on vous fasse confiance et qu'on vous serve. Il avait mis quinze ans pour conquérir un public, des éditeurs, une notoriété, et bientôt la fortune matérielle et symbolique. C'est à peu près aussi le temps qu'aura mis Eugène Rougon, depuis ses premières complicités avec Louis-Napoléon Bonaparte jusqu'à son arrivée au sommet des institutions impériales. Mais l'analogie reste fragile, aussi bien que celle qu'esquisse Alexis entre la prétendue chasteté de Zola et celle d'Eugène Rougon... On ne peut s'en satisfaire, tant sont différentes la conduite, bon an mal an, d'une profession privée − fût-ce celle de romancier − et la stratégie qui guide à long terme les desseins politiques. Or, ce que Zola réussit à faire vivre de manière plausible, à travers le personnage d'Eugène Rougon, c'est la combinaison d'une option politique et idéologique déterminée − un inébranlable conservatisme, un choix de restauration que nous dirions aujourd'hui « fascisant », de style salazariste, ou vichyste −, d'une excellente maîtrise des rouages institutionnels, et d'une ambition personnelle sans cesse tendue vers la pure jouissance du pouvoir, plus encore que des honneurs et des richesses : « Il trouvait le pouvoir trop désirable, trop nécessaire à ses appétits de domination, pour ne pas l'accepter, sous quelque condition qu'il se présentât. Gouverner, mettre son pied sur la nuque de la foule, c'était là son ambition immédiate : le reste offrait simplement des particularités secondaires, dont il s'accommoderait toujours. Il avait l'unique passion d'être supérieur. »

Tel est, aux yeux de Zola, l'animal politique, lorsqu'il s'agit d'une espèce particulièrement intelligente en même temps que particulièrement prédatrice. Aux lecteurs versés dans la fréquentation de cette faune de dire si le modèle ainsi présenté emporte la conviction. Il ne manque pas de relief, en tout cas. Ajoutons qu'Eugène Rougon fait preuve d'une qualité sans laquelle nulle brigue, en ce domaine, ne pourrait trouver son dynamisme : la conviction de remplir un service public. Rougon taille son chemin non seulement pour le contentement de faire « entendre la lourdeur de son pas aux quatre coins de la France », mais aussi parce qu'il s'est donné une fois pour toutes à l'Empire, et parce qu'il pense profondément que les hommes doivent être « menés à coups de fouet, comme un troupeau ». Et dans les circonstances où le langage du fouet ne convient plus, qu'à cela ne tienne : on lui substituera le langage des promesses libérales et

« la fiction du parlementarisme ». La même fin peut justifier des moyens divers, comme le montre la palinodie du dernier chapitre.

Politique, ce roman l'est donc jusqu'à la satiété. Il pourrait engendrer un scepticisme généralisé. Et de vrai, en 1875, Zola semble être devenu profondément sceptique : les vertus de la République ne sont pas à ses yeux baignées d'une lumière tellement aveuglante que les hommes du régime précédent puissent être dépeints comme des types totalement révolus. On serait tenté d'en conclure que pour Zola, tout discours, toute posture politique sont frappés de suspicion, en raison de leur nature aliénante, et plus encore la posture qui réussit que celle qui échoue, en quelque régime que ce soit. Cela conduit tout droit, il faut bien le dire, à une sorte d'anarchisme, dont la pensée de Zola portera ultérieurement de nombreuses traces, et à une contradiction, qu'il lui arrivera de vivre assez mal, entre le refus de servir, par la parole ou par le vote, quelque leader que ce soit — tous *moralement* suspects — et l'impossibilité de ne pas prendre parti contre ceux qui, tels Eugène Rougon et son maître, représentent le mal absolu. Il ne reste parfois de solution que le coup de poing qui crève ou tente de crever tous les écrans institutionnels et tous les masques des notables : *J'accuse,* en quelque façon, apportera réponse aux questions soulevées vingt-deux ans plus tôt par *Son Excellence Eugène Rougon.*

13

Modèles et contre-modèles
Naissance de l'ouvrier romanesque :
L'Assommoir

Il semble assez établi que Zola offre un excellent exemple de genèse méthodique, définissant explicitement ses objectifs, son programme didactique et narratif, rationalisant de manière quasi obsessionnelle l'ordre et les mesures de son dossier préparatoire, multipliant les contrôles contre toute éventuelle « panne » thématique ou technique, imposant à la fiction la finalité d'une stratégie. De l'*Ébauche* au dernier plan détaillé, en passant par les notes documentaires, les fiches-personnages, le plan sommaire, le premier plan détaillé, et les éléments additionnels à chacun de ces composants, il bâtit un extraordinaire arsenal d'attaque — et de défense. Reste à se demander de quoi cet arsenal est le symptôme, le signe, et, surtout, ce qu'il dissimule, ou du moins ce qu'il coiffe, ce qui se dit en dessous de ce qu'il laisse voir.

Revenons à l'*Ébauche* de *L'Assommoir*. « *Le roman doit être ceci : Montrer le milieu peuple et expliquer par ce milieu les mœurs peuple...* ». Est-ce là une authentique première ligne ? Du dossier préparatoire, peut-être ; mais de la genèse ? Il faut prêter attention, ici, à la préhistoire des *Rougon-Macquart*.

Il n'y a pas de véritable origine. C'est particulièrement net en ce qui concerne *L'Assommoir.* Où en situer le germe, le thème séminal? Dans cette première ligne de l'*Ébauche*? Ou en 1869, dans le projet « *d'un roman qui aura pour cadre le monde ouvrier* », « *la peinture d'un ménage d'ouvriers à notre époque* », « *le drame intime et profond de la déchéance du travailleur parisien sous la déplorable influence du milieu des barrières et des cabarets* »? Ou, encore un peu plus tôt, dans l'une des toutes premières réflexions préliminaires aux *Rougon-Macquart,* sans doute rédigées en 1868, où Zola distingue cinq mondes, parmi lesquels le « *peuple (ouvrier, militaire)* »? Ou même en 1866, dans la chronique où Zola fait le portrait de son « *ami Jacques* », le croque-mort, première incarnation de Bazouge? Mais il faudrait convoquer aussi les articles publiés en 1868 dans *La Tribune,* qui font écho au projet défini en 1869, en réclamant « *de l'air, de la lumière et de l'instruction pour les basses classes* ».

L'*Ébauche* actualise donc un propos qui court dans la pensée du romancier depuis longtemps, et qui a déjà affleuré ici et là, sous la forme de noyaux thématiques servant à articuler d'autres types d'énoncé que le roman : graines ou pousses du roman, éparses, et attendant l'heure du repiquage... Ces bribes d'avant-texte ne sont nullement négligeables : elles servent de jalons pour la mise au jour des surdéterminations de tous ordres qui ont pesé sur l'*Ébauche* et sur l'ensemble du dossier préparatoire, et en forment, somme toute, la base de « compétence ».

Empruntons en effet cette notion − même à titre de métaphore − à la linguistique générative. La compétence désigne le corps d'éléments et de règles définis qui permet au sujet parlant d'engendrer des phrases en nombre indéfini. Posons qu'il existe aussi une compétence des contenus, corps de notions (connaissances acquises, idées reçues, stéréotypes, présupposés, etc.)

et de règles d'énoncé, où s'enracine, se préforme et se spécifie le propos du sujet, quel que soit le type d'énoncé qui le véhicule, discours proprement dit, ou récit. Cette compétence, en matière romanesque, inclut, certes, les modèles explicites et intentionnels que s'est construit l'écrivain : ses objectifs affirmés, ses « intentions », selon le vocabulaire de la critique traditionnelle, et ses méthodes de travail. Mais elle inclut aussi, en profondeur, tout le système préconstruit de sa formation idéologique, de son héritage technique et rhétorique, et, plus profondément encore, tout le système d'associations de sa langue nationale : c'est tout cela qui, en bloc, se réinvestit dans le monologue constructeur. La tâche de la génétique est de reconnaître à chacun de ces deux paliers de compétence — l'explicite et l'implicite — ce qui lui revient.

La distinction de l'exogenèse et de l'endogenèse, dans cette perspective, n'est pas aisée. Tout est à la fois exogénétique et endogénétique. Le choix d'un sujet comme *L'Assommoir* est doublement contraint, ou pour le moins induit : de l'intérieur — peut être — par le besoin de s'expliquer avec une pauvreté qu'on a failli connaître et partager, de comprendre ce qui se passe dans un milieu qu'on a approché de fort près ; de l'extérieur, par le discours immédiatement antérieur, et contemporain, sur le peuple, sur les « Misérables » et sur l'ouvrier.

C'est pourquoi on peut distinguer, dans toute étude génétique, et singulièrement pour les dossiers des *Rougon-Macquart,* en deçà du savoir documentaire intentionnellement élaboré, en deçà des « intentions », des thèses et des programmes délibérés, dans la profondeur du projet, un autre ensemble de composantes génétiques et un autre processus d'engendrement, plutôt contraints que volontaires, inconscients que conscients, implicites qu'explicites, génotypiques que phénotypiques : une compétence idéologique et discursive profonde, constitutive du préconstruit génétique, doublement inscrite dans le langage heuristique de l'écrivain par sa propre parole et par celle des autres.

Le modèle discursif

La vraie question à poser alors n'est pas : « Quels sont les ouvriers réels qui ont servi de modèle à Coupeau et à Goujet ? », mais : « Quel est le système d'idées reçues sur l'ouvrier et sur l'ouvrière qui a engendré l'ensemble des énoncés relatifs, directement ou indirectement, à Coupeau, Goujet ou Gervaise ? » Ce système d'idées reçues est fait à la fois de préimposés (concepts, images et associations hérités du code culturel qui nourrit la pensée, l'imaginaire et le langage de Zola) et de présupposés (prémisses implicites, données pour évidentes, de l'enchaînement logique sur lequel s'enclenche l'*Ébauche*).

Reportons-nous, encore une fois, aux premières lignes de l'*Ébauche*. Le préimposé le plus immédiat, et le plus dynamique pour ce début, est la notion de *peuple*. S'y accrochent d'autres préimposés, et plusieurs présupposés, phrases de base qui sont assez faciles à dégager par une simple transformation inverse des phrases textuelles :

1. Il y a des mœurs peuple, sous-entendu : il existe une espèce naturelle et sociale « *peuple* », avec ses mœurs propres. 2. Les caractéristiques intrinsèques, spécifiques, du peuple sont la brutalité, le relâchement (« la vie du peuple avec ses ordures » ; c'est le défini possessif qui marque ici la présupposition). 3. Le peuple se confond avec la classe ouvrière : Zola emploie le générique « l'ouvrier » comme équivalent ou au moins comme une synecdoque de « peuple », « milieu peuple ». 4. Les ouvriers se subdivisent en mauvais ouvriers et en « bons ouvriers ».

212

Ce sont là les prémisses ethnologiques, sociales et morales. S'y ajoute un donné textuel, un contenu posé, cette fois, et non présupposé, d'ordre épistémologique : l'explication des « mœurs peuple » est à chercher dans l'influence du milieu, plus précisément dans « les conditions mêmes de l'existence ouvrière ».

S'y ajoutent aussi d'autres présupposés, ceux-là d'ordre esthétique :

1. Le roman peut avoir une fonction didactique (« montrer, expliquer »). 2. Il peut avoir aussi une fonction édifiante (« la morale se dégageant elle-même »). 3. L'objectif édifiant n'est pas contradictoire avec l'objectif heuristique (« un tableau très exact »), non plus qu'avec l'objectif rhétorique (« un bon ouvrier fera l'opposition »). Le récit s'accommode parfaitement du discours, et inversement.

Il vaudrait la peine de revenir sur tous ces « préconstruits » de l'avant-texte, et de s'interroger tant sur leur origine que sur leurs corrélations mutuelles, et sur le travail qu'ils effectuent au sein du dossier de *L'Assommoir*. Tenons-nous en au discours, latent et patent, sur le peuple et sur l'ouvrier. Il est, contradictoirement et complémentairement, archaïque et inédit.

En effet, depuis un demi-siècle bientôt, depuis l'explosion romantique, circule un courant textuel ininterrompu, volumineux, multiforme, sur le peuple. Il serait bon de le suivre dans ses diverses occurrences : la « physiologie », avec *Les Français peints par eux-mêmes,* le roman avec *Les Mystères de Paris,* et *Les Mystères du peuple,* d'Eugène Sue, *La Fille aux yeux d'or,* de Balzac, *Les Misérables,* de Hugo, *Germinie Lacerteux,* des Goncourt, l'essai avec *Le Peuple,* de Michelet, *L'Ouvrière,* de Jules Simon, le théâtre avec *Les Ouvriers,* d'Eugène Manuel, la peinture avec les toiles de Courbet et de Millet, l'encyclopédie, avec Pierre Larousse, la littérature populaire avec les romans de colportage, etc. Au fil de ces textes, se sédimente un code de représentation dont le concentré apparaît peut-être le plus clairement dans l'article *ouvrier* du *Grand Dictionnaire universel du XIXe siècle,* de Pierre Larousse (volume de 1874). Ne disons pas que l'*Ébauche* de *L'Assommoir* prend sa source dans cet article : celui-ci n'est cité nulle part dans le dossier préparatoire, et, si l'on sait que Zola a eu fréquemment recours au *Grand Dictionnaire universel,* il n'est guère possible de l'affirmer − ni de le nier − pour cet article en particulier. Ce n'est pas la question. Il s'agit plutôt de faire admettre une correspondance, un air de famille, une convergence, une communauté partielle de compétence entre les deux propos : c'est un phénomène plus important qu'une simple relation de consécution conjoncturelle. Car il apporte la preuve que tout avant-texte condense, déplace, transforme et accommode du discours social, dans des conditions telles qu'il est possible de reconstituer (hypothétiquement) les bases et le procès sociocritique du travail de préécriture. Impossible de s'enfermer dans le seul tête-à-tête avec le manuscrit. Celui-ci vous renvoie inévitablement à l'imprimé auquel il fait écho, et qui est à l'inverse son écho.

Voici le début de la partie proprement lexicographique de l'article *ouvrier* de Pierre Larousse (à la suite de cette partie, vient, dans le *Dictionnaire,* un long développement encyclopédique qui ne peut pas non plus nous laisser indifférent) :

OUVRIER, IERE s. (ouvri-é, i-è-re − rad. *ouvrer*). Personne qui gagne sa vie à travailler de ses mains : *Un habile* ouvrier. *Un mauvais* ouvrier. *Un* ouvrier *paresseux. Un* ouvrier *diligent. Le travail d'un* ouvrier. *Les ménages d'*ouvriers. *Des* ouvriers *maçons, charpentiers. Les* ouvriers *des champs. Des* ouvrières *en linge. L'*ouvrier *mérite sa nourriture.* (St. Matthieu.) *D'abord les ouvrages donnent de la réputation à l'*ouvrier, *et ensuite l'*ouvrier *aux ouvrages.* (Montesq.) *La douceur du climat, à Naples, permet aux* ouvrières *en tout genre de travailler dans la rue* (Mme de Staël.) *Le gain de l'*ouvrière *ne suffit pas aux premières nécessités de la vie.* (Mme Romieu.) *Il ne suffit pas qu'un* ouvrier *connaisse les premiers outils de son art, il faut qu'il connaisse les outils* *nouveaux qui peuvent en perfectionner l'usage.* (Cabanis.) *La vie de l'*ouvrière *des villes et des campagnes est moins assurée que celle du nègre.* (E. Texier.) *A la connaissance de ses droits, l'*ouvrier *français joint le sentiment de sa force.* (Mic. Chev.) *Celui qui connaît la misère des* ouvriers *ne connaît rien; il faut connaître la misère des* ouvrières. (Proudh.) *Esclave du travail, l'*ouvrier *manque de loisirs pour cultiver son esprit.* (Vacherot.) *Aux jours de grandes épreuves, ce qu'il y a le plus à redouter, ce n'est pas l'*ouvrier *qui lit et qui pense, c'est l'*ouvrier *qui ne lit rien et qui croit tout.* (E. de Gir.) *C'est la force de la volonté, plus que toute autre cause, qui fait le bon* ouvrier. (J. Simon.)

Comme dans la plupart des grands dictionnaires, on distingue ici deux sortes de métasignes lexicographiques (sans parler des définitions). Le premier est la collocation type, exemple *un habile ouvrier.* C'est en principe l'outil à l'aide duquel le lexicographe rend sensibles à ses lecteurs l'étendue et la diversité des emplois de mot dans la langue usuelle. Mais c'est avant tout un prélèvement de discours usuel, retenu pour une qualité particulière qui le rend précieux au lexicographe, sa fréquence d'apparition dans la textualité orale et écrite contemporaine, donc, en fait, son caractère figé, reçu, codé. C'est − pour risquer un néologisme − un « textuème »; d'autres diraient un idéologème. Je préfère « textuème », car il s'agit bien de segments textuels actualisables en une infinité de contextes (par différence avec l'idéologème, qui se définit comme une unité sémantique virtuelle pouvant se manifester en toutes sortes de « textuèmes »), constitutifs de la parlerie collective soit d'un groupe social caractérisé, soit d'une très vaste portion de la communauté nationale transcendant les oppositions de classe. *Habile ouvrier, mauvais ouvrier, bon ouvrier,* cela se dit partout en 1875 − y compris dans l'*Ébauche* de *L'Assommoir;* ce sont là de ces fragments discursifs que le dictionnaire détache pour renvoyer à la langue sa propre image, pour sécuriser le lecteur en lui montrant qu'il parle bien comme tout le monde. Rien n'est plus utile, pour reconstituer la compétence linguistique et idéologique d'une société, que d'étudier les collocations types, les exemples forgés d'un grand dictionnaire, et surtout de ces dictionnaires antérieurs à la prise de conscience théorique des lexicologues modernes, qui, s'étant dépouillés de la relative naïveté de leurs prédécesseurs, pervertissent, paradoxalement, la fonction lexicographique, laquelle est bien, comme l'avait senti Flaubert, d'étaler les idées reçues, et non pas d'enseigner l'expression originale.

Le système de collocations de l'article *ouvrier* se fonde ainsi sur deux couples d'oppositions : *habile ouvrier* versus *mauvais ouvrier* et *ouvrier paresseux* versus *ouvrier diligent.* Le premier privilégie le critère d'habileté technique, d'efficacité, de rendement ; il répond à une échelle d'appréciation technique et économique ; le second privilégie le critère de la quantité de travail, ainsi que l'attitude de l'ouvrier face à son travail ; il répond à une échelle d'appréciation morale. Les deux séries sont distinctes : un « ouvrier paresseux » peut être un « ouvrier habile ».

Deuxième constituant de l'énoncé lexicographique : l'exemple littéraire, la citation. Pierre Larousse n'en a pas inventé l'usage. Mais il contribue, en même temps que Littré, à le répandre. A la différence de Littré, il puise beaucoup plus dans les textes contemporains ou immédiatement antérieurs que dans les textes du XVIIe et du XVIIIe siècles. Ses exemples textuels (qu'il faut distinguer des « textuèmes ») reflètent les modes de pensée et de langage du deuxième tiers du XIXe siècle. De plus, certains d'entre eux, par leur contenu, assurent un relais entre la partie lexicographique et la partie encyclopédique du dictionnaire. Ils apportent déjà la matière et la structure d'une doctrine : non pas de manière explicitement posée et ordonnée, mais par les convictions sous-jacentes que présupposent leur choix et leur mise en ordre.

Relisons les citations littéraires de l'article *ouvrier.*

Elles peuvent se regrouper en trois séries. Tout d'abord, celles qui développent le thème de la maîtrise technique, et plus exactement du devoir d'apprentissage et de perfectionnement. « D'abord les ouvrages donnent de la réputation à l'ouvrier, et ensuite l'ouvrier aux ouvrages » (Montesquieu) ; « Il ne suffit pas qu'un ouvrier connaisse les premiers outils de son art ; il faut qu'il connaisse les outils nouveaux qui peuvent en perfectionner l'usage » (Cabanis). Ensuite, celles qui incitent à la compassion du lecteur pour les traits misérables de la condition ouvrière (encore que, Dieu merci, à Naples, selon Mme de Staël, « la douceur du climat permette aux ouvrières en tout genre de travailler dans la rue »...) ; « Le gain de l'ouvrière ne suffit pas aux premières nécessités de la vie » (Mme Romieu) ; « La vie de l'ouvrière des villes et des campagnes est moins assurée que celle du nègre » (E. Texier) ; « Celui qui connaît la misère des ouvriers ne connaît rien ; il faut connaître la misère des ouvrières » (Proudhon). On note l'insistance, moins sur la condition ouvrière, que sur la condition de l'*ouvrière*. Ceci se relie à une argumentation non pas sociale et politique, mais humanitaire, morale, et biologique, qu'on peut lire dans la section encyclopédique de l'article : « La vie d'atelier est loin d'être sans influence sur le moral de la jeune fille comme sur celui de la femme, et lors même que la vie en atelier ne produit pas de semblables résultats sur certains caractères mieux trempés ou qui trouvent dans la famille la force de résister aux entraînements qui sollicitent l'ouvrière de toutes parts, celle-ci reste quelquefois vierge de corps, mais son esprit est corrompu (...). De tout cela il résulte que la morale et l'hygiène protestent contre l'introduction des femmes dans les ateliers d'hommes et qu'une des causes de la dégénérescence de l'espèce chez les classes travailleuses est précisément ce travail en commun et les tristes conséquences qu'il entraîne forcément avec lui (...).

En somme donc, et à notre avis, la femme mère ou fille doit travailler chez elle. »

Pierre Larousse (mais est-ce bien Pierre Larousse ? On sait qu'il eut des dizaines de collaborateurs anonymes, ce qui fait véritablement de son *Dictionnaire* la sous-conversation collective, le *melting-pot* idéologique d'une époque) s'accorde ici avec *L'Ouvrière*, de Jules Simon (1868) ; sans doute même s'en inspire-t-il. Et il n'y a pas loin de ces considérations aux premières lignes de l'*Ébauche,* qui se donne pour objectif principal une étude de *mœurs,* et qui décide de « *faire la femme du peuple, la femme de l'ouvrier* ». Il n'y a pas loin non plus à la mise en scène, dans *L'Assommoir,* des dépravations qui guettent les ouvrières en atelier, telles « la grande Clémence », « ce louchon d'Augustine », et Anna Coupeau, l'apprentie fleuriste. Sur tous ces textes, qui se répondent les uns aux autres, et qui répondent à beaucoup d'autres au cours de la même décennie, pèse le discours d'un humanitarisme pathétique et vertueux, qui dépeint volontiers la souffrance ouvrière : mais pour en déplorer les conséquences morales et n'y trouver d'autre remède qu'un appel à la clairvoyance, à la générosité et à l'imagination des classes possédantes. « *Un effroyable tableau,* dira Zola, *qui portera sa morale en soi.* » Tous ces hommes, Pierre Larousse, Jules Simon, Émile Zola — et avant eux Hugo, Sue, Michelet — sont des agnostiques, des laïques. Mais ce sont à leur façon des apôtres, d'un apostolat qui, en tant que tel, a ses inévitables limites dans l'ordre de la lucidité politique, et sur lequel retombe en fait tout le poids de la tradition chrétienne, charitable et puritaine.

La troisième classe des citations de l'article *ouvrier,* dans le *Grand Dictionnaire,* ne dément pas ce point de vue. Ce sont elles qui, en effet, dégagent les voies du salut, en même temps qu'elles adressent un avertissement aux lecteurs : apprenez à lire aux ouvriers, sinon redoutez les révolutions. « A la connaissance de ses droits, l'ouvrier français joint le sentiment de sa force » (Michel Chevalier) ; « Aux jours de grandes épreuves, ce qu'il y a le plus à redouter, ce n'est pas l'ouvrier qui lit et qui pense, c'est l'ouvrier qui ne lit rien, et qui croit tout » (Émile de Girardin). Trois voies s'ouvrent à l'ouvrier, pour bien connaître son métier et pratiquer les vertus qui le préserveront de la révolte : l'éducation, la volonté (Jules Simon : « C'est la force de la volonté, plus que toute autre chose, qui fait le bon ouvrier »), et, bien entendu, la République. Cette dernière voie n'est pas désignée nettement, mais suggérée par le choix des auteurs cités, qui en majorité se situent parmi les libéraux ou les opposants à l'Empire. Exaltant l'image du *faber,* du travailleur maître de ses mains et de sa conscience, appelant les classes cultivées à prendre en pitié et à charge les malheurs de la classe ouvrière, exhortant celle-ci à trouver remède à ses maux dans la volonté individuelle, le travail, le désir d'apprendre et la foi en la liberté, le *Dictionnaire,* par-delà l'apparente hétérogénéité de ses composants, développe une pensée qui est cohérente par ses racines idéologiques et par ses objectifs d'édification, celle-là même qui traverse depuis plus d'un demi-siècle la littérature réformatrice, et qui inspirera les grandes lois républicaines des années 80, au premier chef les lois sur l'école, et, sur cette lancée, les préceptes d'éducation morale et civique proposés aux enfants du peuple.

Il existe donc, avant *L'Assommoir,* un discours bourgeois progressiste sur l'ouvrier, de tradition déjà ancienne et riche, devenu obsédant, parce qu'obsédé, et qui forme le terreau où s'enracine l'*Ébauche* de *L'Assommoir.* C'est là qu'on peut lire toutes les corrélations qui donnent à cette dernière du sens, sinon son sens. Elle aussi évalue l'ouvrier à l'aide de critères puritains, et met en œuvre une narrativité puritaine :

car elle se focalise sur l'histoire d'un individu et de son cercle familial, elle construit la logique des actions à venir sur l'opposition de deux vecteurs à contenu moral, le vecteur travail-réussite et le vecteur tentation-déchéance, elle fait de la destinée du héros (en l'occurrence une héroïne) le tremplin didactique d'une haute réflexion morale, elle vise au pathétique de la malédiction individuelle (« Je fais mourir Gervaise tragiquement, ou plutôt je la montre, mourant à quarante-et-un ans, épuisée de misère »), elle fait le silence absolu sur les classes, la lutte des classes, l'exploitation collective des ouvriers. Un même subconscient social parle sous l'*Ébauche* de *L'Assommoir* et sous les articles du *Grand Dictionnaire universel* : deux genres différents, deux rhétoriques différentes, mais corrélatives.

C'est sur cette base idéologique que se greffe l'enchaînement associatif qui tisse le texte, par le jeu des dérivations sémantiques : équivalences, paraphrases, métonymies, antonymies, inclusions. La mention des « mœurs peuple » fait surgir dans l'énoncé, quasi automatiquement, les représentations « indicielles » qu'elle inclut selon ce code-là : la *soûlerie,* les *coups,* la *promiscuité,* le *laisser-aller. La vie lâchée* paraphrase le *laisser-aller,* le *langage grossier* métonymise *les ordures : « La vie du peuple avec ses ordures. »* Ainsi s'affirment et s'imposent, dans la trame même de l'*Ébauche,* les énoncés figés, les corrélations-types, les restrictions sélectives d'une voix qui n'est pas celle du quartier de la Goutte d'Or (immortalisée par le style indirect libre du roman achevé), mais plutôt celle des quartiers où se rassemble la petite bourgeoisie intellectuelle. Une interdiscursivité englobe et déborde l'intertextualité. Le monologue de l'*Ébauche* s'imprègne, s'imbibe des préimposés et des présupposés d'une vulgate. Ses voies — et ses voix — sont frayées d'avance ; elle progresse dans des couloirs imposés, elle applique des règles associatives dont elle n'a pas le contrôle. Une sémantique générative du noyau initial de l'avant-texte, dégageant des énoncés générateurs eux-mêmes repérables dans la parole collective environnante[1], s'impose bien comme préalable à la reconstitution hypothétique des étapes successives de la genèse, et à leur interprétation.

Le modèle narratif

On devrait sans doute également invoquer une « narratologie générative » : second aspect de cette compétence qui supporte et informe le dossier préparatoire, par-dessous les intentions explicites et les justifications affirmées. Nous l'avons vu, très vite l'*Ébauche,* après une rapide attaque thématique (« *montrer le milieu peuple et expliquer les mœurs peuple* »), dégrossit une intrigue. Ceci se fait, pour *L'Assommoir,* en deux temps successifs. Voici les textes, numérotés pour la clarté de leur comparaison :

I. Ma Gervaise Macquart doit être l'héroïne. Je fais donc la femme du peuple, la femme de l'ouvrier. C'est son histoire que je conte. Son histoire est celle-ci. Elle s'est sauvée de Plassans à Paris avec son amant Lantier, dont elle a deux enfants : Claude et Étienne. Elle se sauve en 1850. Elle a alors vingt-deux ans. Claude a huit ans et Étienne quatre ans.

Lantier, un ouvrier tanneur, l'abandonne trois mois après son arrivée à Paris, où elle a repris sont état de blanchisseuse ; il se marie de son côté, sans doute. Elle se met avec Coupeau, un ouvrier zingueur, qui l'épouse. Elle en a tout de suite une fille, Anna, en 1851. Je la débarrasse de Claude, dès que celui-ci a dix ou douze ans. Je ne lui laisse qu'Étienne et Anna. Au moment du récit, il faut qu'Anna ait au moins quatorze ans et Étienne dix-huit ans. Mon drame aura donc lieu vers 1865. Je raconterai auparavant la vie de Gervaise.

Je pourrai prendre sans doute pour cadre la vie d'une femme du peuple. Je prends Gervaise à Paris, à vingt-deux ans (en 1850), et je la conduis jusqu'en 1869, à quarante-et-un ans. Je la fais passer par toutes

1. Des « hypogrammes », selon la terminologie proposée par Michaël Riffaterre dans *La Traduction du texte* (éd. du Seuil, 1979).

les crises et par toutes les hontes imaginables. Enfin, je la tue dans un drame.

II. J'aurai donc d'abord les phases d'existence qui suivent :

Arrivée à Paris en 1850. Abandonnée par Lantier, Gervaise reste seule avec deux enfants, l'un de huit ans, l'autre de quatre ans. (La scène de l'abandon, les enfants, etc.)

La rencontre de Coupeau, quelque part, typique (Coupeau sait qu'elle était avec Lantier). Le mariage (typique aussi). Le premier temps du ménage. Les premières raclées.

La réussite de Gervaise qui parvient à s'établir. Une petite boutique de blanchisseuse, à côté de son ancienne patronne. – La jalousie de celle-ci poussant à un dénouement tragique.

La vie dans la petite boutique. Coupeau ne faisant plus rien. Les ouvrières.

La réapparition de Lantier. Détails sur les tanneurs (quartier de la Bièvre). – Vie extraordinaire de l'amant dans le ménage. Coupeau abruti, buvant. Lantier s'expliquant : « Les enfants sont à moi, n'est-ce pas ? Je puis bien venir les embrasser. » Ou mieux encore, c'est Coupeau qui l'amène. Un vieil ami. Alors, peu à peu, les deux hommes se mettent à vivre sur Gervaise. Montrer celle-ci résistant, puis s'abandonnant peu à peu.

Alors la ruine lente de la petite boutique. Gervaise est obligée de se remettre chez les autres, après avoir perdu ses pratiques une à une. Coupeau va mettre le linge des autres au Mont-de-Piété, etc. Quand Gervaise travaille chez les autres, la misère sordide, les jours sans pain.

Là un drame pour finir. Je fais mourir Gervaise tragiquement, ou plutôt je la montre mourant à quarante-et-un ans, épuisée de travail et de misère.

Si l'on se rappelle le souci d'absolue exactitude affirmé par Zola à deux reprises dans les premières lignes de l'*Ébauche,* on n'en trouvera que plus remarquable la contrainte qu'exercent sur ces deux synopsis primitives, et fondatrices, les structures les plus conventionnelles, et les plus codées (sans péjoration) du récit. On en reconnaît les modèles classiques, encore qu'incomplètement exploités, à en juger par une comparaison entre cet état de la narration et sa forme définitive. La distribution actantielle, par exemple, si elle comporte bien un héros (Gervaise), un adjuvant momentané (Coupeau), un opposant (Lantier), ne rend pas encore manifeste la valeur désirée par l'héroïne, et qui sera symbolisée dans *L'Assom-*

moir, on le sait, par l'image du trou : « *un trou pour dormir* », un refuge pour se protéger des tracas. Le destin de Gervaise suit une courbe simple, en forme de période, ou de chapeau de gendarme : une phase d'amélioration progressive, jusqu'à la « réussite » de la blanchisseuse, qui parvient à s'établir, est suivie, après la réapparition de Lantier, par une phase de dégradation constante, jusqu'à la mort incluse. Enfin, il n'est pas besoin de forcer le texte pour découvrir dans chacune de ces deux phases la démarche en cinq temps caractéristique du récit canonique. Une situation originelle (Gervaise à Paris en 1850), une perturbation brutale (l'abandon), une péripétie transformatrice, avec l'intervention d'un personnage dont l'action va corriger le désordre initial (le mariage avec Coupeau), la résolution du déséquilibre (l'établissement) et la conquête d'une nouvelle stabilité (la réussite de Gervaise) : voilà pour la première phase. Et voici pour la seconde : un équilibre initial (la vie dans la petite boutique), une nouvelle rupture (assumée par le même contre-héros maléfique que dans la première partie), la péripétie transformatrice du ménage à trois, l'infléchissement fatal de la destinée de Gervaise (« Alors la ruine lente », « la misère sordide »), et enfin la mort, qui, pour l'éternité, immobilise Gervaise — et le récit.

Ces trois modèles subiront, au cours de l'évolution du dossier, divers remaniements, dont une analyse génétique complète de *L'Assommoir* aurait à rendre compte. Mais tels quels, installés sur les soubassements les plus anciens et les plus profonds du dossier, ils ne cesseront plus d'exercer sur le roman leur pression structurale, infléchissant toutes les manœuvres successives de l'agencement, y compris les plus méditées. Qu'est-ce à dire, sinon que leur mise en œuvre simultanée, au moment même où s'inscrit un enchaînement thématique et sémantique qui obéit pour sa part aux pressions d'un code d'énoncés idéologiquement marqués, accroît encore la distance qui sépare la pratique génétique de Zola et la théorie du naturalisme mimétique? Visiblement, s'actualise ici, d'entrée de jeu — dès l'entrée en jeu du thème romanesque — une forme narrative panchronique, qui préimpose ses lois et ses grilles, celles de la fiction, à la prétendue représentation du réel social contemporain. Le récit préexiste à l'histoire, et il n'est pas au pouvoir de Zola — prisonnier en cela des cadres sémiotiques de son espace culturel — de briser ce déterminisme. Il y aurait d'ailleurs lieu de réfléchir aux liens qui unissent les deux sortes de compétence : l'idéologique et la narrative. Car le modèle « en chapeau de gendarme » (amélioration - dégradation), profil profond et originel de *L'Assommoir,* n'est pas idéologiquement neutre, innocent. Il signifie, dans le langage des structures narratives, une conception fataliste et pessimiste de la condition ouvrière, en même temps qu'il asservit l'effort d'enquête sociale aux besoins de la tragédie. Gervaise meurt : il faut qu'elle meure, à la fois parce qu'elle appartient à un temps antérieur à la régénénation de la classe ouvrière par la fermeture des cabarets et l'ouverture des écoles, et parce que sa destinée doit susciter chez le lecteur la terreur et la pitié, salutaires au plan de la morale sociale, et efficaces au plan de la jouissance esthétique. Que Zola fasse épouser Gervaise par Goujet, après la mort de Coupeau, et son roman change de code, de sens, et d'efficience.

Le contre-modèle

Faut-il en conclure que l'*Ébauche* d'un roman comme *L'Assommoir* est tout entière programmée par un code « génétique » qui lui assignerait par avance ses contenus conceptuels et sa géométrie narrative? Certainement pas. Une chose est de repérer dans l'avant-texte les marques qui lui sont imposées par l'intertexte et qui en font un discours d'écho, une autre est de voir en elles la source unique de la production du sens et des formes de l'avant-texte. Car dans le même temps où l'*Ébauche* de *L'Assommoir* semble épouser le système de jugements, de représentations et de narrations par lequel la bourgeoisie de 1875 signifie la classe ouvrière, d'autres propos l'investissent et y font entendre de l'inédit.

Une ébauche de roman est un acte de langage particulier, dont on peut chercher à apprécier la portée exacte, par rapport et par différence avec les autres types de prise de parole. L'auteur de romans occupe une place particulière sur l'échiquier des échanges. Sa voix se fait entendre d'une manière différente de celle des économistes, des hommes politiques, des commentateurs. La valeur idéologique de son texte tient non seulement au contenu des propositions qu'il énonce dans la profondeur de son récit, mais à l'image que se font ses contemporains de la nature et de la portée du discours romanesque, de la place du romancier parmi tous les porteurs de parole dont le témoignage importe. Il existe une valeur stratégique propre du roman, sur le terrain des confrontations d'idées. Qu'en 1875, moins de cinq ans après la Commune, un romancier qui n'est déjà plus négligeable se donne pour objet « *un tableau très exact de la vie du peuple* », même si cette intention est immédiatement démentie par ses propres corrélats textuels, cela fait, en soi, question. C'est un acte qui manifeste que la défaite de la Commune n'a rien réglé et que le problème des rapports entre les deux classes reste entier, et qui atteste une mutation des objectifs romanesques. Zola emprunte apparemment le langage des réformateurs, mais il agit autrement qu'eux, et il bouleverse leur perspective et leurs conclusions au moins de deux façons. D'abord, héroïsant « *la femme du peu-*

ple, la femme de l'ouvrier », confiant à une femme d'ouvrier le rôle d'agent, de force désirante, de conducteur du récit, il épouse le point de vue et fait entendre par priorité la parole des ouvriers, plutôt que de parler pour eux et à leur place ; il fait des ouvriers (et des petits artisans), à travers Gervaise, le sujet de l'histoire (et de l'Histoire). En second lieu, l'énumération des indices de « *mœurs peuple* », si elle procède d'une sémantique associative étroitement dépendante des idées reçues, n'en introduit pas moins dans le roman français un ensemble de « lieux » nouveaux. Jusqu'ici, on ne parlait du peuple en littérature que sur le mode burlesque. Zola va en parler sur le mode grave. Il ne mesure peut-être pas lui-même, au moment où il écrit les premières lignes de l'*Ébauche,* à quel point *L'Assommoir* va ébranler, non seulement tous les canons esthétiques, mais aussi toutes les sécurités politiques, à quel point il va faire scandale. Ajoutons une donnée qui pourrait paraître contradictoire avec ce que j'avançais plus haut sur le poids de la vision chrétienne dans la pensée de Zola : pas un mot, dans cette *Ébauche,* ni sur Dieu, ni sur l'âme, ni sur les commandements, ni sur la parole des prêtres, ni sur l'enseignement des grandes vertus... La « *morale* », « *se dégageant elle-même* », à laquelle conduira le roman, est destinée, non au peuple, mais aux classes dirigeantes. C'était auparavant un des avatars de la littérature « populaire » : quand ses personnages d'ouvriers ou de paysans n'étaient pas comiques, ils étaient ou devenaient rapidement exemplaires, par leur application à écouter la leçon du curé, du maître d'école, du maire ou du patron. Dans *L'Assommoir,* et à commencer par l'*Ébauche,* plus de leçon. Un roman édifiant, certes, mais pour d'autres, qui sont mis en garde, sinon en accusation. Le peuple, lui, pour la première fois peut-être, se trouve débarrassé et du péché originel, et des sauveurs. On le donne à lire dans sa matérialité sociale, dans son être-là : « *ce tableau ayant comme dessous (...) le sol particulier dans lequel poussent ces choses* ». Là est peut-être le principal caractère « catastrophique », au sens propre du mot, de *L'Assommoir*.

Cette *Ébauche* amalgame donc des motifs contradictoires, où le déjà lu se heurte au jamais dit. Une compétence textuelle nouvelle naît de cette perturbation de l'héritage idéologique et narratif par une intuition qui s'origine elle-même dans l'histoire sociale, mais qui en retour modifie quelque peu le jeu de l'histoire, en décolonisant l'image du peuple. Il resterait beaucoup à faire sur cette *Ébauche* : par exemple, la comparer aux articles que Zola écrit sur le thème du peuple entre 1868 et 1873, ou encore aux textes préliminaires à la préparation de *Nana*. Il faudrait analyser toute l'évolution du texte, ses transformations thématiques et narratives, puis la progression de l'ensemble du dossier préparatoire. Mais le principal, pour contribuer à une théorie et à une méthodologie de l'analyse génétique, est peut-être de proposer, sur la base de cette lecture, une hypothèse générale sur les manuscrits génétiques de Zola, ainsi qu'une règle d'approche de tout manuscrit génétique (tel qu'ébauches, scénarios, plans, esquisses, notes de recherche, etc.).

On observe chez Zola la complémentarité de deux sortes de composantes de la genèse. La première, que j'ai appelée, faute de mieux, la *compétence,* mobilise en profondeur, d'un côté un ensemble de phrases idéologiques de base, les unes soufflées à l'écrivain par la *doxa* contemporaine, les autres opposant aux premières un contre-discours, un discours déviant ; d'un autre côté, un système de structures narratives elles aussi acquises, greffé sur le noyau idéologique, mais produisant sur lui des effets de choc en retour. C'est la dérivation métonymique de l'idée reçue du peuple (« *la vie lâchée* ») qui génère des scènes, des épisodes, des moments cardinaux du schéma narratif ; mais à leur tour ceux-ci produisent du sens, et un sens qui peut se diffuser à contre-courant des « lieux » initiaux. La seconde composante, qui travaille en surface et transforme peu à peu la première, mais qui n'échappe pas pour autant à son incidence, est celle du *programme* : à ce stade, Zola, conformément à sa théorie du roman, accumule, puis répartit dans les états successifs du plan, une matière ethnographique d'origines diverses, qui assurera l'efficacité de l'illusion réaliste, conformément à ses objectifs de lisibilité, il met au point une machine à raconter, qui corrige, complique, perfectionne le système narratif original par l'insertion de règles formelles.

Lorsque nous tentons de rendre compte de la genèse d'un roman, nous devons porter toute notre attention, par priorité, sur l'évolution des systèmes structuraux qui naissent l'un de l'autre, depuis le premier noyau du scénario jusqu'au texte achevé, comme des tables gigognes. C'est chacun de ces systèmes — parfois repéré de façon hypothétique — qui doit faire l'objet d'une description globale, et être considéré comme un ensemble à la fois autonome, par sa structure thématique, narrative, rhétorique, et dépendant, par le jeu de transformations qui lui a donné naissance à partir de l'ensemble immédiatement antérieur. Il ne s'agit pas d'aller d'un détail antérieur à un détail ultérieur, mais, autant que possible, d'une forme globale à celle qui lui succède, et, chaque fois, d'établir le modèle transformationnel global, aussi bien que les modèles des transformations secondaires, dans l'ordre des contenus comme dans l'ordre des formes. Il n'y a aucune raison de penser que les points de vue théoriques et les méthodes qui ont fait leurs preuves dans l'analyse textuelle immanente des textes achevés ne puissent pas rendre d'aussi éminents services dans l'analyse génétique des ébauches et des brouillons. Genèse et structure sont des notions non pas contradictoires, mais solidaires, au sein d'une même *poétique* romanesque.

14

« La bête goulue »

L'identité de substance d'une image récurrente n'implique pas l'identité de fonction, de phase en phase. La même figure peut apparaître une fois dans l'ébauche, puis une autre fois dans les notes documentaires, puis dans un plan, et encore dans un autre plan différent du premier, et ceci jusqu'à son actualisation définitive et imprimée — la seule que connaisse le public. Chaque fois, sa fonction change, parce que son environnement textuel a varié. Change aussi la réalisation morpho-syntaxique de la figure : ici note télégraphique, trouvaille spontanée, là phrase complète et travaillée. Le discours écrit n'obéit pas aux mêmes lois selon qu'il s'agit de notes de lecture, d'un plan sommaire, d'un plan détaillé ou de la dernière rédaction. Il convient d'être attentif à toutes ces variations scripturales et à leurs contextualisations, à tous les aspects des couches successives d'énoncés où a reposé un fragment textuel avant d'apparaître dans la lumière du texte achevé. On prendra garde, enfin, à la multiplicité des facteurs de ces transformations : facteurs linguistiques — contraintes discursives et modèles rhétoriques —, facteurs structuraux, et facteurs référentiels. Une image peut surgir de la situation ou du discours social, ou mêler les deux origines.

Du tricot serré qu'est le texte de *Germinal,* saisissons une maille, et tirons... Soit la phrase qui apparaît dans les toutes premières pages, et qui décrit, sur le mode figural, la fosse minière où Étienne Lantier va chercher du travail : « *Cette fosse, tassée au fond d'un creux, avec ses constructions trapues de briques, dressant sa cheminée comme une corne menaçante, lui semblait avoir un air mauvais de* bête goulue, *accroupie là pour manger le monde* ». Je n'étudie pas, pour le moment, la fonction narrative, symbolique ou esthétique de cette image dans le roman ; mon propos est plutôt seulement de repérer ses avatars aux stades avant-textuels de l'œuvre, et pour le premier chapitre du roman.

On sait comment travaillait Zola. Ses manuscrits définitifs sont apparemment fort peu chargés de ratures, ce qui a pu faire dire à certains qu'il se corrigeait peu, qu'il n'avait guère souci de l'écriture. En fait, le manuscrit comporte des variantes (y compris pour le motif qui est étudié ici). Souvent, comme le montrent les collages du manuscrit, Zola a purement et simplement effectué des recouvrements globaux, par plaques de texte, en substituant une page à une demi-page à une page antérieure, aujourd'hui perdue. Mais surtout, l'exploration des dossiers préparatoires révèle que le manuscrit n'est que la dernière étape d'une série d'ajustements, d'approches thématiques, narratives et stylistiques de plus en plus précises, au point que le travail d'écriture proprement dit ne revient plus qu'à déplier le second plan détaillé, qui peut être tenu à la limite pour un véritable brouillon. Le second plan détaillé ne fait lui-même que clore provisoirement un long itinéraire. Le support le plus ancien (encore qu'il puisse subir des retouches tardives) est l'ébauche, qui dessine à larges traits, en même temps, des thèmes, une intrigue (avec plusieurs variantes possibles ou successivement éliminées), des personnages, des symboles. Suivent des notes documentaires, de reportages ou de lectures, des fiches-personnages, elles aussi non intangibles, un plan général, un premier plan détaillé, généralement enrichi de renvois aux notes documentaires, lesquels consolident ou au contraire transforment les données de la composition. Enfin, de nouvelles notes, et le second plan détaillé, où s'inscrivent toutes les indications de régie relatives aux lieux, aux durées, aux déplacements, aux dialogues, etc... C'est dire la variété des facteurs de production et de transformation romanesque qui entrent en jeu pendant les mois où s'échafaude cette machinerie.

L'ébauche de Germinal

Quel est donc le point d'origine le plus anciennement repérable de la « bête goulue »? C'est apparemment l'ébauche, dans ses toutes premières pages[1] :

Mais deux cas se présentent : prendrai-je un patron qui personnifie en lui-même le capital, ce qui rendrait la lutte plus directe et peut-être plus dramatique? Ou prendrai-je une société anonyme des actionnaires, enfin le monde de la grande industrie, la mine dirigée par un directeur appointé, avec tout un personnel, et ayant derrière lui l'actionnaire oisif, le vrai capital? Cela serait certainement plus actuel, plus large, et poserait le débat comme il se présente toujours dans la grande industrie. Je crois qu'il vaudra mieux prendre ce dernier cas.

Alors, j'aurai d'une part les ouvriers et de l'autre la direction, puis derrière les actionnaires, avec des conseils d'administration, etc. (tout un mécanisme à étudier). Mais, après avoir posé ce mécanisme directement, je pense que je laisserai de côté les actionnaires, les comités, etc., pour en faire une sorte de tabernacle reculé, de dieu vivant et mangeant les ouvriers dans l'ombre : l'effet à tirer sera plus grand, et je n'aurai pas à compliquer mon livre par des détails d'administration peu intéressants. Il suffit de montrer la décision prise qui amène la grève, et d'indiquer les décisions suivantes, qui pourront être nécessaires. Le conseil a décidé

1. Bibliothèque Nationale, Manuscrits, Nouvelles acquisitions françaises, No 10307, folios 103 à 405. Voir aussi les folios 422 à 424.

que..., le conseil exige que... ; et c'est comme un oracle qui parle, une force inconnue et terrible qui plane et écrase toute ma population de houilleurs.

(...) La bête exaspérée et lâchée, le pauvre contre le riche, la faim contre la satiété. Les hommes contre le repas du directeur, les femmes contre le luxe et la toilette de la directrice (combat pour l'assiette au beurre). Les deux maisons opposées, celle des Durand et celle du directeur. Enfin, après l'émeute, la réaction aussi violente, l'armée qui arrive et qui fusille, une terreur régnant sur la contrée, des morts, des blessés. La force restant maîtresse, après les ouvriers aplatis et muets de rage. Donc tout cela logique, partant de petits faits, de la misère et de la souffrance première, dont la cause est générale, remonte à l'inconnu social, au dieu capital, accroupi dans son temple, comme une bête grasse et repue, monstrueuse d'assouvissement.

Au départ, donc, un symbole fondateur : le monde du capital (les actionnaires, les conseils d'administration), comparé à un *dieu vivant mangeant les ouvriers dans l'ombre,* attendant périodiquement sa cargaison de proies fraîches. Si l'on n'oublie pas que l'ébauche est un soliloque fortement pragmatique, tout entier tourné vers la recherche d'une action dans sa logique et dans ses actants, et où l'imaginaire narratif du romancier, livré à lui-même, tourne à plein régime, sans être encore ni entravé ni soutenu par un « surmoi » naturaliste, vériste, documentariste, on apprécie d'autant mieux la fonction et l'importance d'une telle figure initiale : le noyau métaphorique inscrit dans l'évocation du dieu dévorateur préexiste au travail de la mimesis, et, tout aussi bien, au calcul de la diégèse ; il forme le socle du roman, et sa loi. Dans l'ordre des significations et des effets assignés à l'œuvre, le comparant est premier ; les piliers de l'avant-texte zolien sont figuraux ; l'allégorie a la préséance sur la représentation, comme aussi sur le modelage des structures narratives.

Au reste, le discours l'emporte sur la narration. Le type d'image qui va d'un comparé abstrait (le capital) à un comparant concret (le dieu repu), se prête mieux que d'autres, peut-être, à l'expression immédiate de l'idéologie. Ce qu'il impose d'entrée de jeu, c'est une vision mystique et fataliste, en même temps que répulsive, de l'économie capitaliste : l'ordre du monde et la volonté des dieux prescrivent que la force de travail des ouvriers d'industrie nourrisse et enrichisse « les actionnaires ».

Faut-il attribuer à Zola la paternité de cette image ? Certainement pas. On trouve une image équivalente dans *Le Socialisme contemporain,* de Laveleye (1881), ouvrage que Zola a lu et résumé après avoir écrit son ébauche. Il a noté, au fil de cette lecture : « Le capital vampire s'engraissant du travail ». On n'aurait sans doute pas de peine à découvrir le même thème chez Marx, chez Blanqui, chez les guesdistes. C'est peut-être, dès les années 1880, un cliché du discours d'inspiration socialiste. Au surplus, l'idée que le pauvre engraisse le riche n'a pas d'âge : c'est une figure aussi ancienne que l'exploitation de l'homme par l'homme, et réactualisable en toutes époques et en toutes sortes de contexte, pour des effets variables. Ceci a d'ailleurs peu d'importance si l'on admet que l'analyse génétique de l'avant-texte substitue au problème de la source celui de ses transformations.

Les Notes sur Anzin

Et c'est une transformation notable qui s'impose à Zola lorsqu'il visite les installations minières d'Anzin, après avoir rédigé la première partie de l'ébauche hors de toute connaissance directe de l'univers minier. Le référent va prendre alors sa revanche sur le discours, la chose vue sur l'idée reçue – mais l'image n'abandonnera pas pour autant ses droits. A Anzin, du 23 février au 5 mars 1884, Zola multiplie les observations ethnographiques. Il prend des notes, au crayon, de façon très spontanée, dans l'instantanéité de la découverte et de l'émotion qu'elle suscite. On le suit à travers le coron, on entre avec lui dans les petites maisons des mineurs, on l'accompagne au fond des galeries, dans les bâtiments de la surface, dans la nuit du paysage industriel, où il trouve sa névrose, sa peur de l'obscurité et de la claustration, son cauchemar de l'enfouissement.

Il écrit, il tente de saisir le plus de détails possibles, il travaille à la manière des peintres impressionnistes, qui accumulent les esquisses sur leur carnet, avant le travail en atelier. Il n'oublie pas pour autant son thème, ni l'ébauche du roman : car son regard se guide pour une part sur les orientations fixées par cette dernière, et notamment sur ses orientations symboliques. Rien d'étonnant que les notes de repérage documentaire soient traversées, de place en place, par un langage figural qui s'apparente à celui de l'ébauche. Le document, dans sa rédaction rapide, tend à s'asservir aux exigences de la fiction, et se laisse travailler, biaiser par l'imaginaire. C'est exactement ce qui arrive aux notes sur les installations de la fosse que Zola a visitée :

> Construction massive, de corps rapprochés, accroupie, tapie comme une bête. Seules les deux cheminées, lourdes, trapues, quoique hautes, s'élèvent au-dessus de la construction et se voient de partout. Des tuyaux de vapeur dépassent fatalement les toits, un a une respiration forte et lente, régulière qu'on entend continuellement. Dans le bas, il y a aussi, à ras de terre, un échappement continu de vapeur. C'est une bastille d'un nouveau genre.[2]

Ce sont les choses mêmes qui fournissent le motif de la figure. Le romancier observe un paysage et tente de le décrire de manière exacte et expressive. L'énoncé des « notes » répond en principe à d'autres objectifs que celui de l'ébauche, il requiert un tout autre genre de compétence. Il n'en dérive pas moins, ici, vers le mode métaphorique. Simplement, la métaphore zoomorphique (« *accroupie, tapie comme une bête* »,

---

2. **Notes sur Anzin**, Bibliothèque Nationale, Ms., N.a.f., ms 10307, folios 223 à 235.

et « *une respiration forte et lente* ») trouve sa justification dans les caractéristiques techniques du décor de référence. Deux autres passages des *Notes sur Anzin* identifient le référent avec précision ; il s'agit de la machine qui pompe l'eau des galeries : « *la respiration lente et forte de la machine d'épuisement... Les échappements de vapeur, celui de la machine d'épuisement. C'est celui qui a le soupir long et profond,* ce soupir vient de la sortie du corps de pompe ». Zola insiste visiblement sur le pittoresque technique des installations qu'il a sous les yeux. L'image de la bête accroupie, tapie, qu'on entend soupirer, respirer, a bien dans les *Notes sur Anzin* des traits communs avec celle qui occupe le début de l'Ébauche : même comparant, même recours aux tournures nominales. Mais elle comporte aussi de notables traits différentiels. Le comparé n'est plus ici une entité socio-économique (le capital), mais un paysage. Il ne naît pas d'un discours interprétatif sur le monde social, mais d'une perception de l'univers industriel. C'est un motif référentiel, non une notion immédiatement idéologique. Il s'est donc produit un déplacement de champ discursif, correspondant au déplacement des visées de l'énoncé. La métaphore animalière a changé de fonction. Elle définit non plus un noyau dramatique, ou actanciel, mais un noyau descriptif. Elle puise à la même source symbolique (l'animalité monstrueuse), mais elle s'affaiblit d'un trait − il n'est plus question de la dévoration − et elle s'enrichit d'un autre : le trait biologique de la respiration. Ainsi se trouve désormais constitué un système figural à trois éléments, et non plus à deux. Ce système se compose de deux comparés − le capital et les installations de la fosse − et d'un comparant : la bête accroupie. Le comparant vaut pour chacun des deux comparés et se trouve commun aux deux textes, le texte pré-narratif de l'ébauche et le texte pré-descriptif des *Notes sur*

Anzin, selon la double formule Cé1 (la fosse)/Ca (la bête) et Cé2 (le capital)/Ca (la bête). L'un des deux couples est une métaphore technique, qui anime et bestialise une structure industrielle, l'autre est une métaphore économique, qui bestialise une structure économique. De l'ébauche aux *Notes sur Anzin,* la figure initiale de la bête a subi un déplacement de valeur : du comparé économique et social au comparé technique et industriel. Mais ce déplacement est aussi un dédoublement et un enrichisseement.

Ces deux couples sont pour l'heure distincts. Il suffirait cependant que de la rencontre des deux métaphores surgisse une métonymie qui réunirait l'un à l'autre le comparé fosse et le comparé capital, pour que s'engage un processus d'amalgame. On voit précisément ce mouvement s'amorcer dès les *Notes sur Anzin.* C'est là, en effet, que naît l'idée de faire arriver Étienne Lantier pendant la nuit au voisinage de la fosse. Ceci passera immédiatement dans la seconde phase de l'ébauche, qui est postérieure aux notes :

Le mieux serait de le faire renvoyer d'un chemin de fer pour insubordination. Impossible de rentrer dans un chemin de fer de la région. Quant à entrer dans une usine, il ne peut y arriver, une crise industrielle désolant le pays. C'est alors qu'un soir, sur la grande route de Marchiennes, il rencontre mon mineur, qui le voyant accablé de fatigue, lui apprend qu'on cherche des rouleurs, des herscheurs. Et il le mène lui-même au porion, un brave homme qui l'engage.[3]

A ce moment de la genèse, la structure et la fonction de l'image géminée sont surprises en train de virer. Il est difficile de trancher : est-ce le progrès de l'invention romanesque — avec cette innovation capitale qui consistera à faire découvrir l'univers de la mine par les yeux mêmes du héros ouvrier, sans une description préalable telle qu'en offrait le modèle balzacien — qui entraîne cette mutation sémantique et fonctionnelle, ou, au contraire, cette mutation,

3. Ms 10307, folio 449.

intervenue d'abord au niveau rhétorique et dans la logique de la relation de contiguïté qui unit naturellement le capital et son instrument (la fosse), a-t-elle pour conséquence le choix de cette sorte d'*incipit* narratif? Toujours est-il qu'à ce moment de la genèse, et à ce moment seulement, l'ordre du descriptif technique et l'ordre du narratif social se rejoignent. L'image animiste, zoomorphique, qui symbolisait l'apparence matérielle de la fosse minière trouve sa place, sa fonction — d'embrayage — dans l'ordre du récit. C'est une notable transformation, qui associe une morphologie, ou si l'on préfère une sémiotique, de l'image (un signe parmi d'autres dans ce qui pourrait être une grammaire des figures zoliennes), et une syntaxe, ou une sémantique (un élément significatif dans l'enchaînement ordonné du discours narratif).

Le plan général et le premier plan détaillé

De là, le plan général, que je crois postérieur aux *Notes sur Anzin* et à la seconde phase de l'ébauche, mais antérieur au premier plan détaillé, et qui relie explicitement la fosse, le capital et le dieu bestial : « *Arrivée d'Étienne. Conversation avec le vieil ouvrier. Celui-ci entièrement posé. Toute son histoire est celle de la mine. Le dieu capital au fond inconnu. Description de la fosse la nuit* ».[4] Voilà enfin posé, sous sa forme synthétique, et multi-dimensionnelle, l'univers de *Germinal*. Le premier plan détaillé marque un retour à la programmation narrative. C'est le moment, dans le modèle génétique de tous les *Rougon-Macquart,* où l'action, pour la première fois, se découpe en chapitres, où s'édifie un système de personnages, où se définissent une époque, une durée, un espace diégé-

4. Bibliothèque Nationale, Ms, N.a.f., ms 10307, folio 2.

tiques, bref où surgit une forme romanesque. Le premier plan détaillé du chapitre 1 de *Germinal*[5] date et localise les faits : « *Premiers jours de mars 66. Un lundi. Dater l'empire... Étienne seul sur la route de Marchiennes à Montsou...* », et capitalise les données découvertes à Anzin : l'arrivée d'Étienne à Montsou en pleine nuit, la vision nocturne du paysage minier. Dès le second paragraphe, Zola mentionne « *les feux de la fosse dans la nuit noire* », et les aspects caractéristiques des constructions, tant du point de vue auditif que du point de vue visuel :

> La respiration de la machine d'épuisement. On ne voit rien ailleurs. Masse confuse... La fosse accroupie dans un trou, avec ses quelques lumières... Comme distribution de la description, il ne faut d'abord qu'une masse presque informe, une vision fantastique de la fosse aperçue dans la nuit.

La fosse a trouvé son nom, le Voreux, qui porte en lui, étymologiquement, l'image de la dévoration. Le fantastique industriel est donc concentré sur la forme *(masse confuse)*, sur le bruit *(la respiration)*, et sur l'activité *(le Voreux)*. Mais il se trouve immédiatement relayé par le fantastique économique, selon le trajet métonymique que nous avons déjà relevé : « *Finir par les actionnaires inconnus, là-bas, qu'il désigne d'un geste vague dans la nuit noire, le dieu capital, inconnu, accroupi* ». Autre image de la fosse, mais éloignée sur un horizon inaccessible, changée en une entité économique non moins effrayante, non moins « *goulue* », chacune des deux visions pouvant servir de figure à l'autre. Aussi bien, deux lignes après la mention du « *dieu capital* », revient celle de l'instrument de sa survie et de sa croissance : « *Reprise de la description, brièvement. Le vent qui souffle, qui coupe la chair. Les feux qui flambent, et la respiration lente et pénible de la machine d'épuisement* ». Et, à la fin de ce premier plan de chapitre, sans lassitude ni

---

7. *Ibid.*, folios 12 à 15.

crainte de la redondance, ressurgit la vision complémentaire : « *Capital, actionnaires : tabernacle reculé, dieu vivant et mangeant les ouvriers dans l'ombre* ».

Les deux images fondamentales, toutes les deux issues d'une transformation de l'inanimé en animé, la fosse-monstre et le capital-monstre, se sont associées. Le plan les place, pour la première fois de façon explicite, en corrélation (ce n'était pas tout à fait le cas dans le plan général), et pour la première fois il les réunit sur un même palier énonciatif, celui du programme diégétique. D'autre part, la récurrence de chacune des deux images dans la linéarité du plan crée ce mouvement en leitmotiv qui caractérisera la structure du premier chapitre de *Germinal*. Mais ce n'est pas encore l'heure de la phrase, de l'écriture développée et surveillée ; le texte du plan continue à se satisfaire du tour nominal, qui convient à la spontanéité de la recherche narrative, même si celle-ci se montre déjà rigoureusement calculatrice et ordonnatrice. C'est en tout cas ce qui nous autorise à proposer le schéma suivant, pour rendre plus manifeste la structure momentanée d'un des principaux noyaux génératifs du roman :

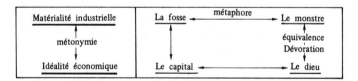

Il reste deux phases génétiques à examiner avant de déboucher sur le texte achevé : le deuxième plan détaillé, et les retouches du manuscrit. Si le premier plan détaillé peut être considéré comme une simple synopsis, qui reste d'ailleurs ouverte sur les multiples ajouts suscités par les enquêtes et les lectures documentaires, et par les changements apportés au régime narratif, le deuxième plan détaillé forme un véritable scénario, un protocole de découpage très ajusté, un patron où déjà se donne à lire le roman, séquence par séquence, et, pour chaque séquence, plan par plan. Zola démultiplie, ajuste et verrouille toutes les structures, et fabrique l'illusion de la vie avec une précision quasi-mécanique, en jouant de tous les effets de perspective et de point de vue. La masse des documents, qui s'était une première fois distribuée à travers les sections du premier plan, se volatilise dorénavant à travers toute l'intrigue, de telle façon que nulle part ne se manifeste un déséquilibre, soit au profit du narré, soit au profit du décrit.

Il faut donc considérer notre image à deux faces, ou si l'on préfère, à deux axes, non seulement pour sa nature et sa structure, mais aussi pour sa place, pour ses récurrences d'une séquence à l'autre, pour sa valeur pondérale et pour sa valeur rythmique dans le discours romanesque, enfin éventuellement pour ses nouvelles variations. Que nous livre à cet égard le deuxième plan détaillé du premier chapitre de *Germinal* ?[6] Pas moins de cinq mentions de la figure : une pour l'analogie du capital et du dieu repu, et quatre pour le leitmotiv de la fosse. Ces dernières apparaissent dans le chapitre à intervalles réguliers : la première, à l'arrivée d'Étienne auprès de la fosse : « *le tas de bâtiments avec l'essoufflement profond et régulier de la machine d'épuisement* » ; la seconde, après la montée d'Étienne sur le terril et sa première conversation avec Bonnemort : « *Alors Étienne reconnaissant bien une fosse. Les yeux sur elle, elle est accroupie, l'air méchant dans un creux...* » ; la troisième, après le récit d'Étienne sur son passé : « *Ce qu'il regarde, reprendre la grosse respiration, oppressée, étouffée, douloureuse* » ; la qua-

6. Ms 10307, folios 8 à 11.

trième, enfin, à la fin du chapitre, après les allers et retours et les explications du « *vieux* », au moment où Étienne redescend du terril et va s'éloigner pour pénétrer sur le carreau : « *Étienne peut redescendre avec le vieux et le paysage reprend, les hauts fourneaux, l'horizon éclairé, la nuit toujours noire, la respiration oppressée de la machine d'épuisement* ». Un ajout, entre les lignes, insiste : « *Misère et écrasement, la fosse, l'air méchant* ». Quant à la comparaison du capital à un dieu dévorateur, elle est apparue peu avant, vers la fin du chapitre, en même temps que les dernières paroles du vieux mineur, premier informateur d'Étienne :

> Le vieux redescend, lorsqu'il nomme le directeur M. Hennebeau. « La mine est à lui? demande Étienne. Oh! non. A qui est-elle alors? Ah! on ne sait pas, à des gens! ». Et son geste dans l'horizon noir, le dieu capital, inconnu, accroupi. – Le tabernacle, le dieu qui dévore les ouvriers dans l'ombre.

C'est le dispositif récurrentiel de l'image, seulement deviné ou esquissé jusque-là, mais maintenant minutieusement mis au point, qui devient significatif.

Le retour régulier de cette vision d'un être mi-bête, mi-dieu, attendant ses proies humaines, transforme en symbole et en motif thématique ce qui aurait pu ne rester qu'une métaphore passagère. Il donne de plus à ce symbole une fonction démarcative et articulatrice qui ne s'explicite qu'à ce palier de la genèse. C'est par lui, en effet, que s'achèvent les grandes séquences du chapitre : l'entrée du héros dans le champ romanesque, son premier dialogue avec le « vieux », son premier récit. C'est avec lui que se clôt le chapitre. Il thématise, ponctue et rythme l'ouverture de *Germinal* comme le ferait un motif mélodique. Plus précisément, il thématise et rythme l'anxiété et le malaise croissants d'Étienne ; il résonne comme un refrain de malheur et de mal-être : il annonce l'affrontement réciproque du héros et de l'univers où celui-ci pénètre. Simple composante stylistique à l'origine, l'image du dieu-dévorateur, du *Voreux,* est devenue successivement une composante thématique, puis une composante narrative, un embrayeur du récit et de ses effets de structure; elle participe désormais des trois niveaux d'une rhétorique romanesque. Tout se passe un peu comme si elle investissait la totalité de l'espace du texte, par une dynamique qui échappe peut-être, pour une part, au contrôle du narrateur.

A quoi s'ajoute une transformation qui n'est pas la moindre, puisqu'elle atteint la structure de l'image. Le schéma proposé ci-dessus, et qui représentait cette structure telle que l'avait réalisée le premier plan détaillé, tend désormais à se simplifier, par l'aboutissement du processus de convergence, ou de condensation, qui s'était engagé antérieurement. Reportons-nous, en effet, à la deuxième mention de la fosse dans le deuxième plan détaillé du chapitre premier : « *Alors, Étienne reconnaissant bien une fosse. Les yeux sur elle, elle est accroupie, l'air méchant dans un creux...* »; avec, entre les deux lignes, cet ajout : «*respiration de la machine d'épuisement* ». Pour la première fois de manière aussi nette dans le travail de l'avant-texte, voici que fusionnent, pour une même substance qui est la fosse, deux attributs jusqu'ici séparés et distribués sur deux substances différentes (quoique associées par un lien métonymique) : la « *respiration* », qui métaphorise les échappements de vapeur de la machine d'épuisement, et l'accroupissement méchant, menaçant, bestial, qui caractérise la nature du capital. Le comparant industriel et le comparant économique se condensent, le premier devenant l'indice du second. Littéralement, la machine inspire et expire le souffle du dieu. La fosse où disparaissent chaque matin les mineurs n'est plus elle-même qu'une figure du capital, dont les profits se sustentent du travail des ouvriers. L'identification réciproque de la mine et du capital est maintenant complète. L'équivalence métaphorique s'est peu à peu substituée à la contiguïté métonymique. N'est-ce pas le propre de l'itinéraire mythique ?

C'est peut-être le lieu d'observer que ni le premier plan détaillé, ni le second, n'ont retenu une image qui avait surgi à la fin d'un paragraphe, déjà cité, des *Notes sur Anzin* :

> Sur la fosse, les constructions lourdes en briques. Toits en zinc plats. Constructions massives, de corps rapprochés, accroupies, tapies comme une bête. Seules les deux cheminées, lourdes, trapues, quoique hautes, s'élèvent au-dessus de la construction et se voient de partout. Des tuyaux de vapeur dépassent faiblement les toits, un a une respiration forte et lente, régulière qu'on entend continuellement. Dans le bas, il y a aussi, à ras de terre, un échappement continu de vapeur. *C'est une bastille d'un nouveau genre.*[7]

Zola a provisoirement privilégié deux des trois supports référentiels de la comparaison : la massivité des constructions et le souffle de la pompe d'épuisement et il a laissé de côté le comparant historique. De là, les deux images de l'accroupissement et de la respiration : deux comparants zoomorphiques, complémentaires l'un de l'autre, et qui orientent l'imagination du lecteur vers la pensée du monstre, de la bête anthropophage. Voilà la première impression ressentie par Zola devant les formes et la disposition des bâtisses de la mine ; voilà la pente la plus forte de son discours figural : une pente qui l'entraîne du côté d'une symbolique animale, vers une identification de la matérialité industrielle moderne et du bestiaire. Le stéréotype historique (la Bastille), dans ce mouvement de pensée, n'arrive qu'en second lieu. Et il sera tout aussitôt abandonné, du moins pour ce chapitre (car, dans la cinquième partie, le défilé des grévistes, brandissant des haches, réactualisera les réminiscences de la période révolutionnaire). Zola, vraisemblablement, a

7. Souligné par moi. H. M.

vu là une fausse piste, un matériau pour le moins mal placé, risquant de compromettre la cohérence d'un archétype symbolique qui se situait momentanément hors de l'histoire. Compte tenu des composantes dénotatives et connotatives du mot « Bastille », Zola avait là une intuition juste. Il suffit, pour l'admettre, de repérer les différences (pour un même trait commun de « massivité »), entre la fosse, qui engloutit quotidiennement dans les profondeurs de la terre une foule indistincte d'hommes et de femmes, mais qui produit en échange le charbon et le profit dont vivent les possesseurs du capital, et la prison, qui enferme à dates irrégulières des individus, dans une totale improductivité. L'image de l'enfermement n'est pas du même ordre que celle de l'engloutissement : l'une verse du côté du social et de l'historique, l'autre du côté du biologique et du naturel.

Le manuscrit

En revanche, par une sorte de phénomène de compensation, le manuscrit du roman − c'est cela sa principale originalité pour le point qui nous intéresse − exploite de manière relativement inattendue une image dont les *Notes sur Anzin* avaient fourni le référent, mais que les deux plans successifs avaient ignorée.

Notes sur Anzin, fo 255 : « Seules, les deux cheminées, lourdes, trapues, quoique hautes, s'élèvent au-dessus de la construction et se voient de partout ». *Manuscrit, Ms 10305, fo 5 :* « Cette fosse (tapie), (cachée), tassée, (dans) au fond d'un creux, avec ses constructions trapues de briques, (qui dressaient) (qui dressaient leur) dressant sa cheminée comme une corne menaçante (avec) lui semblait avoir un air (méchant) mauvais de bête goulue, accroupie là pour manger le monde ».

La « *corne menaçante* » est une découverte stylistique et thématique de dernière heure. La figure de la bête n'a pas cessé de proliférer, de modifier ses structures, de travailler le texte, depuis le premier jet de l'ébauche et la première enquête documentaire, jusqu'à la rédaction du manuscrit, en passant par les plans successifs. C'est une création continue, dans la logique d'une matrice initiale dont les constituants se sont progressivement modelés et remodelés. Son dernier avatar est le surgissement de cette corne, comparant de la cheminée, qui donne enfin son identité, sa spécificité à la bête dont jusqu'ici l'on ne faisait que deviner les formes et entendre le souffle : le Minotaure, gardien du labyrinthe et dévorateur de jeunes gens, et qu'Étienne, nouveau Thésée, contemple pour la première fois avant de l'affronter.

Ainsi s'achève l'itinéraire par lequel une image à l'origine descriptive et pittoresque s'est peu à peu intégrée à une représentation mythique de la condition ouvrière. L'examen du manuscrit montre qu'à cet endroit précis de la rédaction les corrections se sont faites plus nombreuses : Zola a hésité entre *cachée* et *tapie,* puis a choisi *tassée;* il a substitué au catégorique *avec* un hypothétique *lui semblait avoir,* au qualificatif *méchant* le qualificatif *mauvais.* Mais sur l'image de la corne, point d'incertitude. C'est une trouvaille ultime, mais non discutable. Cela posé, cette corne est bien dite « menaçante ». Faut-il admettre ici une pluralité de lectures possibles ? Est-ce la menace du monstre contre ses victimes ? ou sa menace contre le héros qui va oser le combattre ? On pourrait aussi songer qu'après tout la cheminée prend ses fondations en terre, et que sa menace, venue des profondeurs de la mine, exprime la révolte des hommes du fond et annonce la grande jacquerie de la cinquième partie du roman. En raison des composantes et de la structure du premier chapitre, on peut croire cette hypothèse peu plausible. Étienne est bien, dès l'abord, dans la bataille sociale, l'homme qui prendra enfin le taureau par les cornes.

Dans la rédaction définitive de ce chapitre, Étienne

Lantier considère quatre fois le spectacle de la fosse à la lumière des lanternes, selon la composition prévue par le second plan détaillé. Chacune de ces prises de vues, qui sont suscitées et justifiées par le regard du personnage, à la fois curieux, intéressé et anxieux, donne lieu à une description d'une dizaine de lignes. Aucune ne répète les autres, mais chacune ne développe qu'un ou deux des multiples traits de l'invariant de bestialité : d'abord « *le tas écrasé de constructions* », couplé avec « *la respiration grosse et longue d'un échappement de vapeur* », puis « *la corne menaçante* », elle-même couplée avec « *les constructions trapues de briques* », puis, seule, « *cette respiration grosse et longue, soufflant sans relâche* », et enfin, de nouveau couplés, « *ce tassement de bête méchante* » et « *l'haleine plus grosse et plus longue* » — sans la corne, qui n'a donc été mentionnée qu'une fois. L'image a eu besoin, pour parvenir à sa plénitude thématique et symbolique, de tout l'espace du chapitre. D'une occurrence à l'autre, elle varie ses collocations, dans un jeu attentivement modulé de dominantes et de mineures. A sa fonction démarcative et rythmique, repérée à propos du second plan détaillé, s'ajoute pour finir une fonction orchestrale, qui assure une sorte de dialectique de la répétition et de la modulation, et qui participe, assurément, à produire l'effet-Zola.

Lorsqu'on dispose des archives d'une œuvre romanesque — et c'est le cas pour Flaubert, pour Zola, pour Proust, pour Giono, pour Montherlant, etc. — il faut bien admettre la légitimité et la nécessité d'une *stylistique ou d'une poétique génétique,* d'une histoire des choix d'écriture. L'analyse génétique ne peut se contenter de n'inscrire dans l'histoire de la production du texte que les motifs thématiques ou symboliques et les schèmes narratifs ; il lui faut également se définir comme l'étude génétique des formes et des figures langagières, à l'échelle des dimensions brèves, telles que la phrase, la suite des phrases, ou le paragraphe.

Cette « micro-génétique » présente quelques traits à ne pas négliger. Soulignons d'emblée qu'elle doit renoncer à tout rêve d'exhaustivité, au moins momentanément. Il est raisonnable qu'elle s'attache par prédilection aux *figures récurrentes* : j'entends par là moins le retour de motifs ou de formes identiques dans la linéarité, dans la latéralité du texte définitif, que leur maintien et leur expansion éventuelle dans l'évolution de l'avant-texte, dans la profondeur diachronique du dossier, de phase en phase. Ces permanences indiquent évidemment l'extrême importance de ces figures à la fois pour la thématique et pour la narratique de l'œuvre.

Il faudrait étendre et compléter ces investigations. Nous n'avons tiré qu'un des fils du tricot, nous n'avons suivi la destinée que d'une seule image, à travers la genèse d'un seul chapitre. Or à chaque instant de cette brève histoire, l'image de la bête s'entrelaçait à d'autres images, et à d'autres éléments du tissu textuel, que nous n'avons pas pris en considération. Au-delà du premier chapitre, elle subsiste, elle conserve et étend son efficace, elle s'associe à d'autres symboles et à d'autres mythes. Il est bien difficile de concilier, dans une même analyse, le point de vue génétique et le point de vue structural. On trouve là le même problème qu'en matière de langue : tandis que la perspective synchronique tend à privilégier l'observation globale d'un système idiomatique pour en proposer un modèle relationnel total, la perspective diachronique, par la force des choses, tend à choisir un élément du système, à en repérer les transformations et à expliquer les causes de ces dernières. En tout état de cause, le matériel figural du récit de fiction offre une prise de choix pour un travail qui, au moins à titre expérimental, et sur un espace limité, tenterait de proposer un modèle génétique des métamorphoses d'un noyau textuel perçu, dans l'acte de lecture de l'œuvre achevée, comme un trait sémantique et esthétique marqué. La construction de ce modèle impliquerait qu'on porte attention, en convergence, à la constitution morpho-sémantique originelle de l'invariant choisi, à l'ordre et aux règles de ses transformations partielles successives, aux relations *réciproques* de ces transformations et du développement génétique des grandes unités formelles et fonctionnelles de l'œuvre. On ne peut plus concevoir une stylistique du détail qui resterait indifférente aux contraintes exercées par les formes plus larges et plus complexes. Cela est plus vrai encore en critique génétique qu'en critique descriptive, avec cette difficulté supplémentaire qui tient au fait que le texte achevé a enfin immobilisé toutes ses composantes, tandis que le travail de la genèse les fait évoluer toutes en même temps, dans un jeu d'interdépendances qui se répercute à l'infini.

QUATRIÈME PARTIE

Dérives naturalistes

15

Le naturalisme rosse :
Autour d'un clocher
Sous-Offs

L'ancien secrétaire de Sainte-Beuve, Jules Troubat, écrivait à Zola le 27 août 1879 : « Ce qui paraît énorme aujourd'hui et reculant les dernières limites de la convenance, sera peut-être admis un jour comme tout naturel ». Véritablement, quand on lit *Autour d'un clocher,* de Louis Desprez et Henry Fèvre, on mesure la justesse de ces lignes. Dans cette chronique carnavalesque et parfois paillarde des mœurs villageoises, il n'y a pas de quoi fouetter un chat. Et pourtant, pour avoir pris − sur lui seul − la responsabilité de l'avoir publiée, Louis Desprez fut condamné à un mois de prison, et, tuberculeux, apparemment il en mourut, à vingt-quatre ans. Ainsi allait l'ordre moral, dans la France de M. Jules Ferry.

Même les commentateurs modernes − au demeurant fort peu nombreux − s'abstiennent de résumer avec précision le sujet du livre. Léon Deffoux, dans *Le Naturalisme* (Paris, 1929), se contente d'évoquer « certaines scènes scabreuses entre un ecclésiastique et une institutrice ». Dans *Le Groupe de Médan,* le même auteur, assisté d'Émile Zavie, cite *Autour d'un clocher,* sans autres détails, comme « un des romans-types du naturalisme, un des plus sincères », et il note la « gaieté, l'ironie rabelaisienne » qui « y courent allègrement d'un bout à l'autre ». Guy Robert, enfin, publiant les *Lettres inédites de Louis Desprez à Émile Zola* (Les Belles-Lettres, Paris, 1952), expédie l'intrigue en quelques mots — « les amours d'un curé et d'une institutrice de village », et relève « la crudité de l'expression et de certains détails ». On dirait qu'une gêne, un interdit continue à peser sur *Autour d'un clocher.*

Guy Robert indique pourtant, à juste titre, « le tempérament à la fois jovial et sombre, l'allure assez cocasse » de ce roman, sous-titré par ses auteurs : *Mœurs rurales.* On le lira, me semble-t-il, sans ennui, et même avec un certain sourire. C'est un canular d'étudiants — d'étudiants doués pour le pastiche, portés, comme il est naturel, sur la gauloiserie, et ayant bien observé, tout compte fait, certains traits de la mentalité rurale.

Paillardises artistes

Le curé de Vicq, l'abbé Chalindre, est, comme disent les auteurs, bien « monté ». Il a la trentaine sanguine, charnue, cuvant des envies qu'il ne se résout pas à apaiser solitairement, comme tel de ses confrères, et que les oraisons ne parviennent pas à calmer. Chaque printemps lui rend plus cruel encore son célibat... Certes, pour dépeindre le siège, et si j'ose dire l'instrument de ses émois génésiques, Fèvre et Desprez montrent plus d'audace descriptive et verbale que Zola n'en avait déployé en faveur de l'abbé Mouret — lequel, somme toute, apparaît parfaitement insexué. Pour être sexué, l'abbé Chalindre l'est, sans aucun doute, et cela nous vaut quelques joyeusetés de langage, directes ou métaphoriques, que les critiques appellent en détournant les yeux « crudités de l'expression », et dont nos collégiens d'aujourd'hui s'amuseraient à peine.

Toujours est-il que l'abbé a manifesté son débordement d'énergie par des manières maladroites, brutales, peu diplomatiques, à l'égard du menu peuple de Vicq, le village dont il a la charge : vignerons, bergers, laboureurs, artisans, et leurs compagnes. Vigoureux défenseur de l'autorité ecclésiastique, il a chassé une escouade de bonnes sœurs trop indépendantes. Il refuse la sépulture en terre chrétienne au corps d'un vieux paysan qui s'est pendu de misère, abandonné et maltraité par ses enfants. Il tire à blanc sur les gamins qui le soir de la fête se hissent sur le mur du presbytère ; il dénonce en chaire les pécheresses, il capte les héritages − oh, non pour lui, mais pour la Sainte Église ! Il se met à dos l'instituteur, l'huissier, et jusqu'au procureur de Chauny, la ville voisine. Bref on n'attend dans le village qu'une occasion pour se débarrasser de lui, malgré tout le respect qu'on porte à la religion catholique et à ses ministres avant et après les ripailles, les soûleries, les attrapades, la fornication, les règlements de comptes hauts en couleurs et souvent nauséabonds.

L'occasion se présente en la personne d'une jeune institutrice, aussi potelée que dévote, qui remplace les sœurs expulsées : Irma Delafosse. Le hasard d'un voyage en commun dans l'intimité brinqueballante de la carriole du père Goussard, puis dans le compartiment du chemin de fer qui conduit à Chauny, de trop nombreuses rencontres sur les chemins du village ou dans la sacristie, aiguisent jusqu'au martyre les sens de l'abbé. La jeune et innocente Irma n'est pas non plus ininflammable. Elle a des malheurs ; sans dot, elle se voit signifier son congé par la mère de son promis. Où pleurer, sinon dans le giron, par profession consolateur, de Monsieur le Curé ? Le jour où celui-ci, n'y tenant plus, la renverse parmi les linges et les surplis de la sacristie, elle ne se défendra pas – bien au contraire.

Et ce sont les pages sacrilèges qui traîneront Desprez devant la Cour d'Assises de la Seine – on a bien lu : la Cour d'Assises! Chaque soir, désormais, M. le curé se faufilera dans le logis de l'institutrice. Oubliant qu'on ne plaisante pas avec la soutane, pas plus qu'avec l'uniforme, Desprez et Fèvre se donnent de la provocation et de l'irrespect à cœur joie, dans un exercice de style hyper-naturaliste qui singe *Nana* de manière un peu plus, disons, brûlante – mais non sans humour :

> Elle s'était tout de même sauvée dans sa chambre, le curé sur ses talons. Sans oser allumer une lampe, par peur d'éclairer sa figure cerise. Et puis, une lampe, c'est comme une personne qui vous regarderait, et ça gêne quand on s'embrasse. Et ils s'embrassaient, debout, d'une longue embrassade affamée, le curé la sentant ahaner, lui ployant la taille, lui pompant les lèvres, se gorgeant de son haleine. Titubant, en homme soûl, il la traîna sur l'édredon du lit, la vautra et la déshabilla comme on pèle une poire, la décarcassa de son corset; et, fourrageant sous la chemise, il la huma de tous les côtés, la caressa comme un mimi, la baisa dans la fossette du cou, sur le goulot du téton, et, après avoir bel et bien navigué dans les hanches, il mouilla l'ancre dans le port, la demoiselle nue ronronnant, la tête enfoncée dans l'oreiller. Gavé, M. le curé s'échappa sur le tard; le village dormait à poings fermés, noir dans des traînées de lune bleue.

Le diable, assurément, n'était pas loin, mais semble-t-il, un diable plus facétieux que méchant – moins méchant que certains procureurs de la République de l'an 1885 – et qui n'avait guère souci d'interdire à l'abbé Chalindre le chemin du paradis. Diable malin s'il en fut, d'ailleurs, soufflant à la faconde des auteurs – deux garçons que n'étouffe pas le respect de la femme – un discours ambigu : un coup à droite, sur les curés, un coup à gauche, sur l'école laïque.

Rose, la bonne du curé, n'a ni les yeux ni la langue dans sa poche. Elle a observé les rougeurs et les chiffonnages d'Irma au sortir de la sacristie, les rentrées tardives et les lourds sommeils matinaux de l'abbé. Elle bavarde avec les blanchisseuses à l'heure du lavoir. Hélas! Les amours nocturnes de l'abbé Chalindre deviendront bientôt la fable publique. Une gronderie paternelle et indulgente de son évêque le rend pour quelque temps à son devoir de continence. Mais Satan continue à tourmenter la demoiselle. Où se confesser? « Il ne restait que l'abbé Chalindre »... La petite fenêtre à grillage du confessionnal n'offre qu'une bien fragile barrière à la tentation. La fin de la scène, chaudement préparée, se passera en haut du clocher. Et c'est là que les ébats des deux pécheurs sont surpris par le sonneur de cloches Foloreil. Celui-ci, jeté dans l'escalier à coups de poings et à coups de pieds par le curé hors de lui, se vengera en régalant de sa découverte tous les habitués du cabaret. Chacun s'égaie ou se fâche, selon sa nature. « Cadet Rondée pissait dans ses grègues pour avoir trop ri », mais Quilgars, l'instituteur, « toujours digne » — et qui au surplus s'est vu éconduire par Irma Delafosse — déclare « de sa bouche tordue, avec des gestes oratoires, qu'il faut en référer au conseil municipal ». Cette fois, le scandale éclate. La malheureuse Irma, sous les fenêtres de laquelle le village entier organise un charivari, est révoquée par l'Inspecteur d'Académie. L'abbé Chalindre, banni, cloué au pilori des injures et des farces cruelles, change de diocèse. La société, on le voit, s'est montrée plus impitoyable pour la jeune institutrice que pour l'abbé. Mais le récit s'achève sur la vision des vendanges, « des hottées de raisin s'écroulant dans les cuves, un entrechat de rigolade, des rires en feu de filles, des décharges de bouteilles qui claquent, une griserie et un jacassement de grives croquant un vignoble, une immense goguenarderie soûle qui faisait la nique au curé ».

Autour du clocher de Vicq, ancêtre du *Cloche-*

merle de Gabriel Chevallier, s'agite une population qu'on pourrait juger quelque peu stéréotypée dans la diversité de ses figures et de ses tares. Tous laids, tous cupides, tous haineux, tous ivrognes, tous salaces. On les voit rassemblés dans la grange où se balance le corps pendu du père Bounhoure, ou chez l'aubergiste, ou au cimetière pour les enterrements, ou à la mairie pour les noces, ou dans la procession le jour de la Saint-Luc, « la fête des raisins coupés ». Il y a là Quilgars, l'instituteur, « bouche tordue et ricanante sous de minces moustaches, le lorgnon à l'œil » ; le père Hubinet, qui distille des liqueurs champêtres ; Vitru, le médecin, qui casse volontiers les bouteilles du père Hubinet ; Foloreil le sacristain ; Cadet Rondée le maire, dévôt et craintif devant tous les pouvoirs ; Gasteboy le vieux veuf à la recherche d'une « épouse neuve » ; Schnerb le marchand d'étoffes ambulant, Hervagault le chef de la fanfare municipale, Tambour le garde-champêtre ; Cul-Cacheté l'usurier du vieux Gasteboy. Les noms, souvent, sont oubliés, il ne reste que les surnoms, ce qui est bien vu. Il en va de même pour les commères, la Gorgonne, la Coronette, Nanette Sincère, la Julie, qui « piaulent en rang d'oignons sur un tronc d'arbre » et « égratignent de leurs langues pointues la réputation du curé ». Et la Catherine, dite la Catin, femme du Tambour, que Cul-Cacheté a engrossée. Et la maigre et soupçonneuse Mme Quilgars. Assez peu de personnages, tout compte fait, mais dont les jacasseries et le remue-ménage donnent l'impression d'un chœur nombreux et burlesque.

Derrière leurs histoires de maris cocus, de détournements d'héritages, de rossées, de vicelardises multiples, on devine des anecdotes entendues par les deux jeunes auteurs, qui ont vécu à Chaumont, non loin d'une campagne ressemblant à celle de Vicq : « large plaine jaune, toute en rondeur et en mamelons », avec

« le fond gris d'un coteau de vignes », et un village
« défilant en longueur, enchevêtrant ses toits rouges ». Desprez séjournait souvent dans le village de
Rouvres-sous-Lignol, près de Bar-sur-Aube; c'est là
qu'il s'éteindra, le 6 décembre 1885. Il avait aussi
habité Chartres, au gré de la carrière de son père,
inspecteur d'Académie; et, selon Fèvre, c'est « une histoire de curé rapportée des environs de Chartres qui
fait le fond principal du roman, mais qui sert surtout
de prétexte à peindre les mœurs du village de l'Aube
qu'il habitait ». De fait, il y a du vécu, de l'observé,
dans ces scènes de bistro villageois, de cimetière, ou
de mariage, dans la faconde des dialogues et des
commérages, et jusque dans la tentative de reproduire
les traits de la prononciation, du vocabulaire et de
la syntaxe parlés. Ce ne sont pas des paysans d'opé-
rettes, ce ne sont pas les âmes pures de George Sand.
C'est le parti-pris ethnographique de l'observation
naturaliste, voisinant avec la recherche rieuse des in-
congruités, des énormités qui exploseront comme
des pétards dans les salons de lecture bien-pensants.

De ce côté-là aussi, Fèvre et Desprez atteignent
souvent leur but. Ils ont retrouvé intuitivement, ou
par leurs lectures, une tradition qu'on dit trop vite
rabelaisienne − à cause des beuveries et des pria-
pées − et qu'on devrait plutôt dire breughélienne.
Ces deux « petits naturalistes », comme l'aurait écrit
Brunetière, ne manquent pas de talent. Plusieurs fois,
par exemple, pour composer les scènes de procession
ou de cabaret, ils réussissent à organiser des groupes
animés, colorés, où se complètent le regard distancé,
saisissant et fixant un mouvement d'ensemble, et
l'attention portée aux premiers ou aux gros plans des
faces et des gestes. C'est la procession qui « chemi-
nait à pas d'escargot sous le carillon du clocher » :
« le curé en tête, luisant dans ses ornements comme
un scarabée, psalmodiait, et le village endimanché

s'allongeait à la queue » ; mais c'est aussi bien les musiciens de la fanfare, « en rond, qui, les joues gonflées d'avance, emmagasinant l'air à force de poumons, bec à bec avec leurs trombones, écrasaient les cuivres pansus sur leur cœur ». On retrouve aisément les modèles. On pourrait songer à *L'Enterrement à Ornans,* de Courbet, ici ou là, pour le pittoresque ecclésiastique et les trognes des villageois serrés autour du clergé. Mais Fèvre et Desprez avaient-ils pu voir cette toile, même en reproduction ? Ce n'est pas sûr. On songe en tout cas à l'héritage de *Madame Bovary* — avec, bien entendu, moins d'ampleur et d'acuité de vision, moins de virtuosité technique, moins de sûreté et d'intensité dans le maniement des signes sociaux, moins d'oreille aussi. Et pourtant, nos deux auteurs ont le sens du rythme, de la période, de la clausule à la fois descriptive et ironique. Ailleurs, l'intertexte est à l'évidence celui du dîner d'anniversaire dans *L'Assommoir.* « On se rattrapa sur les viandes déjà entamées, non sans crève-cœur, et l'on finit par se consoler, la société, peu à peu dégourdie, piaulant des chansonnettes, les paroles grasses bavées par des museaux huileux ».

Ce qui dessert Fèvre et Desprez, ce sont — sans doute à cause d'une relative inexpérience, et de la rapidité d'exécution — des affaissements momentanés du récit. Ils ont voulu par exemple brosser, autour de l'abbé Chalindre, une galerie de prêtres de campagne, avec des arrière-pensées sinon anti-cléricales, au moins ironiques à l'égard du clergé. Cela s'explique par la réaction de jeunes gens agnostiques, libéraux, sinon libertaires, face à l'emprise cléricale sur les populations rurales. Mais les visites de l'abbé à ses confrères ralentissent le récit, et éloignent le lecteur du petit monde turbulent de Vicq.

Enfin, il arrive que Desprez et Fèvre, à l'écart cette fois de la tradition stylistique de Flaubert, de Zola,

de Maupassant, ne détestent pas la coquetterie manié-
rée, à la façon des Goncourt et de Huysmans. Leur
roman se transforme souvent, à cet égard, en un exercice de style. Ils ne craignent pas d'associer la truc-
lence des évocations rustiques et les préciosités de
l'écriture artiste. Leurs relatives audaces verbales,
leur emploi d'un vocabulaire « cru » participent à
cette équivoque. « Monsieur le Curé » « couillonna »
(c'est-à-dire « prit peur ») : ce rapprochement de
termes paraît trop travaillé pour être naturel. A cela
s'ajoutent la création ou l'exhumation de mots rares
ou d'emploi régional (« le banc où Mlle Delafosse
chignait », « une œillade qui lui expectora un soupir », « tourbillon de jupes et de culottes gigotan-
tes », etc.), les rapprochements à effet (« Quelle
ribambelle de bouteilles qui tapaient du cul et
saignaient du col ! »), le style indirect libre et les
cadences de phrases chantournées, brisées ou alanguies
comme les femmes-fleurs du dessin fin de siècle, à
rebours des grands rythmes flaubertiens.

Rien de tout cela n'est négligeable. Des deux jeunes
gens, selon ce que révélera plus tard Henry Fèvre,
Desprez était plutôt le narrateur et l'observateur, et
Fèvre plutôt le styliste. Ensemble, ils avaient en tout
cas le regard précis, la satire goguenarde et délurée,
un langage alerte, autrement gourmand et sensuel
que celui des Goncourt, nourri des rusticités champe-
noises comme celui de Flaubert l'était des réalités
normandes.

Louis Desprez, qui avait publié d'autre part, quelques mois auparavant, un ouvrage lucide et bien in-
formé sur *L'Évolution naturaliste,* portait sans doute
en lui une œuvre d'écrivain. La maladie, puis la mort,
favorisées par la cruauté du jury, ne lui laissèrent pas
le temps de l'écrire. *Autour d'un clocher* avait paru
en mai 1884. Zola, dans une lettre du 24 mai à Louis
Desprez, en loua « la gaieté débordante, le côté cari-

catural », tout en regrettant l'insuffisance de la composition, l'absence des perspectives, « la torture de chic imposée à la phrase » ; c'était là pour lui un « fameux bouquin de début », et ses deux auteurs, « deux gaillards d'avenir »[1]. Mais Desprez n'avait plus d'avenir. En juillet 1884, il fut convoqué devant le juge d'instruction. Ayant mis Fèvre hors de cause, pour ne pas gêner la carrière du père de son ami, qui était président du tribunal de Semur — curieuse et amère ironie de la situation —, il comparut le 20 décembre 1884 devant la Cour d'Assises de la Seine, qui le condamna à un mois de prison. Il accomplit sa peine, à la prison de Sainte-Pélagie, du 10 février au 10 mars 1885. Il était déjà malade, infirme, phtisique, coxalgique, Épuisé, il se retira à Rouvres, où commença une longue agonie. Les lettres qu'il écrivit à Zola, jusqu'à sa mort, détaillent de façon poignante les progrès de son mal, et en même temps l'énergie désespérée de ses lectures et de sa révolte contre « les sacrés sales cocos de petits bourgeois », « les gredins de bourgeois à préjugés ». A l'approche de sa fin, ses admirations s'élargissaient, allaient de Hugo à Michelet, à Dickens, à Dostoievski.

Lorsqu'il mourut, Zola, qui l'avait estimé et encouragé, lui rendit hommage dans *Le Figaro*, le 9 décembre 1885 : un hommage dont les accents annoncent ceux de *J'accuse*. Zola accusait en effet le jury d'avoir « égorgé » un pauvre enfant qui promettait un écrivain de race », au nom d'une « loi inepte votée pour empêcher le trafic malpropre d'une douzaine de polissons » : il accusait le préfet de police d'avoir fait enfermer Desprez « avec les voleurs, dans l'enfer du droit commun » ; il accusait « les gens au pouvoir de l'avoir assassiné, simplement ». « Je ne veux plus

1. **Voir Guy Robert,** *op. cit.,* **p. 31. Guy Robert analyse en détail les articles et les lettres suscités par le livre, ainsi que la condamnation, puis la mort de Louis Desprez.**

savoir si dans cet assassinat, il y a eu un tribunal, des jurés, un préfet de police. J'ai l'unique et invincible besoin de crier : ceux qui ont tué cet enfant sont des misérables ».

De nos jours, si la pornographie triste et en fin de compte puritaine d'un Paul Bonnetain — l'auteur de *Charlot s'amuse* — peut sembler accablante, le naturalisme rosse de Fèvre et Desprez a gardé, dans les meilleures pages de leur roman, un humour roboratif. Il ne s'agit d'ailleurs pas de leurs pages les plus paillardes, car leur paillardise est si étonnée de sa propre audace — pour l'époque — qu'elle finit par en être à la fois appliquée et mal à l'aise, en tout cas mal libérée. Je pense plutôt à leur satire des comportements sociaux, institutionnalisés par les rituels et les discours reçus. Tout cela, de nos jours, fait sourire. Mais on ne peut oublier que cette rosserie n'allait pas sans péril. C'est donc qu'elle n'était pas sans conséquences pour l'évolution des mentalités.

Les tristesses de l'escadron

Lucien Descaves, fils d'un graveur, né en 1861, avait déjà publié deux livres dans la veine naturaliste, *Le Calvaire d'Héloïse Pajadou* et *Une vieille rate,* lorsqu'il partit faire son service militaire, en 1882. Il y passa quatre ans, fort bien noté, sergent au terme de la première année, puis sergent-major — le grade de son triste héros, Tétrelle. Au sortir du régiment, devenu chroniqueur au *Petit-Moniteur,* il écrivit un premier essai sur la vie de caserne, *Les Misères du sabre,* puis, à la fin de 1889, fit paraître *Sous-offs,* livre long, chargé de matière, sous-titré « roman militaire ». Inculpé d'injures à l'armée et d'outrages aux bonnes mœurs, et renvoyé devant la Cour d'Assises de la Seine en mars 1890, il fut acquitté.

La littérature militaire est un genre d'époque. Jamais l'armée française, battue en 1870, mais qui porte tous les espoirs de la « revanche », n'a été l'objet d'un pareil culte, d'une pareille sacralisation. Tout Paris se porte aux revues de Longchamp. Le général Boulanger est près de mettre la main sur la République. Déroulède exalte les vertus militaires en vers de mirliton. Chaque ville entretient sa garnison et vibre aux défilés du dimanche. Les conquêtes coloniales ont fait oublier l'humiliation de Sedan. On entend de temps à autre aux frontières de l'est un cliquetis d'armes; alors la France s'enflamme. Mais les « grands chefs » veillent. Les reflets de leur gloire éclairent la moindre de leurs unités. L'institution militaire est bloquée dans ses certitudes. Le peuple respecte le prêtre, redoute le magistrat, et admire l'officier. Le droit de cette trinité à régenter le troupeau humain, dans les années 1880, reste incontesté. Le décor français de ce temps ne saurait se passer de képis. De là la floraison d'une littérature qui compte ses romans et ses chansons, ses types imposés et ses scènes à faire. Le refrain de tourlourou comme l'épisode héroïque concourent à la gloire du « métier des armes ». L'impertinence du « comique troupier » de café-concert, ou la stupidité matoise du sapeur Camember, sont encore un hommage à l'uniforme et à ses mythes. Une certaine sorte d'antimilitarisme exprime une secrète admiration pour l'arme et le galon.

Pourtant, au milieu de ce concert, éclate de temps à autre une note discordante. L'histoire de la littérature inspirée par l'armée, après 1870, reste à écrire. Mais il semble clair qu'elle est passée par des phases distinctes et s'est scindée en courants assez nettement différenciés. Immédiatement après la guerre, on a vu prospérer les feuilletons patriotiques, exaltant les faits d'armes des cuirassiers, des zouaves, et vilipendant les espions prussiens, seuls responsables, comme on le sait, de la défaite française. Aux alentours de 1880 — c'est visible dans les nouvelles qui composent *Les Soirées de Médan,* publié cette année-là —, leur succèdent des récits plus distancés, plus ambigus, comme *Boule de suif,* de Maupassant, *Sac au dos,* de Huysmans, ou *La Saignée,* de Henry Céard. Le soldat n'est plus héroïque, mais brisé de fatigue, de désarroi et d'incrédulité ; le civil songe plus à ses affaires qu'à la patrie ; c'est le moment d'un recul critique sur la conduite de la guerre, sur la compétence des généraux et sur les intentions profondes des dirigeants politiques qui ont succédé à l'Empereur, en septembre 1870.

La troisième phase est sans doute celle qu'illustre le livre de Lucien Descaves, et aussi bien les œuvres d'un Henry Fèvre — *Au port d'arme* — ou d'un Georges Darien (dans une veine plus anarchiste). Près de vingt ans après la fin de la guerre, les souvenirs des combats s'estompent, la fiction guerrière fait long feu ; il ne reste que le long ennui de la conscription, la stupidité interminable du séjour en caserne, la routine des corvées, des services, des manœuvres, des punitions ou des virées dans les quartiers de filles à soldats. Pour la seconde génération naturaliste — celle qui est arrivée à l'âge d'homme vers 1880 —, c'est là un thème propice à justifier la vision désenchantée qu'elle porte sur toutes choses.

Sous-Offs — et non pas *Les Sous-Offs,* distinction quelque peu spécieuse sur laquelle insistèrent les avocats de Descaves au procès de 1890 — a pour héros, si l'on peut dire, deux sous-officiers du contingent, qui accomplissent leur service militaire. Soldats de deuxième classe à leur arrivée, ils sont devenus successivement caporaux, puis sergents et enfin, l'un sergent-fourrier, l'autre sergent-major, c'est-à-dire sous-officiers comptables. Autour d'eux, tous les types de soldats qui composent un personnel régimentaire à la fin du XIXe siècle : soldats, caporaux, adjudants, officiers subalternes, colonel, et même, le jour de la revue, un général; militaires soumis ou mauvaises têtes, adjudants ivrognes, sergents bourreaux ou sous-officiers éducateurs, capitaines sadiques et commandants paternels... Rares sont, il faut bien l'admettre, les personnages dignes d'admiration ou de sympathie.

L'intrigue est mince. Elle s'étend et se distend sur les quatre interminables années que dure le service. Cette continuité est à peine rompue par une répartition en trois phases correspondant aux trois lieux successifs du récit : Dieppe, Le Havre, Paris. Car, de garnison en garnison, les corvées et les divertissements du soldat ne changent guère. Rien ne ressemble plus à un bordel de Dieppe qu'un bordel du Havre. Tout au plus, le quartier de l'École Militaire, à Paris, vers 1885, porte-t-il au centuple les ressources qu'offre à cet égard la province, et en accroît-il la variété, des grandes brasseries aux serveuses hospitalières jusqu'aux bouges sinistres des « marchands de vin logeurs » du quartier Cambronne.

Lucien Descaves regarde du côté de Goncourt — celui de *Germinie Lacerteux* ou de *La Fille Elisa* — plus que du côté de Zola. Son modèle romanesque est celui de l'étalement d'un récit biographique, dans la minutie et la monotonie des tableaux quotidiens, et non pas celui de la crise dramatique, du personnage d'exception, de l'affrontement des caractères ou des forces. Favière et Tétrelle sont des antihéros : prisonniers de l'institution militaire, esclaves de ses rites et de ses rythmes, ils n'ont pas d'autres désirs, ils ne poursuivent pas d'autre quête que la satisfaction de leurs besoins élémentaires : la faim, l'oisiveté, le sommeil, le sexe, la fête, l'oubli.

Soyons juste : des deux sous-officiers, l'un tire son épingle du jeu plus adroitement — mais plus égoïstement — que l'autre. C'est l'hommage rendu par un auteur parisien à un personnage parisien. Favières, de retour à Paris, après ses deux garnisons provinciales, attendra sans imprudence et sans dommage sa libération. Il a abandonné son ancienne maîtresse — dont le nom, Généreuse, est tout un programme —, qui l'a suivi de Dieppe au Havre, puis du Havre à Paris, comme ces prostituées qui autrefois suivaient les convois militaires sur les arrières de la troupe en marche. Résignée, sans plainte, Généreuse parcourt toutes les étapes du « dégringolage », tandis que lui, « presque civil déjà », se prépare à changer de peau en même temps que d'habit. Au contraire, Tétrelle, rongé par une unique et non moins sordide passion, et à sa manière martyr de la fidélité, se laissera acculer au déshonneur et au suicide pour n'avoir pas su ou pu rompre à temps. Lui s'est laissé happer dans l'engrenage de la débauche, du vol. Favières, à l'inverse, vers la fin du roman, se dépouille peu à peu de tout ce qui avait failli lui coller à la peau, la débauche crapuleuse, les petites malhonnêtetés, la servitude acceptée.

Toute l'action tient dans le contraste de ces deux destins, que l'auteur a voulu également typiques. A vrai dire, si Favières réussit à conserver une relative disponibilité, c'est qu'il est à sa façon le substitut de l'auteur. Comme sans doute ce fut le cas pour Descaves lui-même, il se dédouble. D'un côté, il se laisse pénétrer par l'« insondable ennui » ou les tristes plaisirs de son existence, pour authentifier ce lent et détaillé parcours à travers l'espace de la caserne et des quartiers à soldats. De l'autre, à tout moment il se détache de ce qu'il voit, de ce qu'il vit, de ce qu'il fait ; il pense, il imagine, il juge, il suppute, il calcule, il s'exaspère, il s'amuse, il prend ses distances, y compris à l'égard de ses turpitudes. « Trois soirées dégoûtèrent Favières de ce plaisir, comme des brasseries à femmes que son sergent-major seul pouvait fréquenter avec une assiduité convenable, grâce aux profits obscurs de son grade. Mais alors se posa la question de l'emploi du temps, le soir... ». C'est par son regard à la fois jouisseur et sans illusion que nous est livrée cette physiologie vécue de la soldatesque.

Qu'on ne voie donc pas seulement dans *Sous-Offs* un récit documentaire sur les tristesses de l'escadron. Dans la veine huysmansienne cette fois, c'est plutôt un itinéraire nauséeux à travers une quotidienneté dont le rituel militaire ne suffit sûrement pas à épuiser les ressources de laideur et de bêtise. Ces hommes obsédés de rut et d'ivresse, ces ganaches galonnées, cette discipline affichée qui couvre tous les lucres, toutes les malhonnêtetés, toutes les cruautés, ne sont pas propres à l'institution militaire : c'est la société française entière qui en cette fin de siècle pue le vin et le stupre. Il y a là plus qu'un naturalisme « rosse », qui exploiterait une fois de plus la satire anti-militariste. Comme beaucoup d'autres jeunes gens de sa génération, Lucien Descaves, par le truchement de son sous-officier cynique et sceptique, promène sur la vie l'œil du désenchantement et du pessimisme. Après tout, la caserne ne serait-elle pas le modèle achevé de la cité? A la fin du récit, la « libération » de Favières paraît bien illusoire.

Prend-on plaisir à lire cette œuvre longue, souvent répétitive? Oui, si l'on aime la peinture décapante, démystifiante, des travers professionnels et sociaux et des vilenies constitutives de toute vie collective. Au surplus, tout n'a pas vieilli dans ce reportage. On aimera peut-être aussi reconnaître des techniques de composition et un style que Goncourt appelait « l'écriture artiste », et dont le paradoxe est d'accorder aux motifs les plus triviaux les mots et les tournures les plus raffinés, voire les plus chantournés. Lucien Descaves applique ici un code stylistique d'époque; et c'est ce qui, tout de même, lui assigne un rôle et un rang d'épigone. Certes, son audace sacrilège lui appartient : Goncourt et Huysmans étaient plus prudents et ne se mettaient pas dans le cas de comparaître aux assises. Mais les détours de sa phrase sentent un peu l'école. Voici les instantanés de la troupe en goguette, avec les silhouettes à la Toulouse-Lautrec :

Devouge, qui dirigeait la horde, faisait éclairer sa marche et reconnaître les établissements par deux sous-officiers chargés de signaler à leurs camarades la présence des officiers. « Pas d'officiers », on envahissait le café, on le traversait en trombe, quelquefois sans consommer, avec un bruit de sabres bafouant la clientèle terrifiée ; ou bien on s'arrêtait cinq minutes, pour cultiver la soûlerie, en empêchant de pépier quelques bonnes dondons devant qui un pianiste charitable émettait des notes.

Et voici, pour dépeindre le grand chahut des rues chaudes au soir du 14 juillet, un pêle-mêle de notations où se cumulent tous les ordres de sensations — auditives, olfactives, visuelles — et où le jeu des comparaisons et des métaphores imprévues et symboliques, les qualificatifs méticuleux, les mots rares, le mélange du séduisant et de l'inquiétant, de la gaieté et de l'horreur, les cadences brisées ou au contraire prolongées et déhanchées de la phrase, affichent bien la manière de cet impressionnisme littéraire qui caractérise le récit naturaliste, au sens daté du terme :

Là-dedans encore, des refrains, des invectives, des danses, de la musique d'Italiens essoufflant leurs accordéons à jouer des polkas, arrachant à leurs violons des *marseillaises* ébréchées ainsi que des couteaux de rebuts ; des odeurs : celles d'une friturerie ambulante épousant le remugle des literies aérées ; des rires gris de plein air ; des rires on aurait dit couverts d'un drap, comme la tête des indisciplinés remontés à la lumière, après des semaines de silo ; une sortie de cabanons, le branle inquiétant d'un Charenton lubrique et blafard, à la clarté au compte-gouttes des lanternes écharpées, des lampes tristes restées aux fenêtres et des suifs bavant leur pus sur la panégyrie anniversaire !

Lucien Descaves n'a pas su choisir dans son carnet

de choses vues. Il n'a pas su faire court. C'est dommage, car l'éclat de ses meilleures pages — la revue, la minable partie carrée des deux sous-offs et de leurs égéries, le conseil de guerre — est étouffé par le triple retour de décors et de scènes identiques. Des deux garnisons de province, l'une est de trop. Il fallait, bien entendu, rendre perceptible le spleen sans fin de la vie de caserne, mais il aurait fallu en même temps préserver à tout prix le lecteur de sombrer dans le même désintérêt. De ce paradoxe, l'auteur des *Sous-Offs* ne s'est pas toujours très bien sorti, et c'est ce qui a nui sans doute au succès de son livre, passé le moment du scandale. Il mérite pourtant d'être tiré aujourd'hui d'un relatif oubli, non seulement en raison de l'acuité de ses observations ethnographiques, mais aussi en raison de son pittoresque parfois breughelien, des marques, tout à fait symptomatiques, de son style, et, surtout, de la vitalité communicative de son ironie.

16

De l'écriture artiste
au style décadent

Certes, les Décadents ont été surtout des poètes, qui voyaient dans la poésie la forme supérieure de l'art du verbe. Mais il existe aussi une prose *décadente* issue de la prose *artiste*. Comment les situer, comment les caractériser l'une par rapport à l'autre? Et quel contenu donner à ces mots, puisqu'ils sont maintenant entrés dans le vocabulaire de l'histoire littéraire?

On sait qui a parlé le premier de l'« écriture artiste » : c'est Edmond de Goncourt, dans un texte tardif, la préface aux *Frères Zemganno,* roman sur les milieux du cirque et du music-hall, publié en 1879 :

> Le Réalisme, pour user du mot bête, du mot drapeau, n'a pas en effet l'unique mission de décrire ce qui est bas, ce qui est répugnant, ce qui pue, il est venu au monde aussi, lui, pour définir dans de l'écriture *artiste,* ce qui est élevé, ce qui est joli, ce qui sent bon, et encore pour donner les aspects et les profils des êtres raffinés et des choses riches : mais cela, en une étude appliquée, rigoureuse, et non conventionnelle et non imaginative de la beauté.

Edmond de Goncourt ne s'explique guère sur ce qu'il entend par « écriture artiste » : une étude « appliquée, rigoureuse, non conventionnelle », voilà qui est fort vague. Sa définition vient bien tard, et à une époque où beaucoup de confusion va s'instaurer dans le langage de la critique. Les faits étaient plus clairs une dizaine d'années auparavant. C'est dans les romans des deux Goncourt, non pas du seul Edmond — Jules est mort en 1870 —, ainsi que dans les œuvres de Flaubert, de Zola, de Daudet, de Vallès, et — pourquoi pas — de Gautier, de Baudelaire, de Hugo aussi — qu'il faudrait aller chercher les textes qui permettent de décrire les caractères de l'écriture artiste. Le souci de la phrase travaillée pour elle-même, « ciselée », comme on disait, de la phrase objet d'art, digne d'être contemplée et goûtée pour l'élégance, la finesse, la hardiesse de ses formes plus que pour ce qu'elle signifie, a caractérisé dès avant 1850 l'école dite de l'Art pour l'Art ; et sur les doctrines esthétiques de celle-ci, nous sommes assez bien renseignés par la grande thèse d'Armand Cassagne[1]. — Mais il est une autre source probable, que l'on a moins étudiée : l'influence de la peinture moderne. Cela paraît assez assuré pour *l'écriture artiste* au sens restreint de l'expression, c'est-à-dire pour un certain style du roman réaliste français, entre 1860 et 1885, de Flaubert à Huysmans.

La vision artiste

Car, avant de parler d'écriture artiste, il faudrait parler de *vision* artiste. Ou plutôt, l'une postule l'autre. Il en va là de même que dans les recherches de la jeune peinture entre 1860 et 1870, de ces peintres qu'on appellera en 1875 les *Impressionnistes.* Une manière nouvelle de saisir les aspects de la nature exige une manière neuve d'exprimer cette saisie dans le langage des couleurs.

L'impressionisme, écrit Jules Laforgue, voit et rend la nature telle qu'elle est, c'est-à-dire uniquement en vibrations colorées. Ni dessin, ni

1. Armand Cassagne, *La poésie de l'art pour l'art en France,* 1906.

lumière, ni modelé, ni perspective, ni clair obscur, ces classifications enfantines : tout cela se résout en réalité en vibrations colorées et doit être obtenu sur la toile uniquement par vibrations colorées (...). L'œil du maître sera celui qui discernera et rendra les dégradations, les décompositions les plus sensibles, cela sur une simple toile plate. Ce principe a été, non systématiquement, mais par génie appliqué en poésie et dans le roman chez nous (*Mélanges posthumes*).

« Ni dessin, ni modelé, ni perspective ». Cela est excessif si l'on songe aux traits généraux des romans de Flaubert, ou de Zola ; car ceux-ci sont des constructeurs. Mais l'écriture artiste ne sert, même chez Goncourt, que dans certaines pages — surtout les pages descriptives. Et les indications de Laforgue trouvent alors leur valeur. La vision artiste, en effet, dissocie, désintègre, éparpille les ensembles en une multitude de touches ou de notations qui épuisent la totalité des éléments d'une impression, mais rendent en même temps le caractère fortuit et hétéroclite de leur rencontre. L'analyse et la discrimination indéfinies de l'objet, sa réduction en une nuée confuse et vacillante d'images attrapées au vol, sont une technique familière aux Goncourt. Voici par exemple, dans *Charles Demailly,* le spectacle d'une salle de restaurant bondée, à cinq heures du matin, sur les boulevards, à Paris, vers 1860, pendant le carnaval :

Toutes les tables étaient pleines. La chaleur du gaz, les bouffées des cigares, l'odeur des sauces, les fumées des vins, les détonations du champagne, le choc des verres, le tumulte des rires, la course des assiettes, les voix éraillées, les chansons commencées, les poses abandonnées et repues, les gestes débraillés, les corsets éclatants, les yeux émerillonnés, les paupières battantes, les tutoiements, les voisinages, les teints échauffés et martelés par le masque, les toasts enjambant les tables, les costumes éreintés, les rosettes aplaties, les chemises chiffonnées toute une nuit, les pierrots débarbouillés d'un côté, les ours à demi rhabillés en hommes, les bergères des Alpes en pantalon noir, un monsieur tombé le nez dans son verre, un solo de pastourelle exécuté sur une nappe par un auditeur au conseil d'État, et l'histoire du ministère Martignac racontée au garçon par un sauvage tatoué — tout disait l'heure : il était cinq heures du matin. Comme ils entraient, il y avait un grand brouhaha au fond de la salle : trois grands drôles, costumés en plumets de cavalerie, priaient — avec les mains — un domino noir masqué de se démasquer.

Page difficile à rendre par la lecture orale. On voit, en passant, que Proust (qui a pastiché Goncourt dans *Le Temps retrouvé*) n'est pas l'inventeur des phrases de quinze ou vingt lignes. Mais on saisit aussi plusieurs des aspects stylistiques de cet éclatement de la vision : l'accumulation des groupes nominaux, l'inflation des caractérisants, notamment des participes passés et des participes présents, le mélange volontaire des objets, les gros plans insistants, le tripotage de l'expression dans la recherche appliquée de la « note juste ». La syntaxe s'étire au-delà de toute limite. L'œil du lecteur papillote et s'éblouit devant un kaléidoscope déréglé, comme celui du personnage que les auteurs ont soudain plongé dans le pandémonium du Mardi-Gras. Mais à y regarder de près, chaque mot porte — les voix *éraillées,* les poses abandonnées et *repues,* les teints *échauffés,* les chemises *chiffonnées* — et l'ensemble recompose l'univers un peu fou des nuits bien parisiennes à l'époque du Second Empire.

Le motif importe peu, du reste. Car l'essentiel est pour l'écrivain de fixer sur sa page, comme le peintre sur sa toile, certaines *qualités* de la vision, la substance ou l'objet de cette vision passant au second plan. Ce qui domine finalement, dans cette page de *Charles Demailly,* c'est l'impression d'une fin de nuit, en ce que cela a d'avachi, toute dignité éteinte, toute hiérarchie aplatie. La qualification est privilégiée et tend à remplacer l'action comme élément sémantique principal : la *qualification,* et non pas le *qualificatif* au sens grammatical du terme, car ce qui caractérise précisément l'écriture artiste, c'est sa prédilection pour les substantifs qui traduisent la sensation perçue : ici la *chaleur,* les *bouffées,* l'*odeur,* les *fumées,* les *détonations,* recréent un monde où le spectateur est assailli, à en perdre le souffle, par la sensation, par l'impression. Ce qu'Octave Nadal a appelé le « reportage des sensations », à propos de Verlaine — qui fut, à certains

274

égards un élève des Goncourt —, peut s'appliquer exactement à la vision et au style artistes, comme un de leurs traits.

Voici maintenant un texte d'Alphonse Daudet, beaucoup plus tardif. Il est tiré du *Nabab* et décrit la pluie à Paris :

Cinq heures de l'après-midi. La pluie depuis le matin, un ciel gris et bas à toucher avec les parapluies, un temps mou qui poisse, le gâchis, la boue, rien que de la boue, en flaques lourdes, en traînées luisantes au bord des trottoirs, chassée en vain par les balayeuses mécaniques, par les balayeuses en marmottes, enlevée sur d'énormes tombereaux qui l'emportent lentement vers Montreuil, la promènent en triomphe à travers les rues, toujours remuée et toujours renaissante, poussant entre les pavés, éclaboussant les panneaux des voitures, le poitrail des chevaux, les vêtements des passants, mouchetant les vitres, les seuils, les devantures, à croire que Paris entier va s'enfoncer et disparaître sous cette tristesse du sol fangeux où tout se fond et se confond.

On peut y faire des observations identiques : l'accumulation des tours nominaux, la linéarité de la syntaxe. La prédominance des perceptions sensorielles, la succession des touches évocatrices qui finissent par suggérer un paysage, la saisie d'un phénomène sous ses multiples faces et pour ses multiples manifestations, le gonflement progressif de la description — l'optique est la même, et les procédés semblables. Quelques variantes tout de même : plutôt que les éléments distincts d'un vaste et complexe spectacle, à la manière de Goncourt, Daudet énumère les diverses formes sous lesquelles on peut contempler le spectacle de la pluie à Paris, et se laisser envahir par lui jusqu'à l'obsession. Il s'agit moins d'une addition indéfinie, que d'une série interminable d'équations et de transformations. Mais ces variantes, loin de mettre en cause l'existence d'un modèle de la description artiste, en affirment au contraire le principe et la fécondité. Qu'on lise *Manette Salomon, Germinie Lacerteux, Madame Gervaisais,* des Goncourt, ou la trilogie de Jules Vallès, ou les romans de Pierre Loti, et l'on trouvera des dizaines de pages du même ton.

Les peintres de la jeune école et les romanciers artistes sont des paysagistes, au sens que le mot prenait à l'époque, et que Jules Laforgue précise avec finesse, dans le texte déjà cité. Constantin Guys et Flaubert, Degas et Goncourt, Manet et Émile Zola, Claude Monet et Daudet. Dans cette concurrence, l'écrivain part avec un handicap : l'infirmité relative du langage verbal. En revanche, il a l'avantage de pouvoir jouer de l'expression du temps et de la durée comme d'un subtil instrument, refusé au peintre par la nature même de son art. La libre extension de la matière verbale, qui n'est point enfermée, comme les lignes et les couleurs, dans les limites finies d'un cadre, lui permet d'autre part de faire se succéder des plans de dimensions et de profondeurs fort diverses, de varier à l'infini les points de vue et le découpage de sa description, d'en accélérer ou d'en ralentir à son gré le rythme. Le plus grand maître, dans cette recherche, qui est un troisième trait fondamental du style artiste, est sans doute Flaubert. Mais de nombreuses pages de Zola ou de Vallès ne le cèdent en rien à sa virtuosité.

La préoccupation de l'écrivain devient alors de jouer au plus fin avec la nature et les êtres, de suivre et de retenir la fugitivité de leurs mouvements et de leurs états, de fixer les instantanés les plus suggestifs sans pour autant immobiliser le flux de la durée. Jacques Dubois les a appelés « les romanciers de l'instantané[2] ». On cherche à traduire le temps vécu dans l'imprévisibilité et la vibration de ses moments successifs. Ainsi ont fait les peintres impressionnistes pour l'eau des rivières, pour l'agitation des guinguettes ou pour le mouvement des gares. Mais eux ont dû privilégier l'instant. Le nouveau roman des années 1860 prétend, par des formes de narration appropriées, donner à la présentation du temps sa deuxième dimension, qui est la profondeur.

---

2. Voir Jacques Dubois, *Les romanciers de l'instantané*, Droz, 1963.

Voici Flaubert, dans *L'Éducation Sentimentale.*
Frédéric et Rosanette s'en vont aux courses en berline :

Ils descendirent au pas le quartier Bréda ; les rues, à cause du dimanche, étaient désertes et des figures de bourgeois apparaissaient derrière
des fenêtres. La voiture prit un train plus rapide ; le bruit des roues faisait se retourner les passants, le cuir de la capote rabattue brillait, le
domestique se cambrait la taille, et les deux havanais l'un près de l'autre
semblaient deux manchons d'hermine, posés sur les coussins. Frédéric
se laissait aller au bercement des soupentes. La Maréchale tournait la
tête, à droite et à gauche, en souriant. Son chapeau de paille nacrée
avait une garniture de dentelle noire. Le capuchon de son burnous flot-
tait au vent ; et elle s'abritait du soleil, sous une ombrelle de satin lilas,
pointue par le haut comme une pagode.

Flaubert a utilisé la technique de la description itiné-
rante, qui unit dans un même texte les variations de
l'espace et celles de la durée. Il montre la rue telle
qu'elle apparaît de la voiture, et quelques notations
rapides — les figures de bourgeois qui apparaissent
derrière les fenêtres, les rues désertes — lui suffisent
pour suggérer l'aspect d'un quartier vidé par l'inaction
du dimanche. Mais le contre-champ succède sans transition au champ — pour parler le langage des cinéastes
— et voici maintenant la voiture vue de la rue : le bruit,
un reflet, une attitude, une tache de couleur blanche,
quelques propositions rapides, juxtaposées, aux cadences brèves. Le croquis est enlevé à la manière d'un dessin de Constantin Guys. La mise en scène du personnage de Rosanette, en gros plan, recèle la même souveraine élégance, avec la précision délicate des détails
du costume, l'ondulation légère du capuchon qui
flotte, les lignes affinées de l'ombrelle, l'économie des
tons alliée à la préciosité de l'image et de la cadence
finales, et, par-dessus tout, cette impression d'assou-
pissement détendu, de durée béate, que l'auteur réussit à condenser dans chaque mot et dans chaque
inflexion de phrase.

Le motif commun à tous ces traits est le désir — combien moderne — de se faire oublier, de disparaître der-

rière les personnages, de ne rien voir et de ne rien ressentir que par eux. Reportage des sensations, soit ; mais un reportage qui ne doive rien qu'à la situation dans laquelle le narrateur a placé ses personnages. Frédéric et Rosanette, en une autre page (citée p. 24), sont au milieu de la foule des Champs-Élysées, ils ne voient plus, à quelques dizaines de centimètres, que des « bouches grandes ouvertes », des « yeux pleins d'envie », « quelque flâneur au milieu de la voie, qui se rejette en arrière d'un bond » ; et tout cela les étourdit, et c'est ce vertige qu'il convient de rendre avant tout.

Il y a dans *L'Assommoir,* de Zola, à la fin du roman, l'admirable et atroce odyssée de Gervaise affamée, misérable, déchue, sous la neige qui tombe. Ce texte illustre mieux que tout commentaire cette permanente transposition d'optique et de signification à laquelle se livre le style artiste, pour dissiper toute distinction entre les trois acteurs de la création romanesque, le narrateur, son personnage, et son lecteur :

C'était une vraie tempête. Sur ces hauteurs, au milieu de ces espaces largement ouverts, la neige fine tournoyait, semblait soufflée à la fois des quatre coins du ciel. On ne voyait pas à dix pas, tout se noyait dans cette poussière volante. Le quartier avait disparu, le boulevard paraissait mort, comme si la rafale venait de jeter le silence de son drap blanc sur les hoquets des derniers ivrognes. Gervaise, péniblement, allait toujours, aveuglée, perdue. Elle touchait les arbres pour se retrouver. A mesure qu'elle avançait, les becs de gaz sortaient de la pâleur de l'air, pareils à des torches éteintes. Puis, tout d'un coup, lorsqu'elle traversait un carrefour, ces lueurs elles-mêmes manquaient ; elle était prise et roulée dans un tourbillon blafard, sans distinguer rien qui pût la guider. Sous elle, le sol fuyait, d'une blancheur vague. Des murs gris l'enfermaient. Et, quand elle s'arrêtait, hésitante, tournant la tête, elle devinait, derrrière ce voile de glace, l'immensité des avenues, les files interminables de becs de gaz, tout cet infini noir et désert de Paris endormi.

Pour en terminer avec cette brève analyse de la vision, de la composition et de l'écriture artiste — trois aspects qui semblent indissociables —, encore quelques remarques.

La première tient à la nature même des mots, et du

discours verbal, qui enchaîne les mots les uns aux autres, et ne peut les faire entendre ou lire en même temps, et qui d'autre part est impuissant à faire percevoir directement, et sans relais, la réalité. Toutes les recherches spécifiques de l'impressionnisme pictural — ne serait-ce que la division des couleurs — sont demeurées interdites au style artiste, qui ne s'est pas aventuré non plus dans la voie de la création non figurative.

La seconde remarque ferait apparaître ce que le style des écrivains cités a conservé d'académisme, et qui fait que leur écriture date probablement plus que leur optique. Deux traits seulement : leur goût de la cadence, de l'effet rythmique, de la clausule, qui achève rondement une phrase, boucle élégamment une période, et lui donne un aspect bien fini, bien balancé. Ils ont l'œil de la sensibilité moderne, mais ils conservent l'oreille du goût classique, de la phrase à la française. Retournons à nos textes. Finale de Daudet : « ... à croire que Paris entier va s'enfoncer et disparaître sous cette tristesse du sol fangeux où tout se fond et se confond ». Finale de Flaubert : « ... et elle s'abritait du soleil, sous une ombrelle de satin lilas, pointue par le haut comme une pagode » ; celle-ci, encore de Flaubert : « ... et les croupes et les harnais humides fumaient, dans la vapeur d'eau que le soleil couchant traversait ». Et voici la dernière phrase de Zola : « Et, quand elle s'arrêtait, hésitante, tournant la tête, elle devinait ce voile de glace, l'immensité des avenues, les files interminables de becs de gaz, tout cet infini noir et désert de Paris endormi ». Il peut y avoir d'ailleurs non pas la clausule longue et cadencée, mais au contraire la clausule sèche. Flaubert : « La Maréchale tournait la tête, à droite et à gauche, en souriant ». Mais il faut — et ceci est un trait complémentaire — que chaque ensemble descriptif se referme ainsi sur lui-même ; et les pages les plus papillotantes des

Goncourt, elles-mêmes, n'y manquent point. Cela est le plus souvent très réussi, mais cela vient de Chateaubriand, et au-delà, de Bossuet, ou, pour les finales en chute brève, de La Bruyère : c'est, dans le style artiste, la part faite à la grande tradition rhétorique.

Le style artiste est donc d'abord le style d'une optique, d'une manière nouvelle de voir et de représenter la nature, une écriture neuve au service d'une sensibilité neuve. On se rappelle la définition proposée par Émile Zola, de l'œuvre d'art : « Un coin de la nature vu à travers un tempérament ». Les romanciers artistes sont cela, avant tout : des tempéraments, robustes et sensibles, gourmands et subtils tout à la fois ; et, de plus, de grands techniciens du langage. Bref, des créateurs. Insistons là-dessus, car c'est précisément ce qui fera toute la différence entre le style artiste de la grande époque et ses avatars décadents.

L'écriture décadente

Je ne veux pas refaire l'histoire du mot ni la notion de *décadence,* qui se diffusent dans la pensée et les lettres françaises, on le sait, surtout à partir de 1880, avec une expansion plus vive entre 1884 et 1886. On s'est le plus souvent attaché ou à l'anecdote, ou à l'analyse psychologique — chacun brossant son portrait de l'homme décadent, inspiré essentiellement du personnage de Des Esseintes, le héros de *A Rebours,* publié par Huysmans en 1884. D'autre part, on n'a guère eu souci de rechercher les sources et les filiations lointaines de la Décadence, alors qu'il est fort important d'en tenir compte pour expliquer les formes de son langage.

Déjà, Baudelaire, dans sa préface aux *Histoires Extraordinaires* d'Edgar Poe, avait chanté « les ardeurs de curiosité de la convalescence, les fins de saisons chargées de splendeurs énervantes », et « le personnage de Poe, l'homme aux facultés suraiguës, l'homme aux nerfs relâchés », « ses femmes, toutes lumineuses et malades, mourant de maux bizarres et parlant avec une voix qui ressemble à une musique ». En 1865, Zola écrira :

Étudiez notre littérature contemporaine, vous verrez en elle tous les effets de la névrose qui agite notre siècle ; elle est le produit direct de nos inquiétudes, de nos recherches âpres, de nos paniques, de ce malaise général qu'éprouvent nos sociétés aveugles en face d'un avenir inconnu[3].

La même année, Verlaine présente Baudelaire, dans un article de la revue *L'Art,* comme « l'homme physique moderne, tel que l'ont fait les raffinements d'une civilisation excessive », « avec ses sens aiguisés et vibrants, son esprit douloureusement subtil, son cerveau saturé de tabac, son sang brûlé d'alcool, en un mot, le bilio-nerveux par excellence, comme dirait H. Taine ».

Dès avant 1870, les grands thèmes de la décadence sont en place. Il ne manque même pas le mot. On le trouve chez Zola, qui, en 1865, rendant compte de *Germinie Lacerteux,* a proclamé :

Mon goût, si l'on veut, est dépravé ; j'aime les ragoûts littéraires fortement épicés, les œuvres de décadence où une sorte de sensibilité maladive remplace la santé plantureuse des époques classiques. Je suis de mon âge[4].

Et on constate − est-ce un hasard ? − que ceux qui développent ces thèmes, *mezza voce,* il faut le dire, et sans en faire, à beaucoup près, l'essentiel de leur pensée et de leur conduite − sont ceux-là mêmes qui affinent les registres d'une nouvelle littérature d'analyse. La conviction d'appartenir à une génération de névrosés, l'image du Bas-Empire, le désenchantement, le repli sur soi, la délectation morose, le nihilisme reli-

3. Émile Zola, *Mes Haines,* Paris, 1866.
4. *Ibid.*

gieux, le mépris affiché des idées communes et du langage banal, les raffinements de la vision et de l'écriture, et ce que Jules Lemaître appellera « un sensualisme de la forme », voilà leur lot commun. Et qui pourrait dire que la psychologie et l'esthétique subtiles de l'écriture artiste ne trouvent pas pour une part leur source dans cet « éréthisme » — encore un mot du langage des Goncourt et de Zola — dans cet « éréthisme » particulier de la sensibilité contemporaine ?

Le problème est alors de comprendre comment l'on est passé du personnage de Charles Demailly ou de Frédéric Moreau à celui de Des Esseintes, et surtout des finesses de l'écriture artiste aux extravagances de l'écriture décadente.

Sur le plan des faits de société, le succès grandissant du thème de la décadence a des causes multiples : la guerre, la Commune, le spectacle de la mêlée industrielle et financière, la peur de la révolution sociale, ont donné naissance à de nouveaux mythes de désespérance et de pessimisme — que l'on songe à *Germinal,* de Zola, au *Crépuscule des Dieux,* d'Élémir Bourges, à *La Ville,* de Paul Claudel. Paul Bourget, dans ses *Essais,* en 1883, a donné un diagnostic de ce qu'on dénomme « la psychologie contemporaine ». On vit dans la Rome du Ve siècle, et l'on attend les barbares ; à Byzance, et l'on attend les Turcs ; à Athènes, et l'on attend Philippe. Mais, même si la barbarie doit triompher, note Bourget, « on est en droit de préférer la défaite d'Athènes au triomphe du Macédonien violent ». — L'histoire littéraire reconstitue les faits, mais ce sont les mentalités qu'il faudrait recréer, pour expliquer la formation des thèmes et des langages en littérature.

Sur le plan idéologique, il faudrait faire leur part à l'influence de la théorie pessimiste de Schopenhauer, qui conquiert les esprits à partir de 1880, ou à celle du scepticisme de Renan, ou bien, autre aspect du même phénomène, comme le montrera l'évolution personnelle de Huysmans, à la renaissance du mysticisme.

Bien des raisons ont donc concouru, pendant les quinze années qui vont de 1870 à 1885, à transformer l'état d'âme et la conduite de celui que Paul Bourget appelle « l'homme moderne », et le rôle qu'on assigne à la création littéraire. Le voici, l'« homme moderne », tel que le décrit Édouard Rod, en 1885, dans *La Course à la Mort* :

> L'artiste ou l'écrivain est un être nerveux, corrompu, le plus souvent ravagé par la névrose ou par l'anémie. Rarement à l'abri des misères de l'existence, il en subit plus douloureusement que d'autres les traces et les dégoûts (...). La haine que lui inspirent les goûts du public illettré le conduit à s'isoler de plus en plus, et son idéal s'en ressent : fiévreusement, il se jette sur les anomalies de l'existence... Il recherche la sensation à travers des excitations factices, dans des états artificiels qu'il a lui-même inventés.

Lautréamont, Laforgue, Corbière, Gill, Verlaine, Villiers de l'Isle-Adam, et combien d'autres surgissent entre les lignes de ce portrait. La décadence n'est peut-être pas un mot bien choisi — encore qu'il ait beaucoup plu à Verlaine — mais ce n'est pas un vain mot. Chez certains des épigones, ce ne fut peut-être qu'une posture. Mais chez beaucoup, ce fut une réelle et profonde atteinte de l'équilibre intérieur, une cassure et un tourment véritables. Tout autre chose que le robuste pessimisme d'un Flaubert.

Reste à définir le mot sur le plan du langage. Là aussi, il faut constater des permanences, et des changements. Mais les changements se sont effectués par une exploitation systématique des tendances déjà dénotées. Tout se passe comme si l'âme décadente, impuissante à inventer un style inédit, avait adapté les anomalies les plus marquées de l'écriture artiste, en les détournant de leur fin initiale, qui était d'analyser toujours plus exactement la sensation, pour en faire les recettes d'un langage d'initiés, une sorte de code auquel se reconnaissent les esthètes désabusés et dilettantes.

Il est au moins quatre écrivains qui ont aidé à ce passage d'un style à l'autre, par l'évolution de leur propre carrière : Edmond de Goncourt, Verlaine, Mallarmé, et Huysmans. Trois d'entre eux éviteront au dernier moment de se laisser enfermer dans la formule décadente, bien qu'ils s'en soient faits les chantres les plus efficaces. Le quatrième, Mallarmé, a asservi et maîtrisé les conventions de la formule au lieu de se laisser asservir par elles.

Revenons, en effet, à Edmond de Goncourt, demeuré seul, après la mort de son frère. Il publie en 1879 *Les Frères Zemganno,* roman des funambules — le sujet n'est-il pas à lui seul tout un symbole ? Qui a encore la curiosité de lire les romans d'Edmond de Goncourt, qu'on a rangé une fois pour toutes, mais trop vite, parmi les romanciers naturalistes ? Or c'est dans *Les Frères Zemganno* que l'on trouve les pages les plus propres à faire apparaître la mutation progressive du style artiste. Voici un texte tout à fait significatif, à la fois par son thème, et par son langage. Goncourt décrit deux violonistes :

Mais vraiment, ils causaient plutôt qu'ils ne jouaient avec leurs violons ; et c'était entre eux comme une conversation où deux âmes se parleraient. Toutes les impressions fugitives et diverses et multiples de l'heure et du moment, jetant dans l'intérieur d'une créature humaine ces successions de lumières et d'ombres que met dans des vagues l'alternative de soleils rayonnants ou de nuages au ciel, ces impressions, les deux frères se les disaient avec des sons. Et il y avait dans cette causerie à bâtons rompus, et pendant que, tour à tour se taisait l'un des violons, des rêveries de l'aîné sur des rythmes mollement assoupis, et des ironies du plus jeune sur des rythmes gouailleurs et strépitants. Et se succédaient, échappés à l'un et à l'autre, de vagues amertumes qui s'exprimaient par un jeu aux lenteurs plaintives, du rire qui sonnait dans une fusée de notes stridentes, des impatiences qui éclataient en fracas coléreux, de la tendresse qui était comme un murmure d'eau sur de la mousse, et du verbiage qui jasait en fioritures exubérantes. Puis, au bout d'une heure de dialogue musicant, les deux fils de Stépanida, tout à coup pris de la virtuosité bohémienne, se mettaient à jouer, tous les deux à la fois, avec une verve, un brio, un mordant, remplissant l'air de la cour d'une musique sonore et nerveuse qui faisait taire le marteau du treillageur, et sur laquelle se penchait, avec des larmes souriantes, le cave visage de la poitrinaire habitant la chambre au-dessus de l'étable.

Nest-ce pas « fin de siècle » à souhait ? Il est aisé de relever au passage les mots et les groupements rares, recherchés : « les rythmes *strépitants* », « ce dialogue *musicant* », « la virtuosité *bohémienne* ». L'écriture artiste ne se souciait guère de néologie. Le décadent se complaira au contraire dans la création de mots inouïs, par la dérivation sur des mots usuels, par l'exploitation de radicaux latins ou grecs demeurés jusque-là sans descendance, par l'appel aux archaïsmes, par la transformation des noms en adjectifs, des adjectifs en noms, etc. Le style décadent est pour une part un exercice de philologie et d'érudition grammaticale.

Et puis cela aussi : « C'était entre eux comme une conversation... », « il y avait dans cette causerie... des rêveries de l'aîné... et des ironies du plus jeune ». L'écriture artiste avait déjà réduit le rôle du verbe. Ici, il disparaît de la principale, laisse place à ces verbes illusoires que sont les verbes d'existence — « c'était », « il y avait » —, ou se laisse enfermer dans la proposition relative, où il ne joue plus qu'un rôle accessoire. Voyez plus loin : « Et se succédaient de vagues amertumes... du rire qui sonnait dans une fusée de notes stridentes, des impatiences qui éclataient en fracas coléreux », etc. C'est le triomphe du substantif abstrait, qui étale la sensation dans une durée indéfinie, rendue plus imprécise et plus vague encore par l'emploi prédominant du pluriel et de l'article indéfini. La phrase s'amollit, se décompose, perd toute membrure, se perpétue en replis dolents et alanguis. C'est encore de l'écriture artiste, par le fouillé de l'analyse et la douce musicalité des rythmes ; mais c'est déjà du style décadent, par l'importance du thème de la rêverie plaintive, et surtout par l'importance grandissante que prennent la rareté, la fioriture, et la pratique d'une syntaxe de l'épuisement. C'est, dans la prose, l'application des préceptes de l'*Art Poétique* de Verlaine : « l'indécis au précis joint, la nuance, rien que la nuance, plus rien qui pèse ni qui pose ».

Après cela, tout deviendra permis. La fréquence des mots rares, inédits, alambiqués, va augmenter, de même que celle des distorsions systématiquement imposées aux habitudes de la langue. Le français place habituellement l'adjectif qualificatif après le nom. On renversera l'ordre de ces termes : ressource empruntée à l'anglais, a-t-on dit, par Mallarmé, qui était, comme chacun sait, professeur d'anglais ; j'y vois plutôt une intelligence exacte des mécanismes de l'effet de style, qui repose toujours sur une rupture de la probabilité linguistique. Et c'est avec le même souci de surprendre, de créer l'artifice et l'imprévu, que l'on rajeunira des emplois disparus de *maint,* de *en,* de *avec,* ou qu'on pratiquera l'inversion systématique du sujet. Le reportage des sensations demeurera, mais le registre de la sensibilité contemporaine se laissera envahir par une sensation unique, qui fera l'objet d'incessantes variations métaphoriques : la lassitude. L'écriture artiste, tombée aux mains de dandys fatigués, et raffinés, qui en aiguiseront les gammes extrêmes, deviendra le parfait instrument d'expression du spleen et de l'ironie fin de siècle. A une exception près : celle de Mallarmé, qui en exploitera les ressources dans un tout autre sens ; non point celui de la nonchalance, mais celui d'une densité et d'une rigueur sans cesse plus perfectionnées, jusqu'aux limites de l'hermétisme.

Il serait vain de terminer par un feu d'artifice de textes décadents. Mais, tout de même, quelques derniers exemples. Voici, dans les *Croquis Parisiens,* de Huysmans, « L'ouverture de *Tannhaüser* » :

Dans un paysage comme la nature n'en saurait créer, dans un paysage où le soleil s'apâlit jusqu'à l'exquise et suprême dilution du jaune d'or, dans un paysage sublimé où, sous un ciel maladivement lumineux, les montagnes opalisent au-dessus des bleuâtres vallons le blanc cristallisé de leurs cimes ; dans un paysage inaccessible aux peintres, car il se compose surtout de chimères visuelles, de silencieux frissons et de moiteurs frémissantes d'air, un chant s'élève, un chant singulièrement majestueux, un auguste cantique élancé de l'âme des las pèlerins qui s'avancent en troupe.

Le texte vaut ici par la rutilance et les reflets artificiels de l'évocation, qui fait songer aux toiles de Gustave Moreau. Mais on note l'envahissement de ce que Maupassant appellera en 1887 « un vocabulaire bizarre, compliqué, nombreux et chinois ».

Dans le texte qui suit, extrait des *Moralités légendaires* de Jules Laforgue, l'humour compense heureusement l'entortillement de la phrase et l'emploi des procédés à la mode :

Hissé là-haut, et pneumatiquement, ma foi, le cortège traversa prestement sur la pointe des pieds les appartements de Salomé, entre maint claquement de porte par où s'évanouirent deux, trois dos de négresse aux omoplates de bronze huilé. Même, au beau milieu d'une pièce lambrissée de majoliques (oh, si jaunes !) se trouvait abandonnée une énorme cuvette d'ivoire, une considérable éponge blanche, des satins trempés, une paire d'espadrilles roses (oh, si roses !). Encore, une salle de livres, puis une autre encombrée de matériaux métallothérapiques, un escalier tournant, et l'on respira à l'air supérieur de la plate-forme, ah ! juste à temps pour voir disparaître une jeune fille mélodieusement emmousselinée d'arachnéenne jonquille à pois noirs, qui se laissa glisser, par un jeu de poulies, dans le vide, vers d'autres étages !

Mais voici Jean Moréas et Paul Adam, qui, eux, se prennent fort au sérieux, dans *Le Thé chez Miranda,* publié par *La Vogue* en 1889 :

C'est l'hiémale nuit et ses buées et leurs doux comas.
Quartier Malesherbes. Boudoir oblong. En la profondeur violâtre du tapis, des cycloïdes bigarrures. En les froncis des tentures, l'inflexion des voix s'apitoie ; en les froncis des tentures lourdes, sombres, plumetis (...)
Dehors, la blancheur pacifiante des neiges.
Au foyer, la flamme s'allonge, s'allonge et se recroqueville, s'aplatit et se renfle – facétieuse.
Et des émanations défaillent par le boudoir oblong, des émanations comme d'une guimpe attiédie au contact du derme.

Vocabulaire emprunté aux terminologies scientifiques, ou traduit du latin, ou forçant les règles de la dérivation française ; répétitions et reprises calculées : disjonctions de diverses sortes ; frôlement de l'impropriété dans l'emploi des prépositions *en* et *par;* refus de l'affirmation nette, qu'on corrige et reprend sans cesse en multipliant les mots ou en usant de *comme* ainsi que d'un adverbe de la rétraction et du repentir ; enfilade des phrases sans verbe, inversion de qualificatifs. Il s'agit bien du même code. Dix ans après *Les Frères Zemganno,* quinze ans après la *Dernière Mode* de Mallarmé, l'écriture décadente survit sans se renouveler. En 1889, l'heure de la Décadence est pourtant passée. Mais les styles dépérissent plus lentement que les thèmes.

Il y eut même une prudhomie décadente :

Bien qu'ayant vécu de longues années parmi des hommes pillards et tatoués, dont est notoire l'habitude vindicatrice et triomphale de scalper et de créer ainsi de sanglantes calvities, le colonel Cody atteste, par une intacte chevelure flottante sous le plus romantique feutre qui, depuis les Jeunes-France, obombra luxuriance crânienne, avoir échappé à toute tonsure, miracle qui s'explique du fait de sa supériorité au tir, de son habileté équestre et de sa légendaire bonne fortune de Hardi.

C'est en somme sa vie de trappeur dont il vient nous offrir le spectacle rétrospectif et quotidien, chaque fois que dix mille personnes le demandent, en un décor circulaire de montagnes rocheuses et de rios peints sur toile qui raccorde son ciel avec celui du jour, et cela, au moyen d'indiens, de chevaux, de buffles, de lassos et de diligences ; apothéose naïve et amusante (qu'encouragea de son noir et bon sourire le dépositaire du pouvoir, M. Carnot, et qu'applaudissent les journalistes, d'hilares conseillers municipaux et des notoriétés nobiliaires), de sa valeur et de son adresse personnelles, que secondent, en des exhibitions pérégrines, les anciens et sauvages éléments de son destin de jadis, maintenant comparses dociles et authentiques[5].

Et une truculence décadente :

Bannières en têtes, chantres au flanc, voici le clergé nasiférant des cantiques. Autour du bûcher, les vicaires génuflectent, goupillonnent et saluent, tandis que le célébrant, à grand effort d'allumettes, provoque l'étincelle paresseuse à jaillir. Un nuage se tord, écharpe grise lamée

5. Henri de Régnier. Article sur l'exposition universelle de 1889, paru dans *La Vogue* en 1889, et cité par Adolphe Retté dans *Le Symbolisme, Messein,* 1903.

brusquement de stries écarlates. Des feuilles de buis vert craquent et pétillent, s'échevèlent en sequins d'or. Sur le tronc voué, ruisselle un baume incandescent qui le dévore. Les chantres suffoqués renâclent l'hymne de Paul Diacre, cependant qu'un ecclésiastique myope, roussi par le brasier, s'évertue de ramener son surplis en arrière. Les voyous se culbutent afin d'arder au brandon public les thyrses dont ils vont, sur l'heure, effarer Mesdames les bourgeoises en souci de leurs mollets[6].

La réaction était inévitable. Elle vint de divers côtés. Zola, Maupassant, pour la prose narrative. Claudel, pour la grande poésie symboliste. Jarry, pour l'exploitation burlesque des procédés décadents. Je ne m'y attarde pas. J'ai voulu simplement fixer quelques jalons le long d'une continuité parfois mal perçue, pour l'étude d'une époque fort importante de notre prose littéraire. Les Romantiques avaient parfois appelé de leurs vœux une révolution dans la langue littéraire. Mais ils ne l'avaient pas faite, ni non plus leurs successeurs immédiats. Du moins, ils n'avaient pas imaginé que le langage pût devenir, en tant que tel, non pas seulement l'instrument, mais aussi l'objet même du travail de l'écrivain. On rejoindrait par ce biais des discussions qui sont aujourd'hui très vives partout. Avec les premières recherches de l'écriture artiste, puis avec les excentricités du style décadent, le langage s'est retourné sur lui-même pour la première fois, et a acquis ainsi comme une deuxième fonction esthétique.

Au-delà des génies singuliers et irréductibles, il existe, même après la sclérose et la disparition de l'ancienne rhétorique, des écritures d'époque, faites de modes, de toquades, d'astuces stylistiques communes à tout un groupe d'écrivains : des modèles stylistiques dont on peut définir les traits généraux et l'évolution, et qui se réalisent chez chacun avec des variantes individuelles, et une plus ou moins grande perfection. A cet égard, une même consanguinité unit la génération

6. Laurent Tailhade, *Poèmes en prose :* « Paysages I, les noces de Messidor ».

dite naturaliste et la génération dite symboliste, par-delà les oppositions de genre. Artiste, naturaliste, impressionniste, décadent, esthète, ce ne sont que des mots. Ce qui compte, c'est de bien comprendre l'unité d'une recherche d'où est issue, absolument renouvelée, la prose d'art moderne.

Table *

* Les chapitres de cet ouvrage ont paru pour la plupart dans des revues
(*Europe, Revue de l'Histoire littéraire de la France, La Pensée*, etc.),
ou dans des recueils collectifs, ou sous la forme de préfaces aux œuvres citées.

Imprimé en France
Imprimerie des Presses Universitaires de France
73, avenue Ronsard, 41100 Vendôme
Juin 1987 — N° 32 281

DU MÊME AUTEUR

Zola journaliste (Ed. Armand Colin, 1962).

Album Zola (en collaboration avec Jean VIDAL, Ed. Gallimard, 1963).

Les mots français (coll. « Que sais-je ? », Presses Universitaires de France, 1963).

Le discours du roman (Presses Universitaires de France, 1980).

Zola et le Naturalisme (coll. « Que sais-je ? », Presses Universitaires de France, 1986).

Ed. de *Emile Zola, Les Rougon-Macquart* (Bibliothèque de la Pléiade, Ed. Gallimard, 1967, 5 vol.) : Etudes, notes, variantes, appendices, bibliographies et index.

Ed. de *Emile Zola, Œuvres complètes* (Paris, Cercle du Livre Précieux, 1966-1970, 15 vol.).

Ed. de *Problèmes d'analyse textuelle* (avec Pierre LÉON et Pierre ROBERT, Ed. Didier, 1971) ; *La lecture sociocritique du texte romanesque* (avec Graham FALCONER, Toronto, Ed. Hakkert, 1975) ; *L'analyse du discours* (avec Pierre LÉON, Montréal, Ed. CEC, 1976).